Para Gerardo,

Gracias por tu constancia
y entusiasmo por mantener
el contacto entre colegas,

Un saludo afectuoso,

Kirstin

Feb 2009.

¿RURALIDAD SIN AGRICULTURA?
PERSPECTIVAS MULTIDISCIPLINARIAS
DE UNA REALIDAD FRAGMENTADA

CENTRO DE ESTUDIOS ECONÓMICOS

¿RURALIDAD SIN AGRICULTURA?
PERSPECTIVAS MULTIDISCIPLINARIAS
DE UNA REALIDAD FRAGMENTADA

Editoras
Kirsten Appendini
Gabriela Torres-Mazuera

EL COLEGIO DE MÉXICO

338.10972
R9489

¿Ruralidad sin agricultura?: perspectivas multidisciplinarias de una realidad fragmentada / editoras Kirsten Appendini, Gabriela Torres Mazuera. -- 1a ed. -- México, D.F. : El Colegio de México, Centro de Estudios Económicos, 2008.
257 p. : cuadros, gráfs., mapas ; 23 cm.

ISBN 978-968-12-1382-4

1. Agricultura -- Aspectos económicos --Investigación -- México. 2. Sociología rural -- México. I. Appendini, Kirsten, ed. II. Torres-Mazuera, Gabriela, coed.

Primera edición, 2008

D.R. © El Colegio de México, A. C.
     Camino al Ajusco 20
     Pedregal de Santa Teresa
     10740 México, D.F.
     www.colmex.mx

ISBN 978-968-12-1382-4

Impreso en México

ÍNDICE

AGRADECIMIENTOS

Durante los cuatro años en que se desarrolló el proyecto de investigación que dio origen a este texto muchas personas participaron en él con su trabajo, sus ideas y sus experiencias de vida. Va para ellas nuestro agradecimiento. Durante las estancias de campo varios residentes de las localidades de Emilio Portes Gil, Boye y Barranca Honda colaboraron con los investigadores: respondieron a sus cuestionarios y entrevistas e incluso les abrieron las puertas de su casa. Asimismo mostraron una gran disposición para compartir información, puntos de vista y para resolver interrogantes sobre el devenir del campo mexicano. Un agradecimiento especial a las mujeres que participaron en los grupos focales en las tres localidades por su colaboración entusiasta.

Las editoras agradecen también la labor de todos los integrantes del equipo de investigación en sus diversas etapas. A Gustavo Verduzco, investigador del proyecto; a Lorena Cortés, asistente de investigación; a Yenni Sánchez, Daniela Andrade, Siboney Pineda, Xóchitl Guadarrama y Nilbia Coyote, becarias de investigación; a Valdemar Díaz, responsable de cómputo y diseño estadístico de la encuesta que se levantó en los hogares en 2003; a Alejandra Cervantes, quien colaboró en el cómputo de la encuesta; y a Eugenia López, que tuvo a su cargo los talleres de grupo focal.

También a Adriana Larralde, Christian Muñoz y Marcelo De Luca, que integraron el proyecto como parte de sus investigaciones en el doctorado en sociología y en estudios de la población, respectivamente.

Finalmente agradecemos a Hallie Eakin (geógrafa, Universidad de California en Santa Bárbara) y a Ivonne Vizcarra Bordi (antropóloga, Universidad Autónoma del Estado de México) por sus contribuciones basadas en sus investigaciones en el Estado de México.

El proyecto fue un espacio de encuentro y discusión para el equipo participante. Es gratificante que varios de los becarios se hayan interesado por realizar sus investigaciones de tesis sobre esta temática.

Finalmente, queremos agradecer a las instituciones que apoyaron y financiaron la presente investigación: al Centro de Estudios Económicos y al Centro de Estudios Sociológicos de El Colegio de México, así como al Consejo Nacional de Ciencia y Tecnología.

29 de octubre de 2007

I. PERSPECTIVAS MULTIDISCIPLINARIAS DE UNA REALIDAD FRAGMENTADA

Kirsten Appendini y Gabriela Torres-Mazuera

El proyecto de investigación que iniciamos en el año 2001 es la continuación de una larga lista de trabajos sobre el campo mexicano que desde la consolidación de la Revolución mexicana se han preguntado sobre el papel del campo, los campesinos y la producción agropecuaria en la realidad nacional. Los cuestionamientos han variado de época en época dependiendo de los contextos social, económico y político nacionales e internacionales, así como de los cambios de paradigma que dentro de las ciencias sociales han redirigido y transformado las interrogantes acerca de la cuestión agraria. Las "imágenes del campo mexicano" han sido diversas, como lo muestra la obra de Cynthia Hewitt (1988), sin embargo, no es hasta años recientes que fueron puestas en cuestión la validez de la pregunta y la existencia de los campesinos en tanto categoría indisociable del mundo rural. ¿Qué es lo que caracteriza al campo hoy día? ¿Existe una lógica inédita que está dinamizando al mundo rural en tanto espacio económico y social? Se ha tratado de responder a dichas interrogantes desde la perspectiva de las ciencias sociales presentando evidencia empírica de las transformaciones sociales ocurridas, sin embargo aún queda pendiente una interpretación que logre unificar los múltiples cambios observados.

Es innegable que lo que comprendemos hoy como "rural" es algo que difiere de lo que pensábamos hace menos de tres décadas. En las teorías de desarrollo económico de los años cincuenta a setenta, tanto liberales como estructuralistas o marxistas, le correspondía al mundo rural un lugar central en el desarrollo económico nacional. Ya fuera como un espacio que producía los alimentos y las materias primas necesarios para sostener el desarrollo industrial y urbano, o como fuente de mano de obra lista para incorporase a la economía formal, principalmente la industria, en crecimiento durante ese periodo. El campo y los campesinos desempeñaban una función social por sus aportaciones económicas y políticas y eran motivo de debate académico en torno al papel que les correspondería en la transformación social, todo lo cual evidenciaba que eran parte fundamental del proceso de desarrollo nacional.

Actualmente, esta visión ha perdido vigencia. Los campesinos y el campo son concebidos como factores residuales de una economía global, competitiva, de alta tecnología, en la cual los pequeños productores rurales ya no tienen cabida, siendo calificados como ineficientes y no competitivos. Su papel en el desarrollo nacional es insignificante desde el punto de vista de una política económica que promueve la incorporación de México al mercado internacional. Las viejas teorías sobre la proletarización del campesinado, conceptualizado éste desde la perspectiva de la economía desarrollista ortodoxa o desde el marxismo, ya no son opciones viables, pues desde hace décadas es evidente que los sectores no agrícolas formales no han creado suficiente empleo para seguir la senda clásica del desarrollo económico.

En el contexto de la globalización la economía nacional no ha creado los empleos previstos por los múltiples modelos que suponían el crecimiento del empleo agroindustrial o la maquila. La mayoría de la población rural está inmersa en una dinámica social inédita cuyo desarrollo es paralelo al modelo económico de orientación neoliberal y está desvinculado de éste.

La estructura agraria y productiva en el campo mexicano es sumamente heterogénea y ha sido ampliamente descrita por diversos estudios con perspectivas nacional y regional.[1] Por un lado, las condiciones geográficas y agroecológicas han sido determinantes en la distribución de las actividades agrícolas y pecuarias en el país; por otro, la organización social de los procesos productivos arraigada en la historia económica, demográfica, social y política ha determinado los procesos de desarrollo desigual del campo en México.[2] La reforma agraria (1917-1992) trazó a grandes rasgos la diferenciación productiva del territorio nacional con base en la redistribución de la tierra, y estableció una distinción que todavía está presente entre las tierras de propiedad privada —caracterizadas por la agricultura comercial, empresarial, con inversión en tecnología y riego, conformada por unidades económicas de tamaño viable—[3] y las tierras sujetas al régimen ejidal y comunal asociado a la economía campesina. La propiedad ejidal y comunal se ubica sobre todo en el centro y sur del país y la podemos asociar con el "México profundo" que describió Bonfil Batalla (1987); esto es, un México de población indígena y mestiza cuya producción agropecuaria está en crisis permanente y que desde luego ha sido excluido del proyecto de desarrollo nacional vigente, que requiere una alta competitividad a escala global. Los habitantes de las regiones campesinas y pobres del sur han contribuido al desarrollo del sector agroindustrial emigrando por temporadas a las tierras de agricultura comercial, algunas de las cuales se encuentran en el noroeste del país. También han engrosado la migración del campo a la ciudad desde mediados del siglo pasado; se han insertado en

---

[1] Para el periodo posrevolucionario cabe mencionar: Whetten (1948), y para los posteriores a Bataillon (1972); Centro de Investigaciones Agrarias (1974); CEPAL (1982); Hewitt (1978); Appendini (1983).

[2] El trabajo de Appendini (1983) muestra una zonificación por tipos de agricultura de acuerdo con los recursos físicos, la tecnología y el tipo de tenencia para 1970 que ilustra las diferencias regionales al final del periodo de crecimiento agropecuario.

[3] Aunque hay también un sector minifundista en el sector privado.

empleos eventuales como la construcción y el servicio doméstico. La migración rural-urbana explica, en parte, el que se lograra sostener la actividad agropecuaria en las comunidades rurales entre los años setenta y ochenta.

Los procesos de diferenciación entre productores y entre regiones fueron también consecuencia de las políticas agropecuarias de los años sesenta a noventa, con subsidios a la producción de alimentos y a las materias primas básicas. Dichas políticas crearon una brecha entre la propiedad privada y la social y generaron desigualdades al interior del propio sector ejidal. Simultáneamente, la expansión de las ciudades grandes y medianas y el crecimiento demográfico en las zonas rurales del país contribuyeron a modificar el paisaje rural.

El presente texto se centra en el estudio de las localidades rurales ubicadas en el Estado de México, y en los de Querétaro y Morelos, que reciben la influencia de la Zona Metropolitana de la Ciudad de México y de la red de ciudades que se extienden sobre un amplio entorno geográfico. De acuerdo con Bataillon (1997), se trata de campos poblados sin discontinuidad que ocupan más o menos toda la franja situada entre los paralelos 23° y 18° y cuyas densidades demográficas son superiores a 40 habitantes por kilómetro cuadrado.

El valle del noroeste de Toluca se encuentra situado en el área de influencia de esa ciudad. El corredor Querétaro-San Juan del Río-Tequesquiapan conforma una zona conurbada que ha adquirido una dinámica propia por su acelerado crecimiento industrial desde que comenzó la apertura económica; desde los años sesenta era parte del sistema urbano central. Lo mismo sucede con las áreas de influencia rural de las ciudades más importantes de Morelos: Cuernavaca y Cuautla. En esta dinámica lo "urbano" empieza a permear lo "rural", pues los comercios y servicios en los pueblos se parecen cada vez más a los de las áreas urbanas, sobre todo los de las zonas con elevada densidad de población (Bataillon, 1997).

Las localidades rurales del centro de México, en particular las situadas en las zonas de alta densidad de población e inmersas en una geografía de redes de ciudades, se distinguen de las de otras zonas rurales más aisladas.[4] Dichas localidades presentan indicadores socioeconómicos compartidos que aunque son agregados en los niveles estatal y municipal dan una idea de las características de la región. Por ejemplo, para el año 2001 los municipios en donde se ubican las

---

[4] La localidad rural se define conforme al criterio censal de localidades de hasta 2 999 habitantes. Este corte es motivo de discusiones; por ejemplo, Unikel (1974) considera que las localidades de mayor tamaño tienen atributos rurales, y determinó que de 15 mil habitantes o más son "urbanas"; Bataillon (1997) comenta que las localidades entre 5 mil y 15 mil habitantes ya se distinguen del "pueblo" por su economía más diversificada. Para los trabajos presentados en este estudio las comunidades son localidades de menos de 2 500 en dos casos y cercanas a 3 mil habitantes en otro. Desde la óptica de la actividad agrícola, 73% de la población activa en el sector vive en localidades de hasta 2 500 habitantes, por lo que se puede considerar que este corte representa las localidades que comprenden el quehacer agrícola.

localidades estudiadas mostraron un índice de desarrollo humano (IDH) más alto que la mayor parte de los municipios de los estados de Chiapas y Oaxaca, aunque inferiores a los medios estatales: 0.6615 en el caso de San Felipe el Progreso, Estado de México; 0.7074 para Cadereyta, Querétaro, y 0.7676 para Tlaltizapán, Morelos (PNUD, 2004).[5]

La vida rural en el centro de México muestra particularidades que no son generalizables a todo el país y no son equiparables a las de las regiones más pobres. Podemos afirmar que la ruralidad del centro se ha transformado profundamente en las últimas décadas como resultado de los procesos de desarrollo de larga duración y por el acelerado cambio que experimentó recientemente el modelo económico de apertura e integración a la economía mundial. En la última década las economías locales y regionales paulatinamente han dejado de depender de las actividades agrícolas, pues éstas han perdido rentabilidad tras el retiro de los subsidios y la competencia internacional. En los tres estados donde se ubican las localidades estudiadas la participación de la población económicamente activa en actividades agropecuarias es de las más bajas del país: 66.7% para los hombres y 24.9% para las mujeres de acuerdo con las cifras de la Encuesta Nacional de Empleo (citada por Garay, 2007). Al Estado de México le corresponde 36.9% para los hombres y 9.2% para las mujeres; a Morelos 30.7% y 6.3%, respectivamente, y a Querétaro 39.5 y 18.1%. Estas proporciones contrastan con las de entidades agrícolas como Chiapas, Guerrero y Oaxaca en donde los hombres ocupados en la agricultura representan 77.2, 78.2 y 79.1 por ciento.[6]

Las principales fuentes de ingreso monetario de los hogares rurales son las actividades terciarias como el comercio y los servicios, así como las secundarias en una proporción menor, mientras que la agricultura se ha convertido en una actividad de autoconsumo. Las economías locales se dinamizan gracias a actividades no agrícolas, sobre todo las terciarias informales que emplean a los propios miembros del hogar o a asalariados en condiciones de trabajo precario. En el sector secundario la expansión se ha dado en actividades informales de pequeña escala, como los talleres mecánicos y los de reparación de electrodomésticos.[7] Los

---

[5] El IDH para el Estado de México fue 0.7789; Morelos 0.7856 y Querétaro 0.8015. El nacional en 2004 era 0.7937 (PNUD, 2004).

[6] La participación de las mujeres en las actividades agropecuarias es baja: 9% en Chiapas, 16.4% en Guerrero y 22.8% en Oaxaca. Las mujeres ocupadas se encuentran fundamentalmente en actividades terciarias por cuenta propia o sin remuneración, indicador de la falta de oferta de trabajo productivo. La participación femenina en actividades agropecuarias es mayor en estados con actividades agroindustriales, como Guanajuato (43%) Sinaloa (45.7%) y Baja California (24.3%), lo que se puede explicar por el empleo de mujeres en trabajo asalariado de la agroindustria (datos de Garay, 2008, cuadro III.3).

[7] En este sentido, *informalidad* se refiere al concepto de Tokman (1978); *flexibilidad* al de Standing (1989) y *precariedad* a las condiciones del trabajo con baja remuneración, inseguridad laboral, sin prestaciones. El concepto de *trabajo sin calidad* remite a la definición de la OIT —se-

servicios que se prestan a la población son básicos, como la atención a la salud. Sólo los médicos y los empleados públicos cuentan con condiciones de trabajo estables y relativamente bien remuneradas en ese contexto. La economía local no produce bienes que tengan valor fuera de esa esfera, y está sujeta a la economía nacional únicamente en la medida en que depende de los bienes de consumo para abastecer una demanda proveniente de ingresos precarios. Al recorrer algunos poblados rurales en el centro de México se percibe el surgimiento de un espacio de economía informal —similar al que se gestó en las urbes durante los años sesenta y setenta—. Hay un espacio de excedente de mano de obra, cada vez más innecesaria y prescindible, en un contexto de inseguridad, vulnerabilidad y precariedad laboral (Pérez Sáenz, citado por García, 2007). Ya no se trata de la sociedad rural campesina dependiente del acceso a la tierra, ni de la agricultura como eje de la organización de la reproducción de la unidad doméstica. La cuestión laboral, más que la agraria, es ahora el tema central de la reproducción del modo de vida rural, como lo señala Bernstein (2006). Las localidades tienen hoy día una dinámica interna que evidencia la necesidad de valernos de un nuevo marco conceptual para explicar dicha realidad.

Sobre la manera de denominar a este fenómeno aún no existe acuerdo; algunos lo llaman "nueva ruralidad" o "nueva rusticidad", aludiendo a la menor importancia de la agricultura, al incremento en la movilidad de las personas, los bienes y la información, a la deslocalización de las actividades económicas y a los nuevos usos especializados de los espacios rurales, tales como la segunda residencia para los habitantes urbanos, sitios turísticos, parques y zonas de desarrollo. Otros analizan las nuevas relaciones de producción que dan lugar a la diversificación de las actividades productivas en el campo, tanto del sector secundario como del terciario, cuando se vincula con redes de producción en ciudades medias o áreas metropolitanas (Arias, 1992). Hay estudios que partiendo de una perspectiva espacial conciben la transformación en el campo como la emergencia de nuevos espacios "rururbanos" o "periurbanos" (Delgado, 2003); otros ven la necesidad de incorporar lo territorial en el diseño de políticas públicas que tomen en cuenta la heterogeneidad, la pluriactividad, los encadenamientos productivos sectoriales, la articulación entre el campo y la ciudad, además de otros factores (IICA, 2000; Schjetman, 1999).

Otro enfoque prioriza la vinculación entre lo global y lo local y analiza las respuestas de ajuste, resistencia y adaptación locales a los procesos globales (Carton de Grammont, 2004; Arce y Long, 2000), y la dinámica de la economía global que incorpora o excluye los espacios locales en el proceso de acumulación de capital (Bonnano, 2004).

---

guridad social, estabilidad, condiciones adecuadas de trabajo, etc.—. Para una revisión de estos conceptos, véase García (2007).

Contra la definición de *nueva ruralidad* objetamos que hay cierta connotación positiva en el adjetivo *nueva* que remite a la imagen de una ruralidad más desarrollada, moderna e incluso económicamente exitosa. La realidad que observamos en el centro de México dista de ello.

En muchas de las regiones del México contemporáneo, la ruralidad remite a la pobreza. En 2004, 28% de los habitantes rurales es extremadamente pobre y 57% moderadamente pobre (Caballero, Moreno y Dyer, 2006).[8] No por casualidad el programa de lucha contra la pobreza más importante en México se focalizó en un primer momento hacia los habitantes rurales. Lo rural, en términos económicos, se ha convertido en sinónimo de marginación al considerar la economía campesina como forma de producción y modo de vida, de ahí que el espacio rural contemporáneo suela describirse utilizando algún adjetivo que remita a la exclusión: "rural residual", "marginal", "informal", "precario", aunque no forzosamente "decadente". En las últimas décadas el espacio rural ha consolidado algunas de sus múltiples dimensiones productivas y sobre todo residenciales. Hoy día el ser habitante de un poblado rural no es sinónimo de ser campesino, y menos aún que la agricultura sea su principal fuente de ingreso. Los límites del espacio rural no son precisos ni están determinados por factores identitarios, geográficos o productivos.

A pesar de las diferencias regionales existentes en el país, dicho espacio se vincula con nuevas relaciones a la economía nacional y global y al Estado. Anteriormente el espacio rural mexicano se articulaba a la economía nacional en los mercados de alimentos y de empleos temporales; hoy el principal eje que lo une a la economía capitalista es la migración. Ese movimiento va del campo a los centros de desarrollo económico nacional, a las ciudades grandes o medias con desarrollo industrial, maquila, turismo o agroindustria, y cada vez con mayor frecuencia hacia Estados Unidos.

La reciente transformación del espacio rural tiene que ver con el modelo de desarrollo que se planteó en los ochenta y con una nueva visión en torno a la forma y al ámbito de intervención estatal. El fin de la acción del Estado en el sector agrícola ha originado un vacío institucional en cuanto a la producción, la distribución y el consumo de los productos agropecuarios. Sin embargo, a este vacío se le ha contrapuesto la "conquista" de un nuevo espacio de intervención estatal: el ámbito social.

---

[8] Conforme a la radical perspectiva de Julio Boltvinik la proporción de pobres en México era en 2000 de 75.3% de la población nacional; en el medio rural, donde las localidades tienen menos de 2 500 habitantes, 93.5% de la población es pobre; según la medición MMIP (Método de Medición Integrada de la Pobreza) (Boltvinik y Damián, 2003). El Banco Mundial asegura que en 2004 eran pobres extremos 28% de los habitantes rurales y 57% pobres moderados (la extrema pobreza se define en términos de individuos que están por debajo de la línea de pobreza establecida por Sedesol) (Caballero, Moreno y Dyer, 2006).

Los nuevos ejes de articulación con la economía nacional e internacional y con el Estado explican el surgimiento de nuevos actores en el mundo rural: los migrantes trasnacionales; las mujeres, que en tanto receptoras de los programas asistenciales se han convertido en mediadoras de la nueva intervención estatal; los profesionistas, maestros, enfermeras y burócratas, que han logrado integrarse al estrecho mercado laboral formal promovido por el Estado. En el contexto de la globalización, la vida rural de México se ha transformado aceleradamente, pero los cambios se manifiestan de una manera compleja y desigual en cada contexto espacial y generan una nueva configuración del territorio nacional.

Los trabajos que se presentan en este libro son el resultado de un proyecto de investigación que se llevó a cabo de 2001 a 2004 en tres localidades rurales del centro de México, con la colaboración de investigadores y estudiantes del Centro de Estudios Económicos y el Centro de Estudios Sociológicos de El Colegio de México. Un financiamiento del Conacyt hizo posible la realización del trabajo de campo y brindó apoyo a los becarios del proyecto.

Una interrogante reúne las distintas perspectivas y objetivos de investigación: ¿Cómo han cambiado los modos de vida de los pobladores del campo mexicano en el contexto de una globalización creciente?

Los investigadores principales, Kirsten Appendini y Gustavo Verduzco y otros, habían estudiado en los años ochenta las localidades rurales mencionadas, de ahí que se planteara regresar a ellas.[9] El objetivo era observar los cambios que darían cuenta de la transformación de la política agrícola del Estado mexicano.

El equipo de investigación inicial estuvo compuesto por cuatro personas, a las que se fueron sumando estudiantes de licenciatura, maestría y doctorado. El trabajo se inició con varios recorridos y estancias cortas en Emilio Portes Gil (EPG), localidad situada en el municipio de San Felipe del Progreso, al noroeste del Estado de México; Boye, ubicada en el municipio de Cadereyta en Querétaro, y Barranca Honda (BH), en el municipio de Tlaltizapán en el estado de Morelos (véase mapa I.1).

El trabajo de campo comenzó en el año 2001 con una serie de entrevistas abiertas dirigidas a los productores campesinos residentes en dichas localidades con el propósito de conocer las transformaciones que la actividad agrícola había experimentado en el pasado. Durante esta primera etapa se utilizaron fuentes de información estadística relativas a las regiones y las localidades, y con ellas se formuló una introducción a la historia económica de cada ejido. En 2003 se aplicó una encuesta a algunas unidades domésticas; se exploraron sus características demográficas y socioeconómicas y sus actividades agrícolas con particular interés en el uso de la tierra y el cultivo de maíz. También se recolectó información sobre la

---

[9] Appendini (1988a y 1988b); Lerner y Livernais (1984); Lerner, Quesnel y Yanes (1994); Muñoz (2002); Preibisch (2000); Samuel, Lerner y Quesnel (1994); Verduzco (2002).

migración y las características de las actividades económicas no agropecuarias.[10] Al mismo tiempo algunos de los participantes en el proyecto emprendieron investigaciones individuales para realizar sus tesis. Hubo particular interés en la localidad Emilio Portes Gil, sobre la cual se enfocó la mayor parte de las investigaciones de tesis.[11] La información recabada a lo largo de los cuatro años que duró el proyecto ofreció a los participantes la posibilidad de desarrollar diferentes temas desde varias perspectivas disciplinarias. La variedad de objetos de estudio desarrollados en el marco del proyecto comparten, sin embargo, la idea de que una nueva realidad socioeconómica caracteriza al mundo rural de hoy. Toman en cuenta las trasformaciones de las políticas económicas dirigidas al campo como elemento clave para entender los procesos que se viven actualmente en las localidades de estudio.

Mapa I.1
Localización de los municipios objeto de estudio

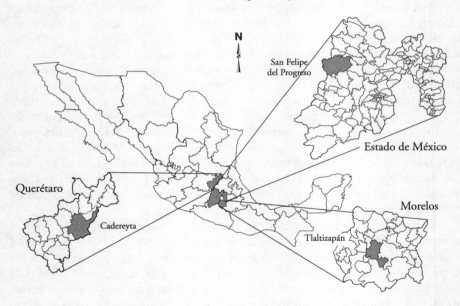

_____

10 En cada localidad se entrevistó de 15 a 20% de las unidades domésticas a partir de una muestra aleatoria. Se recabó información sobre todos los que vivieron o vivían en el hogar en el último mes, además de los hijos e hijas del jefe de familia. En este libro los datos referidos a la encuesta se citan como Encuesta, 2003.

11 Los motivos de dicha preferencia son múltiples, pero destacan su cercanía con la ciudad de México y los acentuados cambios socioeconómicos y culturales que en los últimos 20 años ocurrieron en dicha comunidad.

Mapa I.2
Localización de los ejidos estudiados

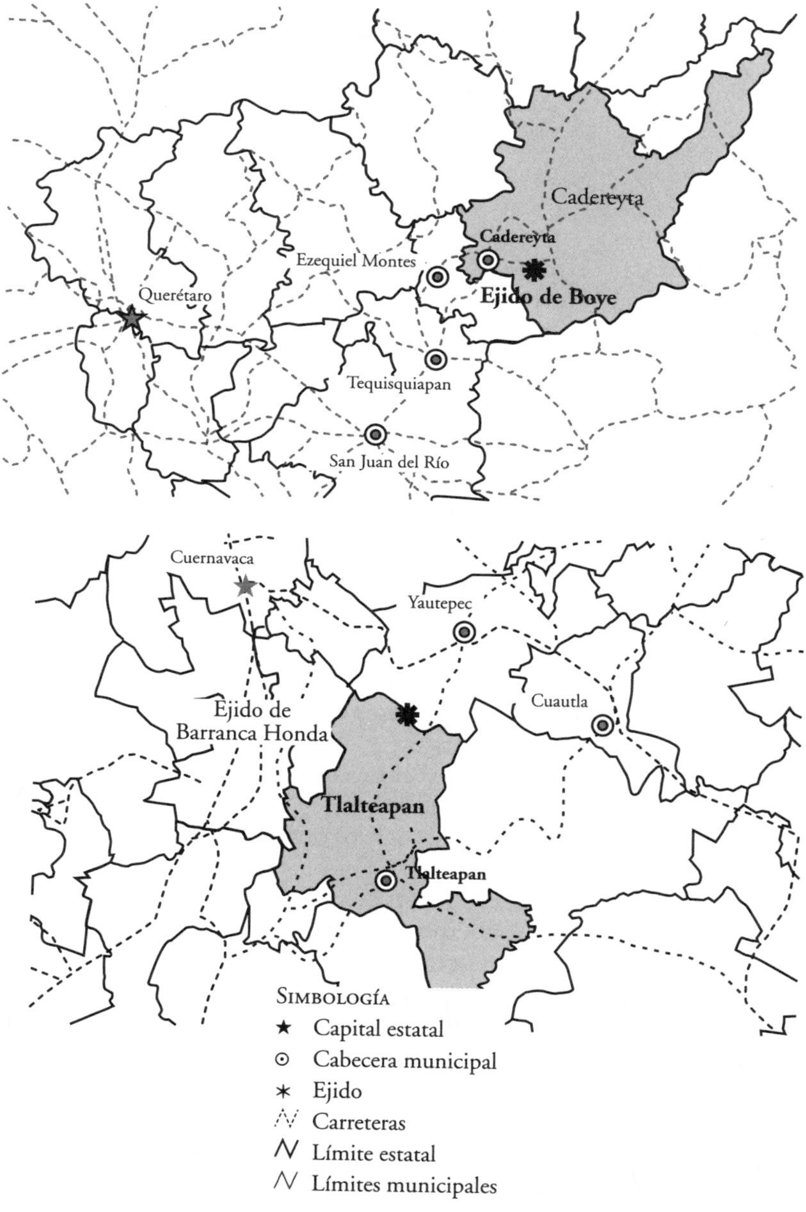

SIMBOLOGÍA

★ Capital estatal
⊙ Cabecera municipal
∗ Ejido
∿ Carreteras
∧ Límite estatal
∧ Límites municipales

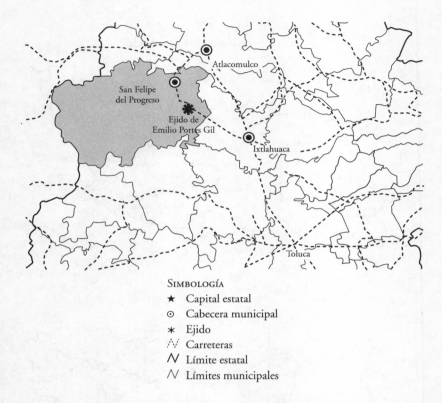

SIMBOLOGÍA

★ Capital estatal
⊙ Cabecera municipal
✳ Ejido
⩘ Carreteras
ᴎ Límite estatal
ᴎ Límites municipales

Los trabajos que conforman el presente libro son fruto de este esfuerzo e incluyen tres grandes ejes temáticos: *1)* los cambios en la valoración y en los usos de la tierra; la agricultura y el maíz; *2)* la decadencia de la actividad agropecuaria y las estrategias desarrolladas por los habitantes rurales frente a esta situación; y *3)* la emergencia de nuevos actores y dinámicas sociales en el mundo rural mexicano.

En el capítulo II de este libro se presenta una visión general de las localidades de estudio y de su trayectoria socioeconómica antes y después de las reformas de la política agrícola y agraria de los años noventa. Kirsten Appendini ofrece una síntesis de los cambios en la manera en que los hogares rurales han conseguido su sustento pese a que su contexto ha cambiado de acuerdo con los modelos de desarrollo instrumentados por las políticas públicas dirigidas al campo. Como veremos, las estrategias que adoptan los hogares varían de una localidad a otra, aunque todas ellas tienen que ver con el paso de una economía que tiene como eje a la agricultura a otra sustentada en las actividades extraagrícolas. En el capítulo III Gabriela Torres-Mazuera analiza los significados de dicha transformación desde el punto de vista de los habitantes de Emilio Portes Gil. Su argumento central es que la pluriactividad de los habitantes ha sido una constante en el modo de vida rural y no sólo un resultado de la crisis agrícola de los años noventa. El gran cambio de la ruralidad que se urbaniza tiene que ver con la inserción de los habitantes del campo en circuitos de consumo global que han contribuido a resignificar ciertos elementos asociados a la vida rural y campesina. En el capítulo IV Adriana Larralde describe algunos aspectos del mercado laboral de dos localidades rurales y la influencia que tienen sobre él la expansión de las ciudades medias cercanas, así como el proceso de urbanización en la Región Centro. Como veremos, se argumenta que el abandono de la actividad agrícola ha ocurrido simultáneamente a una transformación de la dinámica espacial vinculada a la deslocalización del empleo y la multiplicación de los puntos o concentraciones de empleo.

La marginación de la agricultura tiene múltiples impactos sobre los modos de vida rurales, una de ellas es la evaluación que hacen los miembros de los hogares rurales sobre las distintas maneras de acceder a los alimentos basados en el maíz, principalmente la tortilla. Éste es el tema que abordan en el capítulo V Kirsten Appendini, Lorena Cortés y Valdemar Díaz, quienes analizan el cambio en las estrategias de seguridad alimentaria en los hogares campesinos y la manera en que éstos evalúan los recursos invertidos en el cultivo del maíz, y el acceso al grano y las tortillas en el mercado. La interrogante planteada en este texto gira en torno al significado de la disminución de la rentabilidad del maíz desde la perspectiva de la seguridad alimentaria de los hogares. Valdemar Díaz retoma un cuestionamiento implícito en el trabajo anterior y analiza en el capítulo VI la racionalidad económica de los hogares frente al abasto del maíz. Con base en un modelo de análisis demográfico demuestra estadísticamente que las unidades domésticas pueden diferenciarse por el tipo de abastecimiento de maíz y tortilla de acuerdo con sus características demográficas, lo cual incide sobre el abastecimiento.

La pérdida de rentabilidad de la agricultura maicera ha llevado a algunos agricultores a reconsiderar el uso del suelo del ejido y su valor, lo cual implica una transformación en la percepción de riesgo en la comunidad, de ahí que en el capítulo VII Hallie Eakin y Xóchitl Guadarrama analicen el impacto de las inundaciones ocurridas en tierras dedicadas a la agricultura pero que en la actualidad comienzan a adquirir un nuevo valor por su potencialidad residencial. En ciertas áreas del ejido Emilio Portes Gil el peligro de las inundaciones ya no es valorado exclusivamente en términos productivos, sino de seguridad residencial. Las autoras argumentan que el cambio en la valoración de la tierra puede generar un desfase entre las percepciones de riesgo, las necesidades locales y las políticas públicas que se han adoptado para el caso de catástrofes naturales.

El nuevo valor de la tierra puede ser abordado desde distintas perspectivas: tomando en cuenta el punto de vista de los productores, el de los hogares rurales, o el del ejido y la comunidad; en cada uno las respuestas y estrategias varían en función de sus objetivos, que unas veces son coincidentes y otras se contraponen. Éste es el tema que desarrolla Christian Muñoz en el capítulo VIII, pues compara las estrategias desplegadas en el control de recursos por dos localidades rurales de Querétaro. Su trabajo muestra que la abundancia relativa de recursos y la necesidad de regular su usufructo plantean problemas de acción colectiva.

De la misma manera, el deterioro en la actividad agrícola y la transformación en los mercados laborales repercuten en la estructura doméstica y en las relaciones de género al interior del hogar e influyen en la posición que las mujeres ocupan en la comunidad. Éste es el tema que exploran Kirsten Appendini y Marcelo De Luca en el capítulo IX. Los autores se preguntan si los cambios en la vida cotidiana contribuyen a modificar las estructuras jerárquicas y de subordinación en la familia y la comunidad y qué significado tiene el poder desde una perspectiva de género. Para ello parten de una discusión crítica del concepto de *empoderamiento*.

En el capítulo X se exploran las nuevas formas de intervención estatal y los nuevos receptores de las políticas públicas, principalmente las mujeres. Ivonne Vizcarra y Xóchitl Guadarrama analizan el surgimiento de un nuevo tipo de relación entre el Estado y la población rural tomando como objeto de estudio el programa Progresa-Oportunidades dirigido al combate a la pobreza. El trabajo pone al descubierto las prácticas de poder y subordinación étnica y de género en que está inmerso el programa en cinco localidades mazahuas del municipio de San Felipe del Progreso, así como las implicaciones de tales prácticas entre las mujeres beneficiadas.

La posibilidad de llevar una forma de vida que no corresponde a la imagen tradicional del campo permite la emergencia de otras formas de autoidentificación. Éste es el tema del capitulo final, que a manera de epílogo relaciona las transformaciones del mundo rural contemporáneo y el surgimiento de nuevas identidades rurales.

Un tema está presente en todos los artículos: el papel que desempeña el Estado en el nuevo contexto rural. Se advierte que el cambio de las políticas públicas dirigidas al campo ha afectado las dinámicas rurales locales; las descripciones que se presentan en los artículos reunidos, ricas en detalles etnográficos, muestran un frecuente desfase entre la visión gubernamental, que continúa conceptuando lo rural en términos de agricultura, y más recientemente en términos de pobreza, y la complejidad del mundo rural contemporáneo. Como veremos a lo largo del texto, los habitantes rurales nunca han permanecido pasivos frente a la cambiante realidad social y han buscado sus propias alternativas, que superan con creces las expectativas de los planeadores y los políticos.

Bibliografía

Appendini, Kirsten (1983), "La polarización de la agricultura mexicana: un análisis a nivel de zonas agrícolas en 1970", en *Economía mexicana*, CIDE, México (Serie Temática, 1).

_____ (1988a), "El papel del Estado en la comercialización de granos básicos", en J. Zepeda (ed.), *Las sociedades rurales hoy*, El Colegio de Michoacán-Conacyt, México.

_____ (1988b), "La participación de los productores campesinos en el mercado de maíz", *Revista mexicana de sociología*, vol. 50, núm. 1, Instituto de Investigaciones Sociales, UNAM, México.

_____ (2007), *Estudio de gabinete sobre los impactos del programa Procede (1992) en ejidos y comunidades con población indígena en México*, ms., Nordeco, Dinamarca.

Arce, Alberto y Norman Long (eds.) (2000), *Anthropology, development and modernities. Exploring discourses, counter-tendencies and violence*, Routledge, Nueva York.

Arias, Patricia (1992), *Nueva rusticidad mexicana*, Conaculta, México.

Arizpe, Lourdes (1978), *Migración, etnicismo y cambio económico: un estudio sobre migrantes campesinos a la ciudad de México*, El Colegio de México, México.

Bataillon, Claudio (1972), *La ciudad y el campo en el México central*, Siglo XXI, México.

_____ (1997), *Espacios mexicanos contemporáneos*, Fondo de Cultura Económica, México.

Bernstein, Henry (2006), "Is there an Agrarian Question in the 21st Century?", conferencia magistral, dictada en el congreso The Canadian Association for the Study of International Development, junio, Toronto.

Boltvinik, Julio y Araceli Damián (2003), "Evolución y características de la pobreza en México", *Revista de comercio exterior*, vol. 53, núm. 6, junio, Banco Nacional de Comercio Exterior, México.

Bonanno, Alessandro (2004), "Globalization, Transnational Corporations, the State and Democracy", *International Journal of Sociology of Agriculture and Food*, vol. 12, CSAFE, Dunedin, Nueva Zelanda.

Bonfil Batalla, Guillermo (1987), *México profundo: una civilización negada*, Secretaría de Educación Pública, CIESAS, México.

Caballero, José María, Carlos Moreno y George Dyer (2006), "Decentralization of Rural Development Programs, Mexico: Programmatic Poverty Study", ms., parte 3, Washington, Banco Mundial.

Carton de Grammont, Hubert (2004), "La nueva ruralidad en América Latina", *Revista mexicana de sociología*, número especial por el 65 aniversario, Instituto de Investigaciones Sociales, UNAM, México, pp. 279-300.

Centro de Investigaciones Agrarias (1974), *Estructura agraria y desarrollo agrícola en México*, Fondo de Cultura Económica, México.

CEPAL (1982), *Economía campesina y agricultura empresarial: tipología de productores del agro mexicano*, Siglo XXI, México.

Delgado, Javier (2003), *Territorio y nuevas ruralidades. Un recorrido teórico sobre las transformaciones de la relación campo-ciudad en el marco de la globalización*, Congreso de la Asociación Mexicana de Estudios Rurales, Morelia.

Garay, Sagrario (2008), *Trabajo rural femenino en México*, tesis de doctorado, El Colegio de México, México.

García, Brígida (2007), *Las carencias laborales en México: conceptos e indicadores*, ponencia presentada en el Seminario sobre trabajos precarios, trabajos atípicos, UAM, México.

Hewitt de Alcántara, Cynthia (1978), *La modernización de la agricultura mexicana, 1940-1970*, Siglo XXI, México.

_____ (1988), *Imágenes del campo mexicano*, El Colegio de México, México.

Instituto Internacional de Cooperación para la Agricultura (IICA) (2000), *Nueva ruralidad. El desarrollo rural sostenible en el marco de una nueva lectura de la ruralidad*, marzo, IICA, Panamá (Documentos conceptuales).

Lerner, Susana y P. Livernais (1984), "Fecundidad y diferenciación social", ponencia presentada en el seminario La fecundidad en México: cambios y perspectivas, marzo, Centro de Estudios Demográficos y de Desarrollo Urbano, El Colegio de México, México.

_____, A. Quesnel y M. Yanes (1994), "La pluralidad de trayectorias reproductivas y las transacciones institucionales", *Estudios demográficos y urbanos*, vol. IX, núm. 3, septiembre-diciembre, El Colegio de México, México.

Muñoz, Christian (2002), *Estudio regional del proyecto Construcción de capital social en comunidades campesinas*, ms., informe de investigación.

Preibisch, Kerry (2000), *Rural Livelihoods, Gender and Economic Restructuring in Mexico: Life Realities of Neoliberalism (1980-2000)*, tesis de doctorado, The University of Reading, Department of Agriculture and Food Economics, Gran Bretaña.

Programa de Naciones Unidas para el Desarrollo (PNUD) (2004), *Informe sobre desarrollo humano*, México, en <http://saul.nueve.com.mx/informes/index.html>.

Samuel, O., S. Lerner y A. Quesnel (1994), "Hacia un enfoque demiantropológico de la nupcialidad y su relación con nuevos esquemas de procreación", *Estudios demográficos y urbanos*, vol. IX, núm. 9, enero-abril, El Colegio de México, México.

Schejtman, Alexander (1999), "Las dimensiones urbanas en el desarrollo rural", *Revista de la CEPAL*, CEPAL, Santiago de Chile.

Standing, Guy (1989), "Global Feminization through Flexible Labor", *World Development*, vol. 17, núm. 7, julio, Elsevier, Montreal.

Tokman, Víctor (1978), "Interrelaciones entre el sector formal e informal", en PREALC-OIT, *Sector informal, funcionamiento y políticas*, PREAIC-OIT, Santiago de Chile.

Unikel, Luis (1974), *El desarrollo urbano en México*, El Colegio de México, México.

Verduzco, Gustavo (2002), "Construcción de capital social en comunidades campesinas", en *Cuaderno de investigación del CES*, El Colegio de México, México.

Whetten, Nathan (1948), *Rural Mexico*, University of Chicago, Chicago.

II. LA TRANSFORMACIÓN DE LA VIDA RURAL EN TRES EJIDOS DEL CENTRO DE MÉXICO

Kirsten Appendini

La vida económica en los tres ejidos bajo estudio (Emilio Portes Gil, Boye y Barranca Honda) se ha transformado a lo largo del siglo xx como parte de la respuesta del campo mexicano a las políticas de desarrollo que ha emprendido el Estado mexicano en pos de la modernización del país. Si bien el modelo económico que adoptó México a finales del siglo pasado rompió con las políticas públicas hacia el campo, se sobrepuso a un proceso de cambio más largo en el que han incidido varios proyectos de modernización cuyos efectos han permeado la vida cotidiana de los habitantes rurales. El primer gran proyecto modernizador fue la reforma agraria cardenista, que creó los ejidos pero no tuvo una continuidad como proyecto productivo para el sector campesino, lo cual dio origen a un sector social inmerso en la agricultura de subsistencia y carente de recursos, incluyendo la tierra. El segundo proyecto de modernización del campo fue el de la revolución verde, que llegó tardíamente al sector social en los años setenta con la intención de dinamizar la producción de alimentos básicos, siendo ya evidentes el estancamiento del crecimiento agropecuario y la crisis estructural de la agricultura campesina. Este proyecto, que incluyó a los sectores campesinos, consistió en el fortalecimiento de las instituciones estatales que instrumentaban los recursos financieros, técnicos y de servicios a fin de apoyar la producción de alimentos y materias primas que requería el país. La crisis de la economía mexicana de los años ochenta lo dio por terminado. El modelo de economía cerrada y de sustitución de importaciones fue sustituido por otro, de economía abierta, que paulatinamente habría de integrarse a la economía internacional. El Estado dejó de intervenir en la oferta agrícola para dejar al mercado la regulación de la economía agrícola. El proyecto se concretó en el Programa de Modernización para el Campo Mexicano, que fue anunciado por el gobierno de Salinas de Gortari (1988-1994) en 1990 y culminó con las reformas al artículo 27 en 1992 y con el Tratado de Libre Comercio (TLCAN) en 1994. Con diversas modificaciones en las políticas agropecuarias, este modelo se consolidó en la primera década de 2000.

En este capítulo describiremos de manera general el proceso mediante el cual la economía local de los tres ejidos mencionados fue articulándose a los grandes cambios de la economía mexicana. Pretendemos ofrecer un marco de referencia para los artículos reunidos en este libro, y para ello presentaremos el contexto regional y local de dichos ejidos y una breve reseña de la historia económica y agraria de cada localidad. Consideramos que las estrategias que han empleado las localidades y los hogares de estudio para conseguir su sustento económico y social han estado estrechamente vinculadas a los cambios que introdujeron las políticas públicas. Si bien la intervención estatal ha determinado en gran medida los recursos, las oportunidades y las limitantes de los hogares rurales para lograr su subsistencia, los contextos sociohistóricos son determinantes en la evolución de las respuestas locales, ya que las prácticas cotidianas para lograr el sustento emergen de las trayectorias socioeconómicas particulares de cada comunidad. De esta manera, se intenta explicar los cambios desde un enfoque analítico que interrelaciona los niveles macro, meso y microsociales.

El capítulo se ha dividido en dos secciones con el interés de explorar el impacto de las políticas públicas en la evolución de la economía campesina en cada localidad. En la primera parte, que va de 1930 a 1990, se presentan las formas de intervención de un Estado con un discurso agrarista que de acuerdo con las tendencias sexenales influía en el ámbito productivo. En la segunda sección se analizan los efectos de las reformas estructurales que rompieron con el anterior modelo de desarrollo "hacia adentro".

DEL ESTADO AGRARISTA AL ESTADO DESARROLLISTA

La relación entre el Estado y los ejidos de Boye, Emilio Portes Gil y Barranca Honda se inició con el reparto agrario en las décadas de los veinte y los treinta. La dotación ejidal fue una secuela inmediata de la lucha revolucionaria. Fue Boye la primera comunidad que consiguió el estatuto de ejido cuando en los años veinte se repartieron las tierras de las haciendas vecinas entre los pobladores de Boye, un núcleo de arrieros. EPG y BH fueron dotados de tierra alrededor de 1936 y constituyeron poblados algunos años después. Los peticionarios de Portes Gil eran peones de las haciendas de los alrededores, mientras que muchos de los primeros ejidatarios de Barranca Honda procedían de las áreas montañosas y paupérrimas de las montañas de Guerrero. Los tres ejidos fueron creados por un Estado que promovió la reforma agraria y que en algunos casos incluso obligó a los peones a organizarse para reclamar la tierra (como en el de EPG).

Con el pasar de los años la población aumentó y los ejidos de EPG y Boye lograron ampliar las tierras de cultivo para dotar a una segunda generación de ejidatarios. En EPG se repartieron las tierras de pastoreo en las partes bajas del ejido; en Boye se ampliaron los terrenos ejidales en 1952 y 1968.

En BH no fue necesario ampliar el ejido; la pobreza de la tierra era tal, que no hubo incentivos para reclamarla. Las parcelas circulaban cuando quedaban abandonas porque emigraban sus poseedores, y se le adjudicaban a los hijos de ejidatarios o a los inmigrantes (provenientes principalmente de Guerrero) que las solicitaban a la asamblea ejidal.

El recurso de la tierra en cuanto a sus dimensiones, calidad y uso (cultivo, pastoreo, recolección), así como tipo de acceso (individual o colectivo) fue determinado en un primer momento por las instituciones gubernamentales, ya fuera por medio de la Comisión Nacional Agraria (CNA), o posteriormente de la Secretaría de la Reforma Agraria (SRA), aplicando la Ley Agraria.

La tierra fue el fundamento de la vida campesina y el principal recurso productivo. Tener o no tener tierra marcaba la diferencia entre una vida austera pero con maíz y una vida de carencias absolutas en que la alimentación diaria dependía de la posibilidad de contratarse como peón o hacer trabajo doméstico ajeno en la localidad, de ahí que quienes no tenían tierra conformaban el estrato social más bajo cuyas posibilidades de movilidad económica eran prácticamente nulas.

La subsistencia de los ejidos dependió del cultivo del maíz y el frijol, base de la seguridad alimentaria de los hogares rurales, que en ocasiones se articulaba con la ganadería. En BH fueron introducidos algunos cultivos comerciales (se incursionó en el algodón). En EPG siguieron cultivando el maíz, la avena y el trigo.

El segundo gran cambio que indujo el Estado en la forma de vida de las poblaciones rurales del centro de México fue la introducción de la revolución verde en los años setenta. Con el estancamiento general de la producción de alimentos básicos al final de los sesenta fue indispensable la intervención estatal en la producción campesina vía los programas de apoyo al desarrollo rural. De los tres ejidos, el más beneficiado fue EPG, ya que por su localización privilegiada en el Estado de México formaba parte de una región estratégica en el abasto de recursos (como el agua y los alimentos) para la ciudad de México, que por aquellos años estaba en expansión. También lo favorecía su cercanía con el municipio de Atlacomulco, lugar de origen de uno de los grupos políticos más importantes del país. Fue así que el gobierno instrumentó un conjunto de programas para introducir y subsidiar la nueva tecnología a la producción maicera. El objetivo fue convertir el valle de Toluca en abastecedor de maíz para la metrópoli.

La revolución verde y la presión demográfica (entre 1960 y 1980 se duplicó la población de muchas localidades) contribuyeron a transformar las prácticas agrícolas de los ejidos. En EPG se abandonó la práctica de dejar que descansara la tierra para que recuperara su fertilidad y se aplicaron fertilizantes químicos. En BH se suspendieron las prácticas de pastoreo colectivo en las parcelas después de las cosechas. Aunque la mecanización, principalmente el uso del tractor, tuvo una penetración más lenta en las parcelas ejidales, contribuyó al progresivo abandono del uso de la yunta. Otro factor de cambio fueron las condiciones de crédito que impuso el Banco de Crédito Rural: en EPG se obligó a los agricultores al monocultivo de maíz y a abandonar la milpa tradicional intercalando cultivos que ayudaban a conservar mejor los suelos. En BH el crédito oficial apoyó el cultivo de algodón en los años sesenta y una década después el sorgo. En Boye hubo menor presencia de los programas de apoyo productivo, pues como las demás comunidades campesinas de la zona árida del norte de Querétaro, fue excluida de las políticas de desarrollo rural (Muñoz, 2002), de ahí que su población se semiproletarizara al incorporarse desde los años sesenta en las obras de electrificación de la región y en las fábricas cercanas a Cadereyta, la cabecera municipal.

La actividad agropecuaria también fue promovida por programas que otorgaron créditos a proyectos productivos específicos, como la ganadería en BH y la actividad porcícola en EPG.

Durante los años setenta la intervención del Estado mexicano se expandió en el ámbito rural con apoyos directos a la producción y a la comercialización por medio de la agencia de acopio de granos Conasupo-Boruconsa (Compañía Nacional de Subsistencias Populares-Bodegas Rurales Conasupo) que se instaló en las localidades de todo el país, entre ellas en EPG.

Procesos de cambio sociodemográfico en el contexto regional

Las transformaciones promovidas por la revolución verde fueron acompañadas por otros cambios, como el crecimiento de la población, la transformación de los mercados de trabajo regionales, y la paulatina llegada de las obras y los servicios públicos a la región y a los núcleos ejidales. Entre los años sesenta y setenta llegaron a los poblados la electricidad y el agua entubada y se construyeron caminos vecinales que entroncaron con las carreteras asfaltadas. La política educativa alcanzó a muchas de las localidades rurales del país; por ejemplo EPG se benefició de un programa de educación bilingüe para la población indígena que favoreció la formación de varias generaciones de maestros rurales. La década de los ochenta también acarreó cambios y desarrollo social, pues se establecieron entonces las clínicas de salud y las escuelas secundarias (actualmente sólo Boye carece de una clínica de salud).

Estos procesos se acentuaron en el centro de México desde los años sesenta debido al notable crecimiento de la Zona Metropolitana del Valle de México. Así, en el entorno regional se fue transformando rápidamente la estructura económica y se plantearon nuevas necesidades que ejercieron presión sobre las zonas rurales y afectaron a las localidades de estudio. Éste fue el caso de la extracción del agua del subsuelo en el noreste del Estado de México para llevarlos al Distrito Federal, que ocasionó una merma en los mantos acuíferos del subsuelo y una reducción de la humedad de los terrenos. A esto se añadieron otros factores: la demanda de alimentos de la urbe en expansión, el establecimiento de zonas industriales muy dinámicas, como el corredor Toluca-Lerma, la zona industrial de Atlacomulco y la empresa IUSA en Jocotitlán, el corredor San Juan del Río en Querétaro, la zona industrial de Cuernavaca (CIVAC), y el desarrollo del turismo de fin de semana en Morelos. La creciente urbanización generó nuevas fuentes de empleo que significaron la creación de un mercado laboral diferenciado por calificación y sexo.

La población creció a una tasa anual de 4.2% en el Estado de México, en Morelos 3.1% y en Querétaro 3.6%. Hubo un notable cambio en la estructura rural-urbana, ya que entre 1970 y 2000 la población rural (en localidades de hasta 2 499 habitantes) pasó de 38 a 14% en el Estado de México, de 30 al 14 % en Morelos y de 64 a 32% en Querétaro (cuadro II.A.1 del anexo). En consecuencia, la tasa de crecimiento de la población rural inferior a la urbana, aunque aumentó en términos absolutos y prolongó la presión sobre la tierra, que se mantuvo constante dentro de los ejidos.

Entre 1970 y 2000 el municipio de SFP duplicó su población, pues creció 2.4% anual, pero la participación de la población rural disminuyó de 92.3% en 1970 a 76% en 2000. En EPG el crecimiento demográfico fue de 1.1% anual.

La población de Cadereyta creció 2% y la de Boye 5.7% anual, en cambio la de Tlaltizapán se incrementó 2.8% y las de BH 2.4%. Estas cifras indican tendencias distintas entre las comunidades: en EPG y BH la tasa de crecimiento medio anual fue menor que la del municipio, mientras que en Boye fue notablemente superior (cuadro II.A.2 del anexo).

La estructura económica también se transformó. En todos los municipios la participación de la población económicamente activa en la agricultura disminuyó entre 1970 y 2000 (cuadro II.3). En Boye sin embargo hubo una tasa anual positiva de 1.0 mientras que en BH el cambio fue a una tasa de -0.1 anual, y en EPG la disminución (-5.4) fue mucho mayor que la correspondiente al municipio de SFP, de (-1.2).

Las tendencias de la población económicamente activa en actividades no agrícolas fueron diferentes. Mientras que en SFP hubo un equilibrio entre las actividades secundarias y las terciarias para el año 2000, en EPG la tendencia hacia la terciarización de las actividades económicas se acentuó (72%). Cadereyta muestra una incorporación de la población económicamente activa a actividades secundarias (45%), que correspondía a Boye para 1990 y que desde entonces comienza a declinar ligeramente. En Tlaltizapán predominan las actividades terciarias (47%) y en BH adquieren importancia relativa las secundarias. En suma, las regiones han adquirido dinámicas distintas pero en todas la agricultura ha dejado de ser la actividad principal.

La articulación de la agricultura maicera y los mercados laborales

En el periodo de transición entre la economía campesina maicera (1970) y la economía no agrícola (2000), la expansión de los mercados de trabajo regionales y la comunicación con las zonas urbanas trascendieron el límite de las economías campesinas locales. En las tres localidades de estudio hay antecedentes de trabajo fuera del ejido y de la comunidad en actividades agrícolas y no agrícolas. Las opciones varían en función de las condiciones locales particulares.

La política de modernización para construir un país industrializado y urbanizado fomentó la construcción de grandes obras de infraestructura regionales. En el centro del país el gran proyecto hidráulico del río Lerma (Plan Lerma 1968-1976, cuyo objetivo principal era el desarrollo integral para los diez estados de la cuenca del Lerma) y la electrificación tuvieron impacto en las comunidades estudiadas. Los hombres de EPG y Boye encontraron una oportunidad de trabajo al incorporarse a las obras de estos grandes proyectos. En el caso de Boye el impacto de las obras de electrificación trascendió a más de una generación. El campamento de la Compañía de Luz y Fuerza que emprendió la electrificación de los poblados de la Sierra Gorda se construyó cerca de Boye, y los hombres empleados por la Compañía aprendieron múltiples oficios relacionados con la construcción y la electricidad que los capacitaron para emplearse posteriormente como obreros de la construcción en Florida, Estados Unidos. En EPG el destino principal de los hombres fue el trabajo en las obras de construcción, primero en el Plan Lerma y luego en la ciudad de México. Debido a la relativa cercanía con esta ciudad la emigración fue temporal: los trabajadores regresaban cada ocho o quince días a sus comunidades y durante las temporadas de gran actividad agrícola se reincorporaban fácilmente a sus labores como campesinos. Por otra parte, desde que se inició el ejido se realizaban actividades artesanales y manufactureras que consistían en la elaboración de artículos de limpieza con fibra de zacate (hoy se utiliza metal) y el comercio ambulante de productos de limpieza fuera de la región.

Las mujeres también se incorporaron a las actividades no agrícolas fuera y dentro del ejido. Las de EPG solían migrar temporalmente a la ciudad de México para trabajar como empleadas domésticas. En Cadereyta se estableció una fábrica de ropa donde las mujeres de Boye se emplearon como obreras.

La población de Boye tuvo acceso a un empleo formal en el sector industrial; los obreros y obreras gozaban de las prestaciones laborales que otorgaba la ley laboral y podríamos decir que emprendieron la senda de un desarrollo "clásico" hacia la proletarización, sin embargo tal alternativa ya no existió en las siguientes generaciones que debieron buscar otras opciones. Para inicios de los noventa se habían acabado las obras de electrificación en la región y las fábricas flexibilizaron sus políticas de empleo, lo que hizo menos atractivo el trabajo para las mujeres.

En BH había una demanda regional de jornaleros agrícolas en la caña de azúcar, (controlada por el Estado a través de los ingenios de azúcar que eran empresas estatales), en las flores y en las hortalizas. Esto atrajo a la región a un gran número de inmigrantes provenientes de Guerrero que se establecieron allí y en BH. También había trabajo en otros cultivos de las tierras de riego del valle de Amilpas (Cuautla), donde muchos habitantes de BH se incorporaron como jornaleros y en la producción de flores, jitomate, cebolla y chile, que se vendían en los mercados urbanos cercanos y en los de la ciudad de México.

Desde los cincuenta, la migración trasnacional fue otra alternativa para los habitantes de las localidades en estudio, cuando se incorporaron al Programa Bracero. Este programa terminó en 1964 pero les dejó experiencia y posiblemente algunas redes que retomarían en décadas posteriores.

LAS REFORMAS INSTITUCIONALES Y EL NUEVO CONTEXTO AGRARIO MEXICANO

Las reformas estructurales de la política agropecuaria y agraria que anunció el Programa de Modernización para el Campo en 1990 tuvieron efectos que sin ser inmediatos se observan en distintos ámbitos de la vida rural en las localidades de estudio.

Las nuevas reglas impuestas por las políticas neoliberales fueron desmantelando paulatinamente los apoyos estatales a la producción agrícola y poniendo en práctica nuevos programas más acordes con las exigencias de la economía internacional en la que México aspiraba a insertarse. El Estado disminuyó su intervención en el mercado agrícola y trató de incentivar a la inversión empresarial y de dinamizar la actividad agropecuaria mediante la creación de un mercado de tierras. Estaba previsto que los campesinos se convertirían en productores competitivos dentro de este esquema, ya fuera por su cuenta o en asociación con capital de terceros. La reforma al artículo 27 constitucional determinó un importante cambio institucional al establecer claramente los derechos de propiedad en el sector de tenencia social y abrir la posibilidad de que entraran al mercado de tierras los ejidos y las comunidades. La relación entre el Estado y el campesinado cambió radicalmente desde entonces: se canceló el reparto agrario y se declaró el fin de la tutela del Estado sobre el sector ejidal y comunal. Los campesinos no serían más "los hijos predilectos del régimen", como los llamó Warman (1981). La nueva modernización del campesino agricultor dependería en adelante de su capacidad individual o de asociación para integrarse de una manera competitiva al mercado. Con esa óptica la nueva institucionalidad para el campo se propuso garantizar los derechos de propiedad, bajar los costos de transacción y promover los arreglos cooperativos entre los agentes económicos. Sin embargo no se reconocieron las asimetrías entre los agentes productivos, esto es, la gran desigualdad que existía en el campo mexicano (García, De la Tejera y Appendini, 2007).

Aunque estaba claro el proyecto de apertura neoliberal, el gobierno salinista instrumentó sobre la marcha una serie de programas compensatorios que, de manera transitoria, mantuvieran cierto flujo de recursos públicos al campo; fue el caso del Programa de Apoyos Directos al Campo (Procampo) y en menor medida el del Programa Nacional de Solidaridad (Pronasol), antecedente de los programas de asistencia a la pobreza. En esta forma los pequeños productores, en particular los ejidatarios, continuaron gestionando créditos de Pronasol y vendiendo una parte de sus cosechas a las bodegas estatales de Boruconsa durante los primeros años de la década de los noventa. Esta práctica terminó durante el gobierno de Ernesto Zedillo (1994-1999), cuando Conasupo cerró, Banrural entró en un proceso de liquidación, y los programas de combate a la pobreza dejaron de lado los componentes productivos, enfocándose a la salud, la educación y el consumo. Los programas más importantes de apoyo a la actividad agropecuaria, como Alianza para el Campo y Apoyos y Servicios a la Comercialización Agropecuaria (Aserca), fueron redirigidos a los productores empresariales. Para mediados de los años noventa los efectos de la restructuración de las políticas agropecuarias habían afectado al campo y muchos de los hogares rurales ya aplicaban estrategias para que su ingreso no dependiera solamente de la agricultura.

La agricultura maicera y la tierra

El retiro de los apoyos productivos afectó de manera diversa a las localidades estudiadas, de acuerdo con el grado en que los productores habían sido beneficiados por los programas de apoyo. Salvo en el caso de Banrural, el retiro de otros subsidios como los precios de garantía, fue gradual, lo que permitió que los hogares fueran ajustando sus estrategias económicas paulatinamente conforme ocurrían los cambios generacionales dentro de las familias.

En EPG la caída de los precios contribuyó al abandono del cultivo de maíz con fines comerciales y a su conversión a cultivo de subsistencia. Lo mismo sucedió en BH, donde el maíz se cultivó principalmente en asociación con la actividad ganadera, ya que el rastrojo se utilizaba para alimento. Boye fue probablemente la comunidad en que las políticas macroeconómicas y sectoriales tuvieron menor impacto, pues no había sido receptora importante de los programas de modernización agropecuaria durante el periodo de desarrollo con apoyos estatales. Las tierras siempre fueron pobres, la agricultura marginal, y la ganadería dejaba poco ingreso. Aun así los hogares sufrieron el impacto de la caída en los precios, pues en la venta cotidiana o en el trueque de unos kilos de maíz por artículos de primera necesidad en la tienda local de abarrotes, su poder adquisitivo cayó.

Al mismo tiempo entraron en funciones nuevos programas que si bien no sustituyeron a los anteriores, sí proporcionaron algunos recursos públicos a los campesinos. Fue el caso del Crédito a la Palabra (Pronasol), que otorgó crédito a los productores de maíz hasta por dos hectáreas, pero sobre todo del Procampo tiempo después. De acuerdo con la encuesta aplicada por el equipo de investigación, 90% de los hogares con tierra en BH y en EPG recibió en 2003 ayuda de este programa, contra 73% en Boye. Estos hogares recibieron entre 1 100 y 2 900 pesos anuales en promedio. Así, aunque Procampo fue concebido como un programa compensatorio a la caída del precio del maíz, localmente se convirtió en un instrumento colateral de crédito para comprar los fertilizantes y herbicidas necesarios para el cultivo de este cereal. Antes que emprender otros cultivos o abandonar totalmente la agricultura, los productores locales se apropiaron de los nuevos recursos para ajustarlos a las necesidades de la agricultura maicera.

Cuadro II.1
Recursos otorgados anualmente por Procampo

Localidad	Total	Unidades domésticas que reciben		Promedio de has beneficiadas por unidad doméstica	Promedio anual de pesos recibidos por unidad doméstica
		Número	Porcentaje		
Emilio Portes Gil	114	106	93	1.3	1 126
Boye	79	19	24	1.7	1 584
Barranca Honda	61	26	43	3.4	2 862

Fuente: Encuesta, 2003.

El cultivo del maíz se volvió una actividad de subsistencia y complentaria a las labores no agrícolas que emprenden los hogares, sobre todo en el caso de EPG y BH. Al dejar de contribuir al ingreso monetario del hogar, el cultivo de maíz cobró una valoración diferente, ahora concebida en términos de calidad y como parte de una identidad campesina añorada.

Muchos de los hogares en Boye y BH ya no disponen de tierra, y en caso de tenerla la mayoría de los productores considera a la agricultura una actividad marginal; ha dejado de ser el eje respecto al cual se toman las decisiones económicas en los hogares. El ciclo agrícola ya no rige las decisiones sobre la asignación de recursos productivos y fuerza de trabajo como antes, cuando las actividades no agrícolas eran complementarias a la agricultura. El cultivo de maíz se ha vuelto una tarea residual que se realiza cuando no se hacen otros trabajos, por ejemplo en los fines de semana. Así, la restructuración de las políticas agrícolas interactuó con otros procesos de cambio, como la presión demográfica, y en ciertos casos la fragmentación de la tierra, la vinculación cada vez más estrecha con los mercados laborales regionales y el cambio en las expectativas de los jóvenes, entre otros.

La valoración de la tierra también ha tenido nuevas connotaciones ante la pérdida del valor económico el maíz. EPG es un ejemplo del cambio de significado de la tierra, que se observa en la forma en que se regularizaron las parcelas con el Programa de Certificación de Derechos Ejidales y Titulación de Solares Urbanos (Procede) (véase el cuadro II.2). Este programa tuvo como objetivos definir los derechos de propiedad en los ejidos y comunidades, y delimitar los distintos tipos de terreno. En EPG la regularización de la tierra favoreció el reconocimiento de los posesionarios, que siendo hijos, y en menor medida hijas de los ejidatarios, habían recibido como herencia un pedazo de la parcela ejidal. Procede vino a formalizar algo que había ocurrido a lo largo de los años en el ejido. Como resultado de la regularización se puede apreciar una notable disminución de las hectáreas por unidad doméstica. Hoy día 85% de los sujetos agrarios en EPG tiene menos de una hectárea, cuando la dotación inicial del ejido fue de 3.3 hectáreas, y éste era todavía el promedio por productor a mediados de los años ochenta (Appendini, 1988).

La fragmentación de la tierra, ahora reconocida formalmente, es otro de los factores que explican que el cultivo de maíz sea una actividad destinada al autoconsumo, ya que el producto de una hectárea apenas alcanza para el abasto familiar, y no se cultiva para la venta. En este sentido, la entrega de la tierra a los hijos confirma la menor importancia de la agricultura.

Si bien la tierra ha perdido valor como recurso productivo, lo ha adquirido como recurso para fincar la residencia, sobre todo para los jóvenes habitantes del núcleo ejidal que viven de empleos no agrícolas. Como consecuencia, los patrones de herencia se han flexibilizado y ahora se incluye a las hijas. En EPG 23% de los titulares de una parcela son mujeres (de éstas 43% son ejidatarias y 57% posesionarias).

Sabemos que en Boye y BH la dinámica es distinta, ya que con Procede no se observaron cambios en la estructura agraria. En Boye coexisten la propiedad privada y la ejidal, pero no todos los hogares tienen tierra de cultivo;[1] del total de

---

[1] Los datos del Registro Nacional Agrario (RAN) relativos al número de viviendas en la localidad de Boye muestran que 38% posee tierras ejidales. La encuesta 2003 registra que 33% de los hogares encuestados cuenta con tierra.

sujetos agrarios 20% son avecindados que sólo tienen un solar. De los ejidatarios y de los avecindados 17% son mujeres. En el padrón de sujetos agrarios levantado por Procede no se registraron posesionarios en esta comunidad, ya que no es común que se dé una parte de la parcela a los hijos. Más bien los hijos adultos que laboran la tierra lo hacen como miembros del hogar paterno. No obstante, lo más frecuente es que los hijos adultos emigren y su esposa e hijos se queden en su casa, si acaso las tienen, o en una vivienda del solar de los padres del cónyuge.

En BH 43% de los hogares posee tierra.[2] Los ejidatarios representan 30% de los sujetos agrarios y los posesionarios 10%. Esto indica que tampoco es frecuente la subdivisión de las parcelas ejidales. Por otra parte, 60% de los sujetos agrarios está avecindado y carece de tierras de cultivo. Cuando un productor tiene la certificación de una parcela cuenta con derecho al pago de Procampo: un subsidio por cada hectárea.

La economía de las localidades rurales

Un recorrido por los núcleos de población ejidal revela cambios muy visibles en el paisaje del mundo rural. Se observa que entre 1990 y 2000 la población ocupada en actividades agrícolas disminuyó en EPG y BH (véase cuadro II.3).[3] Los comercios y establecimientos de servicios como las estéticas y los taxis abundan en las localidades. Hay tiendas de abarrotes, misceláneas, farmacias, papelerías, y algunos establecimientos que combinan la venta de ropa, de zapatos, e incluso de tortillas. Cada comunidad tiene una o varias escuelas y en EPG y BH hay una clínica de salud. Las calles principales están pavimentadas, hay alumbrado público y un local de reunión para la comunidad. Las pocas casas de adobe que existen están escondidas en los solares tras las viviendas de concreto, algunas de dos pisos, y no faltan las edificaciones de estilo urbano donde residen los inmigrantes o sus familiares, sobre todo en Boye, o los maestros de obra que trabajaron en las ciudades, como en EPG.

En EPG, la localidad "más agrícola" donde la mayoría de los hogares tiene tierra, es donde la actividad agrícola ha disminuido más. Aun teniendo tierra, la población se dedica a otras labores como consecuencia de la fragmentación de la tierra y de la baja rentabilidad del maíz. Las actividades terciarias (el comercio) son las más socorridas con una participación creciente que llegó a 71% en 2000.

---

[2] En la encuesta 2003 aparece que en BH 46% de los hogares cuenta con tierra.
[3] La población económicamente activa en actividades primarias en México pasó de 23.5% en 1990 a 16.1% en 2000 (cuadro II.A.3 del anexo).

Cuadro II.2
Sujetos agrarios en las comunidades

Emilio Portes Gil

	Ejidatario	%	Posesionario	%
Hombres	248	77	316	77
Mujeres	72	23	94	23
Total	320	100	410	100

Boye

	Ejidatario	%	Avecindado	%
Hombres	119	83	29	83
Mujeres	24	17	6	17
Total	143	100	35	100

Barranca Honda

Ejidatario	%	Posesionario	%	Avecindado	%
51	80	21	95	94	73
13	20	1	5	34	27
64	100	22	100	128	100

Fuente: Registro Agrario Nacional (RAN), expedientes de cada ejido consultados en las oficinas estatales de RAN.

Cuadro II.3
Población ocupada por sectores de actividad (porcentajes)

Población ocupada	EPG		Boye		BH	
	1990	2000	1990	2000	1990	2000
Total	100	100	100	100	100	100
Actividades primarias	20.8	10.5	28.5	32.6	43	36.5
Actividades secundarias	14	18	37.8	28.6	25	38.8
Actividades terciarias	59	71.5	20.2	36.1	16.8	13.7
No especificadas	6.2	0	13.5	2.7	14.7	11

Fuente: INEGI, Censos de población y vivienda, varios años.

En BH predominan las actividades secundarias, ya que se establecieron allí dos talleres de costura que han dado empleo a algunas mujeres; asimismo se trabaja a domicilio en la elaboración de joyería de fantasía. Las actividades primarias han disminuido, pero menos que en EPG; en 2000 representaron 36.5%. Boye muestra una participación similar de 32.6%. Sin embargo se ha incrementado porcentualmente su participación en la agricultura, ha disminuido la importancia relativa de las actividades secundarias y se ha incrementado las de las terciarias, pues allí son éstas las que predominan.

La información obtenida en el trabajo de campo permite ahondar en las tendencias descritas.[4] Las actividades primarias están asociadas a la posesión de la tierra y a la jefatura del hogar (véase cuadro II.A.5 del anexo). Así en EPG 69% de las personas dedicadas a la agricultura por cuenta propia son jefes de familia, en Boye representan 74% y en BH 79%. La mayor parte ejerce dicha actividad en la propia localidad.

[4] El análisis que se presenta a continuación está basado en la Encuesta 2003 (véase el capítulo I). Se levantó en los hogares en los meses de primavera de ese año. La información de la ocupación principal corresponde a la unidad doméstica, esto es, a todos los miembros del hogar que viven o vivieron allí un mes antes, más los hijos del jefe de hogar, estuvieran o no viviendo en el hogar. Para un análisis más detallado de las ocupaciones en los tres ejidos, véase Appendini (2007).

Para los hijos e hijas mayores de 15 años la agricultura por cuenta propia dista de ser la ocupación principal. Sólo en Boye 27% de los hijos varones está ocupado en la agricultura como asalariado. Los hijos varones se dedican al comercio (en EPG 21%), a la construcción (en BH 32%) o a actividades no especificadas (Boye, 35%; BH, 25%). La ocupación de las hijas es el hogar, pero con diferencias entre las comunidades (Boye 72%, BH 59% y EPG 52%). Para las mujeres las ocupaciones alternativas al hogar son: el empleo doméstico en EPG (27%), alguna ocupación asalariada en Boye (20%) y una no especificada en BH (21 por ciento).[5]

Los miembros de la unidad doméstica que viven en el hogar trabajan primordialmente en la propia localidad (véase el cuadro II.A.6 del anexo). Cabe mencionar que en EPG el porcentaje (56% para los hombres y 78% para las mujeres) es menor que en BH y Boye (entre 72% y 78% para unos y 88% para otras). Esto puede indicar que para EPG hay más oportunidades de empleo en la región y que las personas se pueden desplazar del pueblo a los lugares de trabajo sin abandonar su residencia local. De hecho, las ocupaciones distintas a la agricultura se ejercen principalmente fuera de la localidad y en otro estado. Éste el caso de las ocupaciones no agrícolas más importantes, como el comercio, la construcción y otras labores asalariadas entre los hombres, y el empleo doméstico para las mujeres. Otra posibilidad es el trabajo en la educación que se ejerce en el propio municipio (véase el cuadro II.A.6 del anexo).

La mayoría de la población de Boye trabaja en la propia localidad, principalmente en la agricultura, que es casi la única opción laboral para los hombres, ya sea por cuenta propia o como asalariados. Las mujeres se concentran en las ocupaciones del hogar.

En BH ocurre algo similar: los miembros de las unidades domésticas que viven en el hogar trabajan en la misma localidad, pero la ocupación principal de los hombres, después de la agricultura, es la construcción. Las mujeres se dedican primordialmente al hogar, y en segundo término al comercio por cuenta propia en la misma localidad, pero su participación es pequeña.

Sólo en EPG los empleos en la docencia y el gobierno son otras posibilidades laborales. El único antecedente de la emergencia de empleos de cierto nivel de calidad en los tres casos estudiados ha sido un programa gubernamental. También los miembros de la unidad doméstica que no viven en el hogar trabajan en estas ocupaciones. En EPG 39% de los hombres pertenecientes a la unidad doméstica no vive en el hogar, y trabaja principalmente fuera de la localidad y de la entidad federativa. Sólo 13% se encuentra fuera del país. El trabajo asalariado y el comercio por cuenta propia son las ocupaciones más importantes.

---

[5] La ocupación "no especificada" corresponde sobre todo a los emigrantes (véase cuadro II.A.5 del anexo).

Entre las mujeres que no viven en el hogar (26%) la principal ocupación son los quehaceres de casa; se trata sobre todo de mujeres que han formado sus propias familias. En segundo lugar está el empleo doméstico, trabajo que han realizado por generaciones las de EPG y las de la región en general.

En Boye la situación es muy distinta, pues la residencia fuera del hogar está asociada a la emigración. De los hombres pertenecientes a la unidad doméstica 49% vive fuera del hogar y de éstos 68% se encuentra en otro país —la mayoría en Florida—. Las mujeres en cambio no muestran mucha movilidad; sólo 18% de ellas vive fuera del hogar.

En BH también una alta proporción de los hombres miembros de las unidades domésticas no vive en el hogar (49%) y trabaja fuera del país (67%), principalmente en Estados Unidos, como asalariados en la construcción. A diferencia de las otras dos comunidades, las mujeres de BH han salido del hogar: 40% vive fuera de allí, y de éstas 33% se encuentra en el vecino país del norte. Se han integrado a los circuitos de migración.

La incidencia de la migración internacional en Boye y BH indica las escasas opciones laborales existentes en la localidad y la región inmediata, o la falta de integración a ellas, como puede ser el caso de Boye respecto a la zona agroindustrial del valle de Tequesquiapan o a las industrias en la zona de San Juan del Río (Muñoz, 2002).

En suma, las labores que desempeña la población que vive en el hogar son muy restringidas tanto en el ámbito geográfico como en el tipo de ocupación. En cada comunidad se continúan realizando las mismas tareas que décadas atrás: el comercio ambulante en EPG, el servicio doméstico, la construcción, la labor agrícola como jornalero agrícola. Se trata de empleos por cuenta propia o asalariados precarios que se pueden considerar marginales, propios de una población excluida de la economía regional y nacional (Pérez Sáenz, 1996) y que parece repetir el proceso de marginalización e informalidad en las propias localidades que hace 30 o 40 años se dio en las ciudades con las grandes migraciones rurales-urbanas (Appendini, 2007).

Comunidades residenciales y de consumo: las remesas y los programas asistenciales

Desde la perspectiva económica el espacio rural en la región de estudio se caracteriza por una economía marginal, informal y no agrícola con escasas oportunidades de empleos y un mínimo crecimiento de la economía local. Las transferencias externas públicas o privadas son fundamentales para sus pobladores y están fomentando una economía de consumo y de residencia en que los hogares van cancelando la alternativa de la agricultura para replegarse en actividades poco rentables, pues su mejor perspectiva de ingreso proviene de los envíos de los esposos o hijos emigrantes.

La importancia de las remesas era sobre todo evidente en Boye y en BH. En esta última 47% de los hogares encuestados recibió aportaciones de miembros de la unidad doméstica que no vivían en el hogar. En Boye fue 27%. De estos ingresos 69% en BH y 77% en Boye provenían de familiares que estaban fuera del país. En cambio, en EPG 21% de los hogares recibía aportaciones de miembros que vivían fuera del hogar; 63% provenía de personas que trabajan en México y 21% fuera del país

Cuadro II.4
Unidades domésticas que reciben aportaciones
de miembros que no viven en ellas

Lugar de la ocupación	Emilio Portes Gil		Boye		Barranca Honda	
	Número	%	Número	%	Número	%
Total de receptoras	24	100	22	100	29	100
Otro país	5	21	17	77	20	69
México	15	63	4	18	6	21
México y otro país	3	13	1	5	1	3
No especificado	1	4	0	0	2	7
Total encuestado	114	21	79	28	61	48

Fuente: Encuesta, 2003.

Las políticas de asistencia social, como los programas de "combate a la pobreza", refuerzan también la economía de consumo y residencia. Estos programas son la expresión de los nuevos arreglos institucionales dirigidos a la gran mayoría de la población rural. En el discurso se trata de dar apoyo al sector de la población más desprotegido: las mujeres y los niños, a fin de darles "capacidades" y "oportunidades" para superar las condiciones presentes (con el pago en efectivo) y futuras (con la educación y el cuidado de la salud) de una situación de pobreza. En las comunidades estudiadas, como en muchas otras rurales marginales, las políticas asistenciales han sustituido al gasto público que solía orientarse a sostener la producción.

Con el paso del tiempo el programa principal, que primero fue denominado Progresa y después Oportunidades, se fue extendiendo cada vez más entre la población rural. Dicho programa está focalizado a los hogares en extrema pobreza y atiende la alimentación, la salud y la educación de estos hogares.

El programa Oportunidades se ha difundido ampliamente en las comunidades observadas. En tres de ellas lo reciben cerca de la mitad de las familias y en promedio cada una obtiene entre 271 y 321 pesos mensuales. Se trata de un ingreso que puede resultar significativo para los hogares cuyo gasto monetario mensual se estima, según nuestra observación en campo, entre 2 mil y 3 mil pesos, dependiendo del número de integrantes.

Otros programas asistenciales, como la entrega de cajas de alimentos no perecederos, son de menor importancia pues los recibe menos de 10% de los hogares.

Cuadro II.5
Recursos otorgados por programas asistenciales.
Unidades domésticas que reciben

Localidad	Total	Oportunidades (bimestral)			Otros programas (anual)		
		Número	%	Promedio bimestral por unidad ($)	Número	%	Promedio anual por unidad (%)
EPG	114	71	62	543	3	3	1 600
Boye	79	43	54	642	7	9	2 100
BH	61	31	51	542	4	7	3 430

Fuente: Encuesta, 2003.

CONCLUSIONES

Entre los procesos de cambio descritos en este capítulo, que en forma somera refiere el contexto de las comunidades estudiadas, destacan la pérdida de importancia de la agricultura como eje de la economía de los hogares y el consecuente cambio en las estrategias de sobrevivencia de los hogares rurales. Se observaron en la asignación de la fuerza de trabajo, la dedicación a la agricultura, la valoración del cultivo de maíz, el uso y significado de la tierra, y sobre todo en las expectativas de las generaciones más jóvenes sobre el futuro de los ejidos.

Para los productores de las comunidades estudiadas la agricultura fue rentable en el pasado, en gran parte gracias a los subsidios públicos que se otorgaban a los cultivos. Con las reformas sólo ha quedado el subsidio de Procampo, ya que a otros programas como la Alianza para el Campo difícilmente pueden acceder los pequeños productores a los que nos hemos referido, y los programas de apoyo a los proyectos productivos de los pequeños productores, como el Fondo Nacional de Apoyo para las Empresas Sociales (Fonaes), no tienen presencia en estas comunidades. En las localidades de estudio el retiro del Estado del proyecto productivo ha dejado un vacío institucional que no han logrado llenar los proyectos locales ni las iniciativas de los propios pobladores. No se han logrado consolidar otras opciones productivas en lo agrícola ni en las actividades no agrícolas y si algunos hogares logran cierto bienestar, como en el caso de EPG, se debe a sus particulares circunstancias y no a acciones colectivas. Los "incentivos institucionales" de las reformas de políticas lanzadas por el Promocam y las reformas a la Ley Agraria evidentemente no tienen respuesta en contextos campesinos en que las condiciones de asimetría frente al mercado —falta de crédito, de tecnología, de capacidad de comercialización y de una política agropecuaria diferenciada— han acarreado su exclusión.

Para las familias de estas comunidades la alternativa de empleo proviene de actividades no agrícolas, las cuales mayormente se encuentran fuera de la localidad y del país. Las actividades locales se reducen a los servicios básicos de comercio, salud, educación y transporte. Son pocos los empleos en el sector secundario y en actividades precarias, como los talleres de reparación o de costura, entre otros. Con excepción de EPG, el haber cursado la educación secundaria no les ha significado una mejor inserción en el mercado laboral local, sólo ha incrementado sus expectativas de lograr un mayo bienestar, algo que las condiciones económicas locales no ofrecen. A pesar del énfasis gubernamental en la importancia de las actividades no agrícolas como generadoras de ingreso, no existen programas públicos que las fomenten.

Las actividades no agrícolas actuales se asocian estrechamente con las experiencias de cada comunidad en el pasado. Así se construyeron las redes de comercio ambulante en EPG y la tradición como maestros rurales, o la habilidad como obreros en Boye. Las redes migratorias se entretejen con las experiencias pasadas que a veces se remontan hasta el Programa Bracero, y las experiencias laborales locales y regionales, como en el caso de Boye y BH. Se han consolidado otros arreglos institucionales fuera del ámbito estatal en que los agentes utilizan las redes sociales y van ideando estrategias que se apoyan en prácticas que se organizan con nuevos arreglos, como la migración.

En suma, la nueva institucionalidad que ha promovido el Estado se aprecia sobre todo en los programas de transferencia de recursos, como Procampo, y en los asistenciales, como Progresa-Oportunidades. Estos programas generan un derrame de recursos que se privatiza y se individualiza al ingresar a los hogares.

Finalmente, como se expone en varios de los textos incluidos en este libro, el campo adquiere otros significados para sus habitantes: reconocen que cuentan con servicios, infraestructura y comodidades que antes sólo eran propias de las ciudades, y en contraste valoran la tranquilidad de vivir en una pequeña comunidad, el medio ambiente no contaminado, las mejoras de las comunidades. Muchos habitantes aseguran que perciben una mejoría en sus comunidades a pesar de que la agricultura está en decadencia.

El mundo rural cobra valor en tanto lugar de residencia en donde a una economía productiva la sustituye otra de consumo sostenida por las transferencias del exterior.

En los capítulos siguientes se profundiza sobre algunos de los temas de dicha transformación a partir de la perspectiva de diversos actores, como se expuso en la introducción. Esperamos haber descrito en este capítulo el escenario en que se desenvuelven los procesos de otra "modernidad" distinta a la que se vivió en el pasado en las zonas campesinas ejidales del centro de México.

Anexo

Cuadro II.A.1. Población total, rural y urbana nacional y Estados

Entidad	1970	%	1980	%	1990	%	2000	%	TCMA* 1970-2000
Nacional	48 225 238	100	66 846 833	100.0	81 249 645	100	97 483 412	100	2.4
Rural	19 916 682	41.3	22 547 104	33.7	23 289 924	28.7	24 723 590	25.4	0.7
Urbana	28 308 556	58.7	44 299 729	66.3	57 959 721	71.3	72 759 822	74.6	3.2
Estado de México	3 833 185	100	7 564 335	100.0	9 815 795	100	13 096 686	100	4.2
Rural	1 443 282	37.7	1 556 931	20.6	1 530 588	15.6	1 792 276	13.7	0.7
Urbana	2 389 903	62.3	6 007 404	79.4	8 285 207	84.4	11 304 410	86.3	5.3
Querétaro	485 523	100	739 605	100.0	1 051 235	100	1 404 306	100	3.6
Rural	312 715	64.4	388 982	52.6	423 396	40.3	455 434	32.4	1.3
Urbana	172 808	35.6	350 623	47.4	627 839	59.7	948 872	67.6	5.8
Morelos	616 119	100	947 089	100.0	1 195 059	100.0	1 555 296	100	3.1
Rural	185 151	30.1	247 758	26.2	171 831	14.4	226 574	14.6	0.7
Urbana	430 968	69.9	699 331	73.8	1 023 228	85.6	1 328 722	85.4	3.8

Fuente: INEGI, Censos de población y vivienda, varios años.

Cuadro II.A.2. Población total, rural y urbana. Municipios y localidades

Municipio o localidad	1970	%	1980	%	1990	%	2000	%	TCMA 1970-2000
SFP	87173	100.0	94862	100.0	140834	100.0	177287	100.0	2.4
Rural	80458	92.3			119511	84.9	135183	76.3	1.7
Urbana	6715	7.7			21323	15.1	42104	23.7	6.3
EPG	2201	100.0	2159	100.0	2703	100.0	3076	100.0	1.1
Cadereyta	28554	100.0	37542	100.0	44944	100.0	51790	100.0	2.0
Rural					36602	81.4	41473	80.1	
Urbana					8342	18.6	10317	19.9	
Boye	334	100.0	821	100.0	1348	100.0	1742	100.0	5.7
Tlaltizapán	19695	100.0	29302	100.0	37497	100.0	45272	100.0	2.8
Rural					12279	32.7	13403	29.6	
Urbana					25218	67.3	31869	70.4	
BH	356	100.0	554	100.0	699	100.0	735	100.0	2.4

Fuente: INEGI, *Censos de población y vivienda*, varios años.

Cuadro II.A.3. Población económicamente activa por sectores de actividad

| | 1970 | | | | 1980 | | | |
	Total	Primaria	Secundaria	Terciaria	Total	Primaria	Secundaria	Terciaria
Nacional	12207532	5103519	2973540	4130473	15515934	5700860	4517502	5297572
México	992795	300817	322658	298831	2410236	367888	657419	727785
SFP	22403	17542	1837	1837	34973	22469	2849	3382
EPG	541	460	18	50	825	587	32	83
Querétaro	128178	61654	27815	29737	224435	65035	57380	55736
Çadereyta	7510	3950	2208	961	12538	4577	2699	1734
Boye	100	90	2	8	334	175	67	22
Morelos	170665	73386	31402	51370	303838	76303	52264	87124
Tlaltizapan	5199	3660	484	666	7632	3685	1330	1474
BH	90	82	3	2	321	141	85	56

| | 1990 | | | | 2000 | | | |
	Total	Primaria	Secundaria	Terciaria	Total	Primaria	Secundaria	Terciaria
Nacional	23403413	6103986	6503224	10796203	35001025	5639000	9682000	18840000
México	2860976	248160	1053808	1456246	4417848	232448	1391402	2657045
SFP	30838	15542	8381	5950	36731	12041	12115	11613
EPG	666	143	96	405	777	82	139	556
Querétaro	288994	51771	107762	120738	478589	41479	177274	244521
Çadereyta	10432	2519	4823	2251	12369	2214	5635	4035
Boye	184	55	73	39	369	121	106	134
Morelos	348357	70887	97175	172143	547995	74472	144276	318835
Tlaltizapan	10031	3531	3125	3233	14729	3448	4137	6958
BH	130	64	38	25	216	80	85	30

Cuadro II.A.3. (Continuación)

	TCMA *1970-2000* Primaria	*TCMA* *1970-2000* Secundaria	*TCMA* *1970-2000* Terciaria
Nacional	0.3	4.0	5.2
México	-0.9	5.0	7.6
SFP	-1.2	6.5	6.3
EPG	-5.4	7.1	8.4
Querétaro	-1.3	6.4	7.3
Çadereyta	-1.9	3.2	4.9
Boye	1.0	14.1	9.9
Morelos	0.0	5.2	6.3
Tlaltizapan	-0.2	7.4	8.1
BH	-0.1	11.8	9.4

Fuente: INEGI, Censos de Población y vivienda, varios años; microdatos (por localidad, censo de población y vivienda), varios años.

Cuadro II.A.4. Población económicamente activa por sectores de actividad (porcentajes)

	Primaria				Secundaria			
	1970	1980	1990	2000	1970	1980	1990	2000
Nacional	41.8	36.5	23.5	16.1	24.4	29.2	28.8	27.7
México	30.3	15.3	8.7	5.3	32.5	27.3	36.8	31.5
SFP	78.3	64.2	50.4	32.8	8.2	8.1	27.2	33.0
EPG	84.9	71.2	21.5	10.5	3.3	3.9	14.4	17.9
Querétaro	48.1	29.0	17.9	8.7	21.7	25.6	37.3	37.0
Cadereyta	52.6	36.5	24.1	17.9	29.4	21.5	46.2	45.6
Boye	90.0	52.4	29.9	32.8	2.0	20.1	39.7	28.7
Morelos	43.0	25.1	20.3	13.6	18.4	17.2	27.9	26.3
Tlaltizapan	70.4	48.3	35.2	23.4	9.3	17.4	31.2	28.1
BH	91.1	43.9	49.2	37.0	3.3	26.5	29.2	39.4

	Terciaria			
	1970	1980	1990	2000
Nacional	33.8	34.3	47.8	53.8
México	30.1	30.2	50.9	60.1
SFP	8.2	9.7	19.3	31.6
EPG	9.2	10.1	60.8	71.6
Querétaro	23.2	24.8	41.8	51.1
Cadereyta	12.8	13.8	21.6	32.6
Boye	8.0	6.6	21.2	36.3
Morelos	30.1	28.7	49.4	58.2
Tlaltizapan	12.8	19.3	32.2	47.2
BH	2.2	17.4	19.2	13.9

Fuente: Cuadro II.A.3.

Cuadro II.A.5. Ocupación principal de miembros de la familia según parestesco y sexo (número de personas)

Emilio Portes Gil

Ocupación	Jefes de familia		Cónyuges		Hijos mayores de 15		Total	
	H	M	H	M	H	M	H	M
Agropecuaria por cuenta propia	61	9	2	4	25		88	13
Agropecuaria asalariada	1				4	3	5	3
Construcción asalariada	4				17	1	21	1
Comercio por cuenta propia	12			5	36	4	48	9
Comercio asalariado								
Educación asalariado	8			5	12	11	20	16
Gobierno asalariado	2				23	2	25	2
Transporte por cuenta propia	2				8		10	
Transporte asalariado					5		5	
Empleo doméstico asalariado					1	41	1	41
Otra actividad por cuenta propia	2				1	1	3	1
Otra actividad asalariada	1	1		1	35	9	36	11
Hogar		11		70	1	80	1	161
No específicado					5	1	5	1
Total	93	21	2	85	173	153	268	259

H: Hombres; M: Mujeres

Cuadro II.A.5. (Continuación)

Boye

Ocupación	Jefes de familia		Cónyuges		Hijos mayores de 15		Total	
	H	M	H	M	H	M	H	M
Agropecuaria por cuenta propia	20		1	1	5		26	1
Agropecuaria asalariada	23	1	2	1	22		47	2
Construcción asalariada	6		2		4		12	
Comercio por cuenta propia	2			1	5	4	8	4
Comercio asalariado					1		1	
Educación asalariado				1				1
Gobierno asalariado				1				1
Transporte por cuenta propia								
Transporte asalariado	1				1		2	
Empleo doméstico asalariado					1	1	1	1
Otra actividad por cuenta propia								
Otra actividad asalariada	7			1	7	14	15	14
Hogar	1	14	1	54	6	50	8	118
No especificado	1	1			28		29	1
Total	61	16	8	58	80	69	149	143

H: Hombres; M: Mujeres

Cuadro II.A.5. (Continuación)

Barranca Honda

Ocupación	Jefes de familia		Cónyuges		Hijos mayores de 15		Total	
	H	M	H	M	H	M	H	M
Agropecuaria por cuenta propia	29	1	1		7	0	37	1
Agropecuaria asalariada	3			1	4		7	1
Construcción asalariada	6				28		34	
Comercio por cuenta propia	1	1		2	6	6	7	9
Comercio asalariado								
Educación asalariado						1		1
Gobierno asalariado								
Transporte por cuenta propia								
Transporte asalariado	1				1		2	
Empleo doméstico asalariado			2	1	1	1	3	2
Otra actividad por cuenta propia	1			1			1	1
Otra actividad asalariada	2			1	17	8	19	9
Hogar	1	9		36		46	1	91
No especificado	2			1	22	17	24	18
Total	46	11	3	43	87	78	136	132

H: Hombres; M: Mujeres
Fuente: Encuesta, 2003.

Cuadro II.A.6. Ocupación principal de miembros de la familia según viven o no en el lugar (número de personas)

Ocupación	Población que vive en el hogar												Población que NO vive en el hogar														
	Edo.		Localidad		Municipio		Otro Edo.		No. Esp.		Total		Edo.		Localidad		Municipio		Otro Edo.		Otro país		No. Esp.		Total	
Emilio Portes Gil	H	M	H	M	H	M	H	M	H	M	H	M	H	M	H	M	H	M	H	M	H	M	H	M	H	M
Agropecuaria por cuenta propia			76	15			1				77	15			9	4	4				1				14	4
Agropecuaria asalariada		1	2	3							2	3	1								2				3	
Construcción asalariada			5	1	1		10				16	1	3		1				4						8	
Comercio por cuenta propia	7	1	4	3	2		19	1	1		33	5	5	2	3	1	2		8	1					18	4
Comercio asalariado													3		1				4						7	
Educación asalariado	4	2	2	2	1	1	8	9			15	14	3	1	1	1	1	2							5	3
Gobierno asalariado	8		3		1	1	1	1			13	2	2	2	1	1	3		6						12	3
Transporte por cuenta propia			2		1		1				4						5		1				1		7	
Transporte asalariado			1								1		2		1				1						4	
Empleo doméstico asalariado		10		2			1	14		1	1	27					1			16				1	1	17
Otra actividad por cuenta propia			2	1							2	1			1	1									1	1
Otra actividad asalariada	4		2	3	3	6	6				13	7	4		1	1	1		15	2	8	1	2		31	4
Hogar			1	137							1	137		4	16	30		6		7	4		2		16	47
No especificado			1	1							1	1	1								1		4	2	5	2
Total	23	15	101	166	15	15	39	16	1	1	179	213	24	8	16	31	18	9	39	26	15	1	4	2	116	77

Cuadro II.A.6. (Continuación)

Nota: Cada grupo de ubicación (Edo., Localidad, Municipio, Otro Edo., Otro país, No. Esp., Total) se divide en columnas H (hombres) y M (mujeres). Las primeras columnas corresponden a "Población que vive en el hogar" y las últimas a "Población que NO vive en el hogar".

Ocupación (Boye*)	vive Edo. H	vive Edo. M	vive Loc. H	vive Loc. M	vive Muni. H	vive Muni. M	vive O.Edo. H	vive O.Edo. M	vive N.Esp. H	vive N.Esp. M	vive Total H	vive Total M	no vive Edo. H	no vive Edo. M	no vive Loc. H	no vive Loc. M	no vive Muni. H	no vive Muni. M	no vive O.Edo. H	no vive O.Edo. M	no vive O.país H	no vive O.país M	no vive N.Esp. H	no vive N.Esp. M	no vive Total H	no vive Total M
Agropecuaria por cuenta propia			25	1							25	1			2										2	
Agropecuaria asalariada	3		24								27		1		4		1				15		1		22	
Construcción asalariada	1		4	1	2		1				8	1									5				5	
Comercio por cuenta propia		3	1		1	1					2	4			2				3		1				6	
Comercio asalariado													1												1	
Educación asalariado				1								1														
Gobierno asalariado																		1								1
Transporte por cuenta propia																										
Transporte asalariado					1						1															
Empleo doméstico asalariado																				1						1
Otra actividad por cuenta propia																					1				1	
Otra actividad asalariada	4	1	5		2	8					11	9	1	3	3			2	2	1					6	6
Hogar			4	86							4	86		4	2			2	1		3			9	6	15
No especificado									1	2	2	2									27		1		29	
Total	8	4	63	89	6	9	1	0	1	2	80	102	3	7	13	0	1	5	6	2	52	0	1	9	76	23

Cuadro II.A.6. (Continuación)

Ocupación	Población que vive en el hogar												Población que NO vive en el hogar													
	Edo.		Localidad		Municipio		Otro Edo.		No. Esp.		Total		Edo.		Localidad		Municipio		Otro Edo.		Otro país		No. Esp.		Total	
Barranca Honda*	H	M	H	M	H	M	H	M	H	M	H	M	H	M	H	M	H	M	H	M	H	M	H	M	H	M
Agropecuaria por cuenta propia	2	1	30	1	1				1		34	1			5						2				7	
Agropecuaria asalariada	1		4	2					1		6	2			3							1			3	1
Construcción asalariada			12	1							13		1		1				1		20				23	
Comercio por cuenta propia			2	5						1	2	6	1		2					1	3	2			6	3
Comercio asalariado					1						1															
Educación asalariado																										
Gobierno asalariado																										
Transporte por cuenta propia																										
Transporte asalariado			3								3										1					
Empleo doméstico asalariado	2	1	1	2							3	3														
Otra actividad por cuenta propia			1	1							1	1														
Otra actividad asalariada	1		3	3						2	4	5								2	18	5		2		9
Hogar			1	65					1		1	65	1			18		1		2	8	8		1	20	36
No especificado			1	1					11	6	12	7										4	10	8	18	12
Total	6	1	58	80	3	0	0	0	13	9	80	90	2	1	13	18	0	1	1	5	52	20	10	11	78	61

H: Hombres; M: Mujeres / * Lugar donde se realiza la ocupación principal
Fuente: Encuesta, 2003.

Bibliografía

Appendini, Kirsten (1988), "La participación de los campesinos en el mercado de maíz", *Revista mexicana de sociología*, vol. 50, núm. 1, IIS-UNAM, México, pp. 149-167.

_____ (2007), "Las estrategias ocupacionales de los hogares rurales ante la recesión de la agricultura: tres estudios de caso en el centro de México", en Patricia Arias y Ofelia Woo Morales (coords.), *Espacios y formas de vida en el campo y la ciudad*, Universidad de Guadalajara, Jalisco.

García, Raúl, B. de la Tejera y K. Appendini (2007), "Cooperación estratégica, una teoría insuficiente para las instituciones rurales: introducción al debate", en Raúl García, B. de la Tejera y K. Appendini, *Instituciones y desarrollo: ensayos sobre la complejidad del campo mexicano*, en prensa, México.

INEGI, *Censos de poblacion y vivienda*, varios años.

Muñoz, Christian (2002), *Construcción de capital social en comunidades campesinas*, ms., informe de investigación, agosto.

Pérez Sáenz, Juan Pablo (1996), "Los nuevos escenarios laborales en América Latina", *Nueva sociedad*, núm. 143, mayo-junio, Revista Política y Cultural Nueva Sociedad Limitada, Venezuela.

Warman, Arturo (1981), *Los campesinos, hijos predilectos del régimen*, Nuestro Tiempo, México.

III. LOS PRODUCTORES MAICEROS DE EMILIO PORTES GIL: DE CAMPESINOS DE SUBSISTENCIA A AGRICULTORES DE MEDIO TIEMPO EN UN EJIDO QUE SE URBANIZA

Gabriela Torres-Mazuera

La ruralidad en México y en otras regiones del mundo en desarrollo ha dejado de ser un espacio caracterizado por la producción agrícola, la arquitectura vernácula y los habitantes campesinos. Tal es el caso de Emilio Portes Gil (EPG), localidad de origen ejidal en proceso de urbanización situada en el municipio de San Felipe del Progreso (SFP).

La localidad de EPG es un ejemplo que ilustra la urbanización de muchas localidades rurales de la Región Centro de México. A simple vista la urbanización se manifiesta en el crecimiento poblacional y en la construcción dispersa de casas dentro y fuera del asentamiento urbano ejidal que lleva a la creación de nuevos barrios con autonomía administrativa como Tungareo y Tepetitlán, en el caso de EPG, ubicados sobre las que alguna vez fueron áreas de cultivo. El proceso de urbanización se manifiesta no sólo en la concentración de la población en localidades con más de 2499 habitantes, sino en la penetración de infraestructura (caminos, escuelas, clínicas de salud) y servicios (agua y luz).

Cuadro III.1.
Transformaciones demográficas: San Felipe del Progreso 1970-2000

	1970	1995	2000
Población total	87173	155978	177287
Población que reside en localidades de 2499 y menos habitantes (%)	92.30	70	47.48
Emilio Portes Gil	2201	2904	3076

Fuente: INEGI, *Censos de población y vivienda*, varios años; INEGI, *Conteo de población y vivienda*, 1995.

En una localidad de poco más de 3 mil habitantes como EPG la construcción de la vivienda se hace hoy día principalmente con materiales "modernos" como el block, el cemento y el vidrio; muchos de los hogares de la localidad poseen electrodomésticos como una estufa, un radio, un televisor e incluso un refrigerador.

Cuadro III.2.
Características de las viviendas en San Felipe del Progreso

Servicios	1986* (%)	2000** (%)
Con agua	27	65.69
Con drenaje	0.7	15.22
Con energía eléctrica	64.5	84.09

*Informe Presidencia Municipal, 1986.
**INEGI, 2000.

La urbanización también se advierte en el tipo de actividad económica que realizan los habitantes de EPG. En el último censo de población sólo 10.1% dijo dedicarse a la agricultura (INEGI, 2000). Durante el trabajo de campo realizado entre 2002 y 2004, se observó que algunas de las parcelas ejidales estaban sin cultivar. En la actualidad la mayoría de la población económicamente activa de EPG obtiene sus ingresos de actividades extra agrícolas como el comercio, el magisterio, el gobierno municipal o el transporte. La mayoría de sus empleos los realizan por cuenta propia, aunque 33% de los habitantes censados afirmó que percibía un salario proveniente principalmente del magisterio y el gobierno.[1]

En el municipio de SFP las oportunidades de empleo son limitadas y precarias: en el año 2000 no recibió ingresos 24.6% de la población ocupada y los salarios eran bajos, sobre todo los sectores primario y secundario. Entre la población ocupada 43.6% recibe dos salarios mínimos mensuales o menos (INEGI, 2000), de ahí que la migración en busca de trabajo sea casi obligatoria para la mayor parte de los jóvenes que se integran al mercado laboral. Hoy día los habitantes de EPG se desplazan constantemente; algunos lo hacen a diario para

---

[1] EPG representa un caso excepcional de trabajadores asalariados, ya que sus habitantes tuvieron un acceso privilegiado a la educación gracias a la escuela primaria y secundaria que existe en la localidad desde 1979. Por otro lado, los estudiantes de EPG se beneficiaron de las becas del programa de educación bilingüe del Instituto Nacional Indigenista que en la segunda mitad de los setenta los incorporó al sistema de educación bilingüe y les brindó la posibilidad de convertirse en maestros bilingües de educación básica.

trabajar en localidades cercanas, como la cabecera municipal de San Felipe del Progreso o el municipio vecino, Atlacomulco. Otros permanecen fuera toda la semana, pues trabajan en Toluca, la capital del estado, o en la ciudad de México, y regresan únicamente los fines de semana. De acuerdo con la encuesta realizada en 2003 (véanse los capítulos I y II) en EPG no vive en el hogar 39% de los hombres pertenecientes a la unidad doméstica y trabaja fuera de la localidad y del estado.

Cuadro III.3
Población ocupada, 2000

Emilio Portes Gil (sin contar los barrios)	Número	Porcentaje	PEA entre 12 y 35 años	PEA entre 12 y 35 años (%)
Total	767	100	498	100
Técnicos y profesionales	162	21.1	102	20.5
Funcionarios superiores y personal directivo	3	0.4	1	0.2
Personal administrativo	23	3.0	14	2.8
Comerciantes, vendedores y similares	223	29.1	147	29.5
Trabajadores en servicios personales y conducción de vehículos	156	20.3	133	26.7
Trabajadores agropecuarios	53	6.9	11	2.2
Trabajadores industriales	142	18.5	66	13.3
No especificado	5	0.7	24	4.8

Fuente: INEGI, 2000.

Al abandono de la agricultura y la fuerte migración se añaden otros factores que contribuyen a delinear una nueva realidad rural. Hoy día la mayor parte de la población de EPG sabe leer y escribir (71% de los mayores de 15 años, según datos del INEGI, 2000) y ha salido por lo menos una vez en su vida de la comunidad, por lo que cuenta con otras expectativas de vida y espacios de socialización para los jóvenes. Al modelo dicotómico, que contrapone lo rural a lo urbano y lo moderno a lo tradicional, se confronta una realidad diferente: en la zona de estudio, históricamente poblada por el grupo étnico mazahua, la gente, con excepción de los viejos y los más pobres, viste con ropa de manufactura urbana y habla español.[2] La imagen de una comunidad homogénea y cerrada es puesta en cuestión por la creciente diferenciación social que se observa en el interior de la localidad, sobre todo con relación al acceso a la educación, los servicios y los bienes de consumo. Las nuevas dinámicas rurales abarcan también ciertos ámbitos que a veces no se advierten a simple vista, como las transformaciones en los roles familiares y en las formas de participación política dentro y fuera de la comunidad.

Mucho se ha escrito sobre la decadencia del modo de vida campesino y los procesos de urbanización, sin embargo el abandono de la actividad agrícola en tanto "hecho social"[3] queda poco expuesto por muchos de los estudios contemporáneos que desde una perspectiva económica describen la crisis del campo a raíz de las reformas estructurales (Appendini, 2004 y 2001; De Janvry, Gordillo y Sadoulet, 1997; Gollás, 2004; Gómez Cruz y Schwentesius, 2003; Yúnez-Naude, 2000).

Los productores siembran su parcela o dejan de hacerlo por múltiples razones, y aunque desde la perspectiva individual parecen responder a situaciones meramente "personales" y desvinculadas de un contexto social, es posible encontrar ciertas recurrencias. En el presente capítulo describiremos las transformaciones de la actividad agrícola a partir de la experiencia de algunos de los productores de un poblado rural, tratando de comprender las diferentes maneras de relacionarse con el maíz, el ejido y la agricultura de cada cohorte[4] representada y, más ampliamente, aproximándonos al significado que dichos cambios tienen en un ejido que se urbaniza.

---

[2] Según las estadísticas del INEGI las personas en el municipio de SFP que hoy día se pueden definir como mazahuas (hablantes de la lengua mazahua o pertenecientes a un hogar donde el jefe de familia la habla) representan 28.20% de la población.

[3] Retomamos la definición de Emile Durkheim sobre "hecho social" según la cual es un conjunto de fuerzas sociales que determinan las acciones y conductas de los individuos.

[4] Nos referimos a "cohorte" y no a "generación" para señalar que el criterio de diferenciación entre los grupos descritos responde no tanto al periodo de nacimiento, sino más bien a factores sociales como la llegada de la escuela a la población, la penetración de vías de comunicación, la llegada de la revolución verde y del programa de educación bilingüe.

Cinco perspectivas de la actividad agrícola
en un municipio que se urbaniza

Presentaremos cinco *retratos* de personajes representativos de las principales tendencias observables en EPG frente a la agricultura.[5] Éstos evidencian las experiencias de vida de cinco familias o jefes de familia que nos permitirán poner al descubierto la heterogeneidad social que existe actualmente en una localidad rural. Los dos primeros retratos son de ejidatarios mayores de 55 años, para quienes la agricultura ha representado el eje de sociabilidad en el ejido. Los tres casos siguientes nos hablan de la experiencia de personas que nacieron después de los años cincuenta y que tuvieron acceso a una mayor educación formal. El cambio de valoración de la agricultura es sutil y difícil de observar sin acudir a comparaciones, de ahí que resulte útil interpretar las experiencias de vida que presentamos valiéndonos de sus respuestas al conjunto de preguntas que han guiado nuestra lectura: ¿cuál es el lugar que ocupa la agricultura en la vida cotidiana y en la distribución del tiempo de los habitantes de EPG? ¿Cuáles son los diferentes horizontes laborales abiertos a cada cohorte o generación? ¿Cómo determinan dichos horizontes la valoración que cada grupo hace de la agricultura? Finalmente, el ciclo vital familiar en que se encuentra cada uno de los personajes que retratamos resulta crucial para comprender el valor de la agricultura en EPG.

Lupe: el cultivo del maíz como práctica identitaria

La señora Lupe tiene 66 años y enviudó hace 34 años. Estudió hasta tercer año de primaria y desde la muerte de su esposo se hizo cargo de sus ocho hijos; es una mujer muy activa y desenvuelta. José, su esposo, era hijo del único mestizo del pueblo y por esta razón hablaba español además de mazahua desde su niñez, lo cual explica que fuera uno de los pocos habitantes de EPG que se sumaron al Programa Bracero que a principios de los años sesenta reclutó trabajadores agrícolas mexicanos en la zona centro del país.[6] Con el dinero que ganó durante su estancia en Texas y California como trabajador agrícola, construyó su casa y adquirió un tractor para explotar las dos hectáreas que poseía como ejidatario. Tras la muerte de su marido en 1972, Lupe heredó la parcela y más tarde recibió una

---

5 Nos referimos a "retratos" y no a "historias de vida", ya que las descripciones que presentamos son la síntesis y selección de una vastedad de características que sirven a nuestra argumentación sobre el valor de la agricultura, de ahí que varios episodios de la vida de los personajes descritos se haya omitido.

6 El Programa Bracero fue un acuerdo entre Estados Unidos y México entre 1942 y 1964 para aceptar a trabajadores mexicanos por periodos cortos en las labores agrícola e industrial estadounidenses.

segunda hectárea de uno de sus hermanos que emigró a la ciudad de México. La tierra ha sido una de las principales fuentes de ingresos para Lupe, de ahí que en los años ochenta decidiera comprar una tercera parcela de media hectárea con el dinero que había ahorrado gracias a un programa de desarrollo rural (una granja porcícola) y con la ayuda de su hermano que vivía en la ciudad.[7]

Cuadro III.4.
Gasto y ganancia en el cultivo de maíz en 2001: Lupe

Actividades de la siembra	*Gasto y ganancia aproximados de 3 hectáreas de maíz con un rendimiento de 4 ton/ha*			
	Egresos		Ingresos	
	Total	Cantidad	Total	Cantidad
Barbecho	$1 650	$550 renta de un tractor por 3 ha		
Riego	$750	15 jornales de $50		
Rastra y siembra	$1 650	$550 renta de un tractor por 3 has		
Escarda	$1 050	7 peones por 3 has		
Escarda y segunda	$1 560	Yunta escarda $260 y segunda $260 por ha		
Fertilizantes	$3 690	4l bultos de $90 por 3 has		
Cosecha	$1 500	30 jornales de $50		
Flete	$600	$5 por costal. 120 costales por ha		
Cosecha			$9 600 precio en el mercado	12 000 kg por $0.80
Procampo			$1 000	1 ha inscrita
Total	$12 450		$10 600	

Fuente: Entrevista de campo, 2002.

[7] Son pocas las mujeres ejidatarias en EPG; por lo general se trata de viudas o de las únicas herederas de padres ejidatarios.

Para Lupe el cultivo del maíz es importante porque la dieta familiar requiere de las tortillas que ella prepara todos los días, pero fundamentalmente porque durante dos décadas, entre los años setenta y ochenta, fue su fuente principal de ingresos junto con la cría de cerdos (llego a tener 60) y una pequeña tienda de abarrotes. Lupe siempre se valía de la ayuda de peones, a quienes les pagaba con el dinero que obtenía en la tienda, y más tarde con lo que sus hijos ganaban en actividades no agrícolas. En los últimos cinco años Lupe, que vive con una de sus hijas y su nieta, ha dejado de sembrar dos de sus tres parcelas. Varios motivos explican ese abandono: su edad, una operación que la debilitó y le impide hacerse cargo de todas las parcelas, el bajo precio del maíz que no le permite contratar peones, y que sus hijos se dedican a otras actividades económicas (dos de ellos están en Estados Unidos y los que viven en EPG o en la cabecera son profesores o comerciantes) y ya no la pueden ayudar con trabajo agrícola. Debido a la caída en el precio del maíz, en la última cosecha de 2002 Lupe prefirió engordar a sus diez borregos que vender el maíz obtenido. Desde los años noventa la inversión en el cultivo de este grano ha sido mayor que la ganancia; sin embargo Lupe sigue sembrando con el dinero que uno de sus hijos le manda de Estados Unidos. Haciendo recuento de su última cosecha de maíz en el 2001 en sus tres hectáreas, nos refiere el proceso de cultivo.

Entre enero y febrero, después de haber comprado en la misma localidad la semilla y los insumos necesarios (urea, potasio, y *matahierba*), comenzó el barbecho, que realizó con un tractor rentado en 550 pesos la hectárea. En marzo la parcela se riega durante 15 días y se inicia la rastra, para lo cual se emplea un peón, a quien se le pagan aproximadamente 50 pesos (en el año 2001). La rastra y la siembra se realizan en tres días y una vez más se requiere la ayuda de un tractor. Para la escarda y la aplicación de los fertilizantes son necesarios siete peones, quienes además del salario reciben un refresco y la comida que ella misma prepara. Después de 15 días de trabajo vienen la escarda y la "segunda", lo que le cuesta 520 pesos por hectárea. Realiza la fumigación con bomba con dos peones por cada hectárea. Por último, en el mes de noviembre, cuando llega la cosecha, utiliza 30 peones para la recolección del maíz. En la última cosecha obtuvo de las tres parcelas 360 costales, aproximadamente 12 toneladas de maíz. Del desgranado se encarga un acaparador de maíz que viene con una desgranadora directamente a casa de Lupe y lo hace gratuitamente a cambio de comprar la cosecha a un mejor precio. Antes, cuando todavía existía la bodega Boruconsa, ella misma debía pagar por desgranarlo, y además tenía que ir a cobrar a la ciudad de Toluca, donde le pagaban el maíz vendido al gobierno ocho días después de la transacción. Ahora el dueño de la desgranadora le paga en efectivo e inmediatamente. Lupe no recibió con desagrado el retiro de la Conasupo, por el contrario, en cierto sentido ella dice preferirlo, ya que considera que había mucha corrupción; por ejemplo, algunos de los encargados de la bodega Boruconsa se robaban el maíz y los costales. Como la mayoría de los productores de EPG, Lupe recibe el apoyo de Procampo en solamente una de sus tres hectáreas inscrita en el programa desde el año 2001. Aunque este apoyo es una compensación por la caída del maíz, no resulta suficiente para que Lupe continúe sembrando. El precio del maíz en EPG en 2001 fue de 0.8 pesos por kilo, y aunque el rendimiento de esa cosecha fue alto, es decir de 4 ton/ha, el total de ingreso por maíz sólo alcanzó 10600 pesos, monto inferior a la suma de capital y trabajo que invirtió.

Los hijos de Lupe, conscientes de esta situación, se oponen a que su madre continúe sembrando, ya que desde su punto de vista la actividad agrícola exige demasiado trabajo físico y prácticamente no produce ningún ingreso económico. Lupe ha incursionado en otros cultivos y hace cuatro años sembró haba, más redituable que el maíz. Sin embargo, abandonó ese cultivo debido a la variación del precio, al alto riesgo de pérdida de la cosecha y al hecho de que no es la base de la dieta familiar, como el maíz. El bajo precio de este grano ha orillado a mucha gente a sembrar sólo un pedazo de su parcela y a rentar el resto a otras personas que no tienen tierra o poseen animales. Por otro lado, las parcelas cultivadas son cada vez más pequeñas porque muchos ejidatarios ya las han repartido entre sus hijos. Lupe no quiere dejar de sembrar porque se pregunta "qué dirá la gente" si deja de hacerlo. Sembrar es un asunto de prestigio entre los miembros de su generación que, por su edad y el ciclo familiar en que se encuentran (casi todos son abuelos), ya no buscan otras alternativas de subsistencia económica.

Pedro

Pedro nació en 1938, es ejidatario de la ampliación del ejido que se llevó a cabo a finales de los años sesenta; y su parcela es una de las más pequeñas del ejido: de 1.1 hectárea. Desde que tenía 17 años y habiendo terminado la primaria se fue a trabajar a la ciudad de México como albañil, aunque siempre regresaba al ejido en la temporada de cultivo. En su opinión la actividad agrícola es sólo para "entretenerse", ya que nunca ha sido ésta la actividad de donde él y sus hijos han obtenido los recursos necesarios para su vestido, calzado, vivienda y alimentación, incluso uniendo el cultivo de maíz y la cría de marranos. Aunque en alguna época le fue bien con el maíz y la engorda de los borregos y marranos, él nunca descartó la posibilidad de irse a trabajar a la ciudad. Pedro tiene cinco hijos, de los cuales sólo dos siembran maíz en tanto que los tres restantes viven en otras ciudades y se dedican a los servicios y el comercio. El precio del maíz muestra variaciones en el mercado local: en ciertas épocas del año su precio puede aumentar, y los pequeños productores como Pedro prefieren cultivarlo y almacenarlo para el consumo familiar de todo el año. Haciendo cuentas sobre lo que le cuesta cultivar maíz constatamos que la ganancia es inferior a la inversión y que para una parcela tan pequeña como la que él posee el gasto para sembrar es mayor que en el caso de Lupe.

Cuadro III.5
Gasto y ganancia en el cultivo de maíz en 2001: Pedro

Gasto y ganancia aproximados de 0.8 hectáreas
de maíz con un rendimiento de 3 ton/ha

Actividades de la siembra	Egresos		Ingresos	
	Total	Cantidad	Total	Cantidad
Barbecho	$500	Renta de un tractor		
Riego	$200	4 peones de $50		
Rastra y siembra	$500	Renta de un tractor		
Escarda	$250	Yunta escarda $250		
Escarda y segunda	$500	Yunta escarda $250 y segunda $250		
Fertilizantes	$1 250	10 bultos de $100 5 peones de $50		
Herbicidas	$400	Bultos de herbicida + 2 peones		
Cosecha	$1 000	20 jornales		
Desgrane	$900	$0.30 por 300 kg		
Flete	$300	30 costales		
Cosecha			$3 000 precio en el mercado	3 000 kg por $1.00
Procampo			$800	0.8 ha inscrita
Total	$5 800		$3 800	

Fuente: Entrevista de campo, 2003.

El cambio en el patrón de cultivo en EPG no es novedoso, pues se trata de una región que desde principios del siglo XX ha sufrido constantes cambios en el tipo de cultivo y la forma de producción. Pedro, que es uno de los pobladores más viejos de la localidad, recuerda dichas transformaciones. Desde su punto de vista en los años sesenta se dio la transformación más radical en el patrón de producción prevaleciente en la región. Hasta ese momento la zona había sido importante productora de trigo, y además ganadera; la llegada de la revolución verde con la introducción de los fertilizantes incrementó la productividad del maíz y con ello aumentó el número de agricultores que se dedicaron a sembrarlo. Por otro lado, el crecimiento de la población del ejido hizo necesaria la ampliación de las tierras destinadas al pastoreo (en el año de1958), lo cual fue en detrimento de la actividad ganadera. Fue así que la región, y más específicamente el ejido de EPG, se dedicó íntegramente al cultivo del maíz. Desde los años noventa la caída del precio del maíz ha afectado a esta actividad, que ahora sólo se destina al consumo familiar.

Los López o la pluriactividad de una familia que se autodefine como campesina

Gregoria y José están casados desde hace 31 años y viven con tres de sus cinco hijos, que aún son estudiantes. Con una parcela de 1.5 hectáreas de la que son posesionarios, los López cultivan maíz y en ocasiones tomate. José nació en 1954, nunca tuvo tierra y ha desempeñado varias actividades extra agrícolas desde su adolescencia, cuando comenzó a trabajar como ayudante de un comerciante de artículos de limpieza para el hogar, quien lo inició en el negocio y le pidió que hiciera viajes a la ciudad de México. Más tarde continuó con esta actividad de manera independiente, logró ahorrar un poco de dinero y con lo que recibió en una "tanda" pudo comprar la placa de un taxi; más tarde, gracias a un crédito, adquirió un automóvil que desde hace nueve años "trabaja". Gregoria, además de encargarse de la parcela que le heredó su padre, tiene una tienda de abarrotes desde hace 15 años y ya para 1990 tenía 20 cerdos. Hoy día el maíz que cultivan los López, que en tiempos de la Conasupo (1978-1985) llegaron a vender, lo utilizan para comer. Sin embargo, según recuerda Gregoria, incluso en aquella época lo que les pagaban por el maíz no siempre alcanzaba para comprar fertilizantes. Desde entonces lo utilizaban para el "gasto familiar" y a veces como un complemento económico con el cual ella compraba los útiles escolares de sus hijos. En 1998 los López incursionaron en el cultivo del tomate y para ello rentaron una parcela de 1.5 hectáreas; la idea vino de José, quien buscó una alternativa al cultivo del maíz, ya que no generaba ninguna ganancia. El cultivo del tomate supone mayor riesgo que el del maíz: la primera vez que lo sembraron perdieron el dinero que habían invertido como consecuencia de una helada. Sólo en una ocasión, en 1999, tuvieron éxito con el cultivo cuando sembraron una hectárea y recuperaron el doble de la inversión, lo que les permitió ampliar el segundo piso de su casa. En 2001 incursionaron con el haba y obtuvieron buenos resultados, aunque la variación de precio de este producto hace demasiado riesgosa la inversión.

La vida de Gregoria ha sido, según sus palabras, "de mucho trabajo", pues se hacía cargo de la parcela cuando su esposo se iba a vender los productos de jarcería; además atendía la tienda de abarrotes y cuidaba a sus cinco hijos. En la actualidad tres de sus hijos viven aún en la casa paterna: el mayor va a la preparatoria, el que le sigue va a la secundaria y el más pequeño a la primaria. Los López reciben Procampo para el cultivo de su parcela y un apoyo de Oportunidades (1 100 pesos mensuales) por los tres hijos que asisten a la escuela. Sus dos hijos mayores, de 28 y 30 años respectivamente, trabajan, uno como maestro de primaria y el otro como policía de tránsito en la cabecera municipal. El maestro ayuda al gasto familiar con una parte de su salario. Él brinda su apoyo trabajando tres días a la semana en la siembra de maíz en la parcela de sus padres y en la parcela que heredó su esposa.

Los Gómez o la pluriactividad de los profesionistas rurales

Santiago, de 43 años, nació en 1959, y su esposa Lucía de 37 en 1965, viven en EPG y son maestros de educación básica; él de primaria y ella de preescolar. Son padres de dos niños de 12 y 15 años que están cursando actualmente la secundaria. Santiago es ejidatario titular, ya que su abuelo le heredó una parcela de 3 hectáreas que él repartió entre una tía y un primo, y únicamente se quedó con el título de ejidatario y una hectárea para sembrar maíz. La repartió porque "los recursos económicos no alcanzaban" para sembrar la parcela completa. Hoy día el maíz que siembra lo dedica al abasto familiar, que según sus cálculos consume 80% de la producción, y el resto lo vende en la misma localidad. Nos explica que desde 1995 el precio del maíz ha bajado considerablemente. Sin embargo, por ser ejidatario, él siente la responsabilidad de trabajar la tierra, además de que, según nos explica, si la tierra no se trabaja puede ser expropiada por la asamblea ejidal.[8] Santiago también se ha dedicado a la ganadería: entre 1979 y 1982 llegó a tener 35 reses que fue vendiendo poco a poco a medida que los ejidatarios fragmentaban sus parcelas para repartirlas entre sus hijos y menos personas estaban dispuestas a rentar los terrenos como pastizales para los animales. Desde su punto

---

[8] Esta idea es falsa ya que a partir de la reforma al artículo 27 en 1992 y la titulación de las parcelas ejidales, la asamblea ya no puede expropiar la tierra en caso de que no se trabaje.

de vista cada día es más difícil vivir del campo "ya que si uno lo hace se sujeta a la variación de los precios, los cambios climáticos o a las plagas que contribuyen al bajo rendimiento de la producción". "El campo ya no es redituable", de ahí que si él sigue cultivando es por razones que no tienen que ver con la economía y más bien son de índole sentimental o cultural: "Yo siembro por puro cariño". La gente de EPG se ve en la necesidad de buscar otro ingreso alternativo a la agricultura, por eso algunos se vuelven comerciantes y otros albañiles. Cuando Santiago era niño aprendió a trabajar el zacate (elaboración de fibras para la limpieza a partir de la raíz de zacatón que se da en la región), actividad económica que desempeñó hasta la adolescencia, cuando se fue a vivir a Toluca para estudiar la preparatoria. Tuvo la oportunidad de estudiar para maestro gracias a una beca del programa de educación bilingüe. Lleva 20 años trabajando como maestro. Al principio iba a una comunidad que le quedaba a tres horas de su casa; al paso de los años ha cambiado tres veces de escuela; nunca le ha tocado en el mismo municipio, pero actualmente la escuela donde trabaja es de más fácil acceso. Lucía estudió la primaria becada en un internado de educación indígena en Toluca a fin de continuar sus estudios de secundaria. A los 14 años ya trabajaba como empleada doméstica en esta misma ciudad y en la tarde iba a la escuela. Tras regresar a EPG en 1982 y no encontrar trabajo, tuvo la oportunidad de integrarse al sistema de educación bilingüe, con lo cual obtuvo una plaza de maestra. Lucía apoya a su marido en el cultivo del maíz; combina el magisterio con el trabajo en el hogar y en el campo, a lo cual dedican los fines de semana.

Daniel o la ruralidad urbanizada

Daniel tiene 24 años y es originario de EPG. Según nos dice, su familia es una de las pocas del pueblo que cuentan con profesionistas que estudiaron en la UNAM y el Politécnico. Tiene un tío abogado, otro contador, un tío abuelo abogado, y un tío que estudió lingüística y ahora trabaja como periodista. Por otro lado, dos de sus tíos maternos viven en Estados Unidos y trabajan como jardineros. Su mamá también estudió para maestra, igual que su padre, que nació en Papantla, Veracruz. Su hermana mayor está terminando la carrera de pedagogía (estudia los sábados) y es maestra de preescolar en SFP, donde vive con su esposo. Daniel, al igual que tres de sus amigos que estudiaron la preparatoria en la cabecera municipal, vive en la actualidad en Atlacomulco, donde hace una pasantía de la carrera de administración. Aunque Daniel ya no radica en EPG, viene y va diariamente, ya que es ahí donde tiene su negocio de Café-Internet, que logró construir con el apoyo de uno de sus tíos emigrantes y el salario que recibe en Atlacomulco en la empresa donde trabaja como pasante (con un ingreso de 4800 pesos mensuales por más de 45 horas de trabajo a la semana en una fábrica). EPG es importante para Daniel porque es ahí donde tiene su principal residencia (en Atlacomulco renta un cuarto), y donde vive su familia, con la cual mantiene una estrecha relación. Aunque la abuela de Daniel posee tierra, a éste no le interesa la agricultura de subsistencia, y no descarta la posibilidad de invertir en el futuro en algún cultivo comercial. Considera el cultivo de maíz como una actividad que desempeñan sólo "los abuelos", a quienes ayuda los fines de semana.

De la "agricultura campesina" como sustento a la "agricultura de subsistencia" como identidad

Los cinco retratos que hemos presentado nos dan un panorama de las formas de vida que existen en EPG. Nos interesa examinar el tipo de vínculo de cada grupo con la agricultura, el maíz y el ejido, para lo cual podemos identificar algunos condicionantes. El más evidente es la diferencia generacional. Lupe y Pedro pertenecen a la generación que heredó las parcelas ejidales de los primeros ejidatarios y que creció en una época en que el trabajo en la tierra era la principal razón de ser del ejido. Para ambos el mundo social en que se encuentran insertos gira en torno a la tierra; su identidad de ejidatarios está bien afirmada. Sus vínculos comunitarios giran en torno al ejido y las fiestas patronales del poblado, ya que su esfera de relaciones se circunscribe a la localidad, y en el caso de Lupe, que habla poco español, a los hablantes de lengua mazahua. Aunque es ejidataria, Lupe participa poco en las asambleas ejidales, cada vez más esporádicas (dos al año), ya que en EPG las mujeres tienen escasa presencia pública. Por las mismas razones no ha participado en las faenas ni en el trabajo comunitario, de ahí que haya tenido que pagar para que otros lo hagan por ella. La vida de Lupe transcurre en el poblado con escasas salidas a la cabecera municipal y a Toluca, la capital del estado.

Aunque Pedro vivió en la ciudad de México durante buena parte de su vida, su contacto con los habitantes de ésta fue principalmente laboral: el sector de la construcción no le permitió establecer muchos vínculos con otros grupos sociales urbanos.[9] Al salir de "la obra", su alternativa de ocio y sociabilización siempre estuvo en EPG. Aunque migró a la ciudad a temprana edad, siempre atendió los tiempos de retorno para cumplir con las tareas de la milpa. Pedro nunca consideró la posibilidad de quedarse definitivamente en la ciudad, ya que a pesar de haber pasado allí muchas semanas al año, su arraigo y su sentido de pertenencia se encontraron siempre en el ejido.

---

[9] El trabajo de albañil que desempeñó durante tantos años con carácter informal no lo vinculó con ningún sindicato o asociación laboral. Dicho trabajo lo realizaba en diversas locaciones donde los albañiles duermen y comen, por lo cual tampoco estableció los vínculos que se generan al vivir en un lugar determinado.

Lupe y Pedro gozan de un gran prestigio social por el hecho de ser ejidatarios, y en la época actual son un referente para sus hijos y nietos de lo que significa ser campesino y mazahua, así como del valor que tiene el sembrar el maíz y preparar las tortillas en casa. Esto no se contrapone con que ambos hayan contratado peones, utilizado fertilizantes desde los años setenta, y obtenido los recursos para hacerlo en los empleos extra agrícolas de ellos o de sus hijos (en el caso de Lupe, gracias a sus hijos que le envían dinero). La migración ha sido una práctica necesaria para obtener ingresos y acceder a bienes de consumo modernos, aunque no forzosamente una vía para cambiar el modo de vida. En la actualidad tanto Lupe como Pedro cultivan el maíz por gusto y elección más que como una obligación de ingreso para el hogar. Los hijos han crecido y en ambos casos se han incorporado a actividades no agropecuarias dentro y fuera del ejido.

El siguiente grupo generacional es el de los López, que han experimentado la primera crisis del ejido cuando ya no quedan tierras para repartir entre las generaciones jóvenes. Gregoria tuvo la suerte de heredar un pequeño pedazo de parcela cuando su padre murió, y así se convirtió en posesionaria, y sin voz ni voto asiste poco a la asamblea ejidal. Dicha generación se desarrolla en un contexto en que la agricultura ofrece cada vez menos recursos, mientras que las necesidades familiares son mayores y van en progresivo aumento. Aunque los López no pudieron acceder a la educación como las generaciones posteriores, tampoco consideran la agricultura como un modo de subsistencia, pero su relación con el campo es suficientemente estrecha para buscar alternativas en la agricultura comercial. Por esta razón invirtieron el dinero que obtuvieron en el comercio en la adquisición de un taxi para incursionar en el cultivo del tomate y el haba en una parcela que rentan en el mismo ejido. Por otra parte, debido a que tres de sus hijos continúan viviendo en el hogar, el cultivo del maíz para preparar tortillas sigue representando una forma de ahorro doméstico, por lo que continúa siendo de suma importancia en la economía familiar. Ninguno de los cinco hijos de los López espera vivir del campo, aunque todos cooperan en la cosecha cuando la milpa lo requiere. Los hijos que aún asisten a la escuela también aportan al ingreso familiar, pero a diferencia de las generaciones anteriores, que trabajaron en el campo, ellos reciben un ingreso vía la beca del gobierno (Oportunidades), la cual representa un importante aporte monetario al hogar.

Los Gómez, 10 años más jóvenes que los López, lograron beneficiarse del programa de educación bilingüe que transformó el perfil sociocultural del ejido a partir de los años ochenta. Santiago y Lucía pertenecen a un nuevo grupo social: el de los profesionistas.[10] Entre los profesionistas hay profesores de educación

---

[10] Retomamos el término de profesionista en tanto categoría identitaria que los mismos habitantes de EPG utilizan. Esta noción lleva implícito un conjunto de presupuestos en torno al trabajo y el estatus social en una localidad rural que distingue entre las actividades de carácter urbano que

básica o media superior, así como enfermeras, policías, médicos, abogados, y son el resultado de una política educativa exitosa que benefició a los habitantes de EPG y que les ha permitido vivir en la localidad con un ingreso fijo. Este nuevo grupo ha adquirido gran relevancia desde el punto de vista político y económico, ya que aunque no posee tierras, salvo las excepciones de quienes las heredaron de sus padres o abuelos ejidatarios, han contribuido al desarrollo económico de la comunidad gracias a sus ingresos mensuales. Muchos de ellos, necesitados de un lote para vivir, han invertido en tierras del solar urbano o del ejido para construir sus casas, generando con ello un mercado de tierras. Este grupo ve la tierra como una forma de inversión que contribuye al patrimonio familiar. Aunque pocas veces cultivan la tierra y más bien contratan jornaleros para hacerlo, los profesionistas han invertido en la agricultura de subsistencia, que valoran por la calidad del maíz que se cultiva para el consumo particular, por la tradición que ésta representa y porque esta práctica promueve la cohesión del hogar y la familia.[11] Su participación en las asambleas ejidales es escasa, y más que interesarse en el cargo de comisariado ejidal, han comenzado a ocupar puestos como delegados o representantes de alguna dependencia estatal o del ayuntamiento, de ahí que sea un grupo con control político local.

Finalmente, Daniel es el más joven de los entrevistados y muestra la posición de un profesionista frente al ejido. Goza de gran movilidad gracias al sistema carretero que conecta al ejido, cuenta con educación y un manejo total del español, y se desenvuelve en toda la región. La agricultura le resulta ajena como modo de vida, aunque no descarta la posibilidad de introducir algún cultivo comercial en la parcela que quizás herede de su abuela en el futuro. Asimismo ha permanecido ajeno al ejido como forma de organización social; su participación y pertenencia a la comunidad se afirma en el equipo de futbol en el que juega cada domingo, y sobre todo con su militancia en el Partido Acción Nacional (PAN) con sede regional del cual es miembro activo.

"El maíz nunca nos ha alcanzado"

Los cinco retratos que acabamos de presentar evidencian que el trabajo agrícola en EPG lo llevan a cabo los miembros de la unidad doméstica para el autoconsumo familiar. Las actividades agrícolas están asociadas a la posesión de la tierra

---

exigen de cierta formación en una institución educativa y son fuente de mayor prestigio social, frente a las actividades informales que no la requieren, como la agrícola.

[11] Las tortillas de maíz se hacen a mano con masa nixtamalizada que se prepara con maíz criollo, a diferencia de las que venden las tortillerías de masa con harina de la marca Maseca.

y a la jefatura del hogar: 69% de quienes se dedican a la agricultura por cuenta propia son jefes de familia. En esta localidad el número de hogares sin tierra ha aumentado a medida que ha crecido la población y las parcelas se han fragmentado. La familia nuclear y ampliada produce y consume los frutos del trabajo y sólo contrata peones para tareas específicas. En caso de necesidad consigue recursos económicos, lo que se logra mediante la cooperación y el intercambio de trabajo entre diferentes productores. En todos los casos se trata de una actividad complementaria que se realiza en los "ratos libres".

Sin embargo, más allá de los cambios recientes en las políticas económicas dirigidas a la agricultura, tales rasgos de la actividad se han mantenido constantes desde los años setenta. Los productores entrevistados manifiestan que la agricultura no ha sido nunca su único medio de subsistencia (incluyendo a Lupe y a Pedro, a quienes les tocó el auge del intervencionismo estatal en los años setenta y ochenta, y a los padres de Lucía y de Santiago). El cultivo del maíz fue siempre complementado con otras actividades, como la cría de puercos y el pequeño comercio cuando se realizaban dentro de la localidad, o las actividades extra agrícolas como la albañilería, el comercio ambulante y el trabajo doméstico en casas particulares. Esto no resulta sorprendente si consideramos que la pluriactividad ha sido constante en la estrategia campesina de subsistencia, y que el cultivo de maíz sólo fue rentable durante un periodo muy breve en la historia de la región. Según las formas de relación entre la agricultura y las actividades económicas extra agrícolas es posible definir tres etapas.

En un primer momento el ingreso obtenido en actividades como la ganadería, el trabajo de construcción en la ciudad y el empleo doméstico se utilizó para continuar sembrando en el ejido. Podemos situarlo entre 1940 y 1975, cuando las actividades no agrícolas se encontraban supeditadas a los tiempos de la agricultura. Para quienes poseían tierras resultaba incuestionable el cultivo de la parcela.

En un segundo momento la actividad agrícola comenzó a supeditarse a otras actividades que ofrecían mayor ingreso, como la cría de puercos, el comercio informal, la jarcería, y sobre todo, en el caso de EPG, el magisterio. Podríamos situarlo en la década de los ochenta, y es ambiguo en la medida en que significa una transición entre dos formas de concebir el modo de vida en el campo.

En el tercer momento, que se inicia en los años noventa y se consolida en el último lustro, la agricultura campesina está totalmente relegada por actividades como el comercio formal e informal, el trabajo asalariado en el magisterio y en el gobierno municipal —que comienza a extender sus funciones—, y todo tipo de actividades por cuenta propia no agrícolas como el servicio de taxis, los talleres mecánicos, o las estéticas. Dichas transformaciones significan un cambio de eje en la estructuración de las actividades domésticas y en los modos de vida de los habitantes de EPG.

La fragmentación del ejido se inició hace más de tres décadas, cuando los ejidatarios originales comenzaron a repartir entre sus hijos la parcela ejidal. Éste ha sido un proceso sin retorno que ha transformado la constitución original del ejido (de 3.3 hectáreas por ejidatario ha pasado a menos de una) y que fue institucionalizado en 1996, cuando el Procede llegó al ejido.[12] La fragmentación del ejido de EPG cobra mayores proporciones porque muchas de las transacciones de préstamo y renta que dividen las parcelas se realizan de manera informal. Hoy día son muy pocos los productores que cultivan más de tres hectáreas y ninguno vive exclusivamente de esta labor. En EPG observamos la consolidación del valor residencial de la tierra, sobre todo cuando las parcelas están cerca del núcleo ejidal o de las vías de comunicación y es probable que reciban servicios. En la época actual el cultivo del maíz tiende a convertirse en una actividad de viejos y mujeres,[13] podemos atribuir esta transformación a la pérdida de valor comercial del maíz, lo que no significa forzosamente una pérdida en su valoración cultural. A medida que el precio del maíz cae, los productores masculinos emigran en busca de un trabajo que les ofrezca ingresos más remunerativos; el vacío de mano de obra que dejan a veces lo llenan las mujeres de la localidad. Al hacer un recuento de la historia laboral de algunos de los entrevistados podemos concluir que el abandono de la actividad agrícola por parte de la población económicamente activa más capacitada depende de la apertura de nuevas oportunidades económicas más redituables que ésta.

LA GLOBALIZACIÓN DEL MUNDO RURAL COMO CAMBIO CULTURAL

Durante nuestro recorrido de campo los productores de EPG solían quejarse de la caída del precio del maíz. Hablaban de la pérdida de su valor adquisitivo, pues con la venta del maíz ya no podían adquirir los mismos productos que 20 años atrás: "Antes, en los años ochenta, cuando la producción de maíz en la región estaba en su apogeo y su precio era elevado, con un kilo de maíz se podía obtener un kilo de huevos y un litro de aceite; en los últimos años, con la caída del precio del maíz un productor debe vender 12 kilos de maíz para comprar una Coca-cola familiar".

Esta comparación, que resulta sorpresiva por el cambio de referente (¿por qué no seguir comparando el maíz con los huevos y decir que ahora se necesitan

---

[12] Procede surgió en 1992 con la reforma del artículo 27 con el propósito de definir los derechos de propiedad en ejidos y comunidades, esto es, dotar a cada ejidatario de un título de derechos agrario y sobre su parcela donde se explicitan su localización y su tamaño en acuerdo con la asamblea ejidal.

[13] En el trabajo de Kerry Preibisch (2000) se desarrolla la hipótesis de la feminización de la agricultura tomando como caso de estudio el ejido EPG.

5 kilos de maíz para comprar un kilo de huevo?) se expuso durante el trabajo de campo en más de una ocasión y sirve como entrada para explorar la dimensión cultural del proceso de globalización. Lo que a primera vista nos muestra esta comparación es la pérdida del poder adquisitivo de los campesinos de EPG y del valor de intercambio del maíz, ya que antes con una cantidad menor se adquirían algunos productos de la canasta básica. El cambio de referente muestra además un cambio en el valor simbólico del cereal: si anteriormente se equiparaba al maíz con los huevos y el aceite, base de la alimentación familiar, hoy día se le compara con la Coca-cola, un producto no indispensable. Sin embargo, fuera de tal suposición, que muestra nuestra propia valoración del maíz y la Coca-cola, conviene analizar si el valor de uso y el simbólico han cambiado para los habitantes de EPG, de ahí que formulemos una segunda hipótesis: el maíz continúa siendo importante para los productores, pero ya no como forma de subsistencia, sino como un producto de alta calidad por el cual pagan y están dispuestos a pagar más.[14] Como muestran los datos que proporcionan las entrevistas a los productores, la inversión que requiere el cultivo del maíz sobrepasa la ganancia que se obtiene al venderlo. Sin embargo para la mayoría de las familias con tierra su siembra vale la pena, pues así obtienen el maíz criollo con el que cual elaboran las tortillas. De acuerdo con las preferencias de los habitantes de EPG este tipo de maíz es mejor por su sabor, calidad y textura que el maíz amarillo o híbrido blanco que comprarían a un precio menor. La consideración de la calidad pone en cuestión el supuesto que justificó la liberación de la agricultura y que homogeneiza todo tipo de maíz y da por hecho que lo importante no es la calidad, sino en el acceso y el precio más bajo. El consumo del maíz no satisface únicamente los "requerimientos alimentarios" de la población mexicana, sino que es parte de un conjunto de prácticas sociales y culturales que le dan valor y sentido.

La Coca-cola también se inscribe en un sistema de significados locales que va más allá de la satisfacción de la sed. Durante el trabajo de campo fue posible percibir la valoración que se da a ciertos objetos modernos en la localidad: en muchas ocasiones los productores nos reciben en su casa para ser entrevistados, nos ofrecen un refresco, casi siempre una Coca-cola. La modernización, asociada a la Coca-cola y concebida en términos de urbanización del poblado (entrada de servicios y de productos manufacturados a la localidad), es percibida de manera positiva por los habitantes de EPG. Si en los años setenta era necesario ir a la

---

[14] En varios trabajos Appendini y sus colaboradores exploran las estrategias de producción y consumo de los hogares rurales con el fin de comprender cómo valoran la seguridad alimentaria. Aseguran que el cultivo de maíz en sus variedades criollas ha sido una práctica campesina que permite a los productores rurales mexicanos obtener un maíz de calidad de acuerdo con sus preferencias y cultura, aunque puedan acceder a mercados donde podrían adquirir los alimentos básicos derivados del maíz, a veces a precios más bajos que la producción propia (Appendini, García y De la Tejera, 2003; Appendini, Cortés Díaz, capítulo V en este mismo libro).

cabecera municipal para adquirir los bienes de consumo básicos, como azúcar, huevos o harina, hoy día es posible encontrarlos en las múltiples tiendas de abarrotes del pueblo. Sin embargo esta transformación ha tenido también sus efectos perversos. Según un reporte de la clínica de salud de EPG la segunda enfermedad más extendida en la localidad es la diabetes (la primera es la mordedura de perro y la tercera la cirrosis). La causa de esta enfermedad es el consumo excesivo de azúcar. Los habitantes de EPG han cambiado su dieta introduciendo alimentos con un fuerte contenido en azúcares, como por ejemplo la Coca-cola. Según los datos de esta refresquera, en la región del valle de México, cuya población es de 19 millones de personas, cada una de ellas consume 455 botellas de cuarto de litro al año; 73% de la cobertura se realiza en tiendas de abarrotes. Al recorrer la localidad se observa que las pequeñas tiendas de abarrotes se han convertido en una forma de subsistencia para muchos de los pobladores. Un comerciante de EPG nos explica que la prosperidad de una tienda de abarrotes se mide en función del número de cajas de Coca-cola que vende a la semana; según sus cálculos las ventas de este refresco en su tienda han aumentado 80% en el último año, de ahí que haya obtenido la exclusividad y crédito de la Coca-cola para distribuirla en su barrio. En su negocio los vecinos pueden comprar a crédito o pagar con maíz. El eslogan publicitario de este refresco aparece en todas las fachadas de las tiendas, que habitualmente son la prolongación de las mismas casas de los comerciantes. Es una importante referencia de prosperidad comercial y un símbolo de progreso y modernidad.

Los efectos sociales de los procesos de globalización en EPG no son claramente positivos o negativos, aunque sí lo son sus consecuencias materiales y culturales. La caída del precio del maíz y el aumento en los precios de los insumos que ya no están subsidiados ha provocado una regresión técnica en la producción de este grano; tal fenómeno ha ocurrido al mismo tiempo que ciertos productos modernos han ido cobrando mayor importancia en la vida de los habitantes de EPG. El maíz producido conforme a una lógica de autosubsistencia se intercambia hoy por productos altamente industrializados como la Coca-cola. Por otra parte, incluso si admitimos que los imaginarios publicitarios permanecen anclados a la cultura local y que este refresco tiene un significado particular para los habitantes rurales, la penetración comercial de dicha bebida es resultado de una estrategia de mercadotecnia que supone una imposición de valores y símbolos urbanos que conforman el imaginario de modernización. La nueva ruralidad se encuentra, pues, en ámbitos que sobrepasan la dimensión económica del fenómeno.

BIBLIOGRAFÍA

Appendini, Kirsten (2001), *De la milpa a los tortibonos. La restructuración de la política alimentaria en México*, El Colegio de México-UNRISD, México.

_____ (2004), "Las políticas agrícolas y de desarrollo rural en América Latina en retrospectiva: viejos problemas, nuevos discursos", en María del Carmen del Valle Rivera (coord.), *El desarrollo agrícola y rural del tercer mundo en el contexto de la mundialización*, Instituto de Investigaciones Económicas, UNAM/Plaza y Valdés, México.

_____, B. de la Tejera y R. García Barrios (2003), "Seguridad alimentaria y calidad de los alimentos: ¿Una estrategia campesina? ", *Revista europea de estudios latinoamericanos y del Caribe*, núm. 75, CEDLA, Amsterdam, pp. 65-84.

INEGI (2000), *XII Censo general de población y vivienda*, México.

_____ (1995), *Conteo de población y vivienda*, México.

Gollás, Manuel (2004), *Auge y ocaso de la agricultura en México*, El Colegio de México, México.

Gomez Cruz, M. A. y Rita Schwentesius (2003), "TLCAN y sector agroalimentario: 10 años de Experiencia", Foro El campo no aguanta más, México.

Janvry, A. de, G. Gordillo y E. Sadoulet (1997), *Mexico's Second Agrarian Reform. Household and Community Responses*, University of California, San Diego.

Preibisch, Kerry (2000), *Rural Livelihoods, Gender and Economic Restructuring in Mexico: Lived Realities of Neoliberalism (1988-2000)*, tesis de doctorado, The University of Reading, Estados Unidos.

Yúnez-Naude, Antonio (ed.) (2000), *Los pequeños productores rurales en México: las reformas y las opciones*, El Colegio de México/Fundación Konrad Adenauer, México.

IV. MERCADOS DE TRABAJO EN DOS LOCALIDADES RURALES DEL CENTRO DE MÉXICO: ALGUNAS CARACTERÍSTICAS SOCIALES Y ESPACIALES

Adriana H. Larralde Corona

En el mundo laboral de las localidades rurales tradicionales predominaba el trabajo agrario. El planteamiento de la teoría del *continuum rural-urbano,* elaborado en la década de 1920, sostenía que lo rural se caracterizaba por el trabajo agrario, por su pequeña escala, la baja densidad de población y los vínculos sociales tradicionales (Sorokin y Zimmerman, en Gilbert, 1982).[1] En la actualidad las zonas rurales ya no necesariamente corresponden a todos esos rasgos; ahora son más dependientes de actividades laborales no agrarias generadoras de ingresos, espacialmente más móviles, y más integradas a las dinámicas sociales, económicas y culturales nacionales.

Esto responde a múltiples procesos. En el largo plazo ha sido el resultado del proceso de desarrollo, asociado a la industrialización y la urbanización, que ha tendido a expulsar la fuerza laboral agrícola y a atraerla hacia otras ramas productivas. Desde otra perspectiva, la necesidad de abandonar el agro en México se debió a los bajos ingresos obtenidos dentro del sector, como consecuencia del proceso de declinación de los precios agrícolas en las últimas décadas. Asimismo resulta imprescindible considerar el impacto de las recurrentes crisis financieras que desde 1982 agudizaron la difícil situación del agro y de la población rural. Finalmente, las políticas de ajuste y reestructuración económica y política del país centradas en los requerimientos del mercado internacional y la liberalización de la economía del control estatal, han tendido a debilitar la pequeña agricultura campesina que se retrae del mercado (ONU, CEPAL, 2006).

Junto con la crisis interna del sector agrario que provoca cambios profundos en la organización del mundo del trabajo rural, las características de la urbanización —como parte del proceso general de transformación de la sociedad— son un elemento definitivo para la reconfiguración del trabajo en las localidades rurales. Varios autores sostienen que esta nueva fase del desarrollo de la sociedad ha ocasionado cambios profundos en la organización de las ciudades de las zonas

---

[1] Los términos de *tradicional* y *moderno* se conciben de acuerdo con la definición de la sociología clásica sobre la modernización, es decir, la transformación histórica del mundo tradicional predominantemente comunal y agrario hacia el mundo moderno, básicamente urbano-industrial.

rurales, y en general de los territorios. La ciudad compacta que surgió de la revolución industrial ha dado paso a formas desconcentradas y dispersas (Ascher, 2004; McGee, 1995; Soja, 2000). El surgimiento de estos conglomerados urbano-regionales produce efectos profundos en los espacios rurales y en las dinámicas rural-urbanas (McGee, 1998; Delgado, 1999; Cortés, 1997; Pedrero y Embriz, 1992).

El propósito de este artículo es describir algunos de los rasgos sociales y espaciales del trabajo que realiza la población residente en dos localidades rurales ubicadas en una zona fuertemente urbanizada del Estado de México.[2] Específicamente se trata de examinar la importancia de la urbanización como una fuerza importante en la configuración del trabajo y las áreas de mercado laboral rural. La hipótesis que intentaremos demostrar es que el mundo laboral de la población rural se asemeja al de la citadina. Los rasgos que se consideran típicos del trabajo en los espacios urbanos se presentan en términos del empleo en las actividades no agrarias, es decir, industriales, comerciales y de servicios; el número creciente de asalariados y las condiciones de trabajo precarias corresponden tanto al trabajo asalariado, como al trabajo por cuenta propia. En cuanto a la dimensión espacial, el comportamiento del mundo laboral rural se asemeja al urbano en varios aspectos: primero, por la separación geográfica del lugar de residencia y el lugar de trabajo, característica propia de la estructuración espacial de las ciudades industriales; junto con esto la presencia de la movilidad pendular diaria de la fuerza de trabajo o *commuting*, que generalmente se considera propia de los citadinos (Lindón, 1999).

La unidad de análisis para esta investigación es el espacio local rural.[3] Se seleccionaron dos localidades ejidos en el Estado de México: Emilio Portes Gil (EPG)[4] y Santa Catarina. EPG se ubica dentro del municipio de San Felipe del Progreso y Santa Catarina en el de Lerma (véase el mapa IV.1). Para estudiar el mundo laboral de la población se utilizaron básicamente dos fuentes de información:

2 Este documento forma parte de la investigación que realicé para mi tesis en el Programa de Doctorado en Ciencias Sociales con especialidad en Sociología del Centro de Estudios Sociológicos de El Colegio de México. Promoción 2000-2003.

3 Las dos localidades se eligieron con base en tres criterios. El primero fue elegir zonas rurales en términos geográficos, esto es, lugares con baja densidad y tamaño reducido de la población, que en este caso se fijó en 5 mil habitantes o menos. El segundo consistió en seleccionar lugares que se hubieran constituido históricamente como zonas rurales agrícolas en el primer reparto agrario y que actualmente se clasificaran, de acuerdo con el INEGI, como localidades. El tercer y último criterio consideró el tipo de relación de las localidades con la ciudad en términos de accesibilidad física. Se trataba de elegir una localidad relativamente cercana a una zona metropolitana de la región, pero no conurbada; y otra relativamente alejada de éstas.

4 La selección de EPG respondió a un criterio práctico: que esta localidad es objeto de investigación en el proyecto "La transformación de la ruralidad mexicana. Modos de vida y respuestas locales y regionales" (véase el capítulo I de este libro).

los datos del XII Censo General de Población y Vivienda 2000, y las entrevistas a jefes de hogar sobre la trayectoria laboral y de movilidad espacial realizadas entre 2003 y 2005.[5] Son en total 36 entrevistas, 18 en EPG y 18 en Santa Catarina.

Mapa IV.1
Localización de Emilio Portes Gil y Santa Catarina

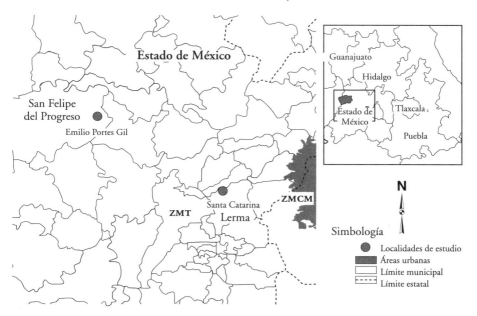

EL TRABAJO EN EL MARCO DE LA REESTRUCTURACIÓN
DEL CAPITALISMO: ALGUNOS ENFOQUES TEÓRICOS

Después de casi dos décadas de que se pusieron en marcha las medidas de restructuración neoliberal, los resultados para el mercado laboral no han sido alentadores. Aunque un segmento reducido de la población se ha visto beneficiado, la evolución de las condiciones laborales para la mayoría ha acarreado pérdida de seguridad, incertidumbre y reducción de salarios y prestaciones sociales (Pérez y

---

[5] Se seleccionó a jefes de hogar que estuvieran empleados en cualquier sector económico y cuyo trabajo aportara la mayor parte del gasto familiar. También se entrevistó a algunos cónyuges con la intención de conocer el papel complementario que realizan en la producción agropecuaria y por tanto en la reproducción económica familiar de los hogares.

Mora, 2005; De la Garza, 2003; Storper y Scott, 1990; Ludger, 2003; Carrillo y Hualde, 1991).

La situación de deterioro del trabajo es más acentuada en el caso del empleo agrícola. Los investigadores suelen considerar que el trabajo agrícola en la mayoría de las sociedades agrarias es altamente explotable, más inseguro, menos colectivizado y sindicalizado, y más flexible que su contraparte industrial (Piñeiro, 1997).

De acuerdo con los datos macroeconómicos, para el año 2000 en México el producto interno bruto del sector primario representó únicamente 5.5% del total nacional (INEGI, 2007), en tanto que a la población ocupada en el sector correspondía 18%. En relación con la agricultura de tiempo parcial y la pluriactividad, que ha sido una práctica laboral asociada a la pequeña producción agraria doméstica, algunos de los estudios observan que esta modalidad laboral y de ingresos ha ido adquiriendo cada vez más importancia en la reproducción de los hogares (Appendini, 2007; Janvry, Gordillo y Sadoulet, 1997). De acuerdo con encuestas del sector ejidal, en 1994 provenía de actividades del predio 46% del ingreso de los hogares encuestados, y para 1997 esta participación aumentó a 55% (Janvry, Gordillo y Sadoulet, 1997). Pero además de los trabajadores y hogares pluriactivos, en las localidades rurales se mueve otro conjunto cada vez más significativo de individuos empleados dentro de la industria y el sector terciario, que no trabajan de ninguna forma en el agro, ni poseen parcela de labor.

En relación con la ubicación del empleo rural se advierte que es cada vez más evidente la escasez de oportunidades laborales en el interior del espacio local. Algunas investigaciones recientes revelan la creciente importancia de las oportunidades de empleo fuera de las zonas rurales (Appendini, 2007; Verduzco, 2007; Orozco, 2005). Esta situación ha dado lugar a un comportamiento de movilidad espacial distinto del que seguía la población rural en el periodo industrializador por sustitución de importaciones (migración y movilidad temporal); se trata del *commuting,* muy ligado con el proceso de desconcentración de las ciudades (Graizbord y Molinati, 1998; Corona y Núñez, 2001 y 2002).[6]

La definición de los criterios para perfilar los rasgos del trabajo en las zonas rurales surgió de algunas propuestas de la literatura actual y de la consideración de algunos de los procesos y problemas que están presentes en las zonas rurales y en el mercado laboral en la actualidad, tanto en México como en otros países del

6 De acuerdo con Roseman (1971), se pueden definir dos categorías amplias de movilidad espacial de la población: *a)* movimientos recíprocos, y *b)* migración. Los primeros abarcan el *commuting* y la movilidad temporal o birresidencial, que no implican cambio residencial. La migración se considera una segunda categoría, pues son movimientos en un solo sentido y relativamente permanentes, y representan el cambio del centro de gravedad (residencia) hacia una nueva localización. El *commuting* es un tipo particular de circulación que tiene como motivo el trabajo. Como en español no tenemos un término equiparable, generalmente se usa el de movilidad circular (o pendular) de la fuerza de trabajo (Acuña y Graizbord, 1999; Corona y Núñez, 2001).

mundo: *i*) la declinación del empleo agrícola; *ii*) el proceso de creciente movilidad geográfica de los trabajadores rurales fuera del espacio local; y *iii*) el deterioro de las condiciones de trabajo en el marco de la flexibilización y del capitalismo global. Tradicionalmente el mundo del trabajo rural había sido estudiado en términos de la teoría campesinista, los estudios del desarrollo y la sociología rural. Su objeto de análisis eran los trabajadores agrícolas y en términos más amplios las unidades de producción. En este texto se ha optado por el enfoque del territorio rural, más específicamente el espacio local, que se utiliza como una herramienta empírica y analítica para estudiar el mundo laboral según lo propone actualmente la tesis de la reestructuración rural. Así pues, las pequeñas localidades se entienden como microformaciones sociales donde es posible analizar un conjunto de mundos laborales cercanamente próximos (Marsden y Murdoch, 1994).

Con la intención de organizar la descripción del mundo laboral en las localidades rurales de estudio se distingue entre: *i*) trabajo agrario, y *ii*) trabajo no agrario. A partir de ello es posible dimensionar el nivel en el proceso de desagrarización del espacio rural. Asimismo, se incluyen ciertos criterios retomados de un modelo de análisis que desarrollaron Pérez y Mora (2005) con el propósito de caracterizar las tendencias generales del empleo en Latinoamérica en el marco de la restructuración económica neoliberal. El supuesto es que el mismo proceso social que da forma a las zonas urbanas se despliega en las rurales. Pérez y Mora se refieren a la crisis del empleo formal (asalariado) en el contexto de la flexibilización. Anteriormente, dentro del modelo de industrialización por sustitución de importaciones y del Estado benefactor, había una correspondencia entre el empleo asalariado y el empleo formal; sin embargo las medidas de flexibilización en el trabajo han generado un deterioro evidente de las condiciones laborales asalariadas. En consecuencia el trabajo asalariado no puede ser visto como un referente de integración favorable al mercado.

Los autores argumentan que para analizar cualquier mercado de trabajo se tienen que tomar en cuenta dos dimensiones básicas: el grado de homogeneidad o heterogeneidad del mercado laboral, que viene dado por el peso del empleo asalariado en relación con el autoempleo, y la dialéctica entre dinámicas incluyentes y excluyentes.

Sin embargo, dadas las características y lógicas de funcionamiento cualitativamente distintas del empleo asalariado y el empleo por cuenta propia, los autores proponen dos criterios de clasificación para calificar las condiciones del trabajo y, en este sentido, hablar de situaciones de inclusión y exclusión. En cuanto a la categoría de empleo asalariado, se utiliza el corte de: *i*) precariedad, y *ii*) no precariedad. En lo que se refiere al trabajo por cuenta propia, los autores consideran dos categorías: *a*) de subsistencia, y *b*) de acumulación.

Para mostrarlo más claramente los autores elaboraron un plano de coordenadas que aparece en el diagrama IV.1.

Diagrama IV.1
Ámbitos ocupacionales

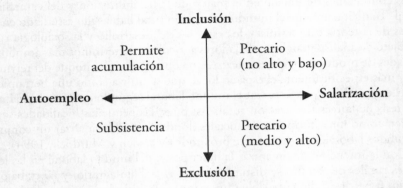

Fuente: Pérez y Mora, 2005.

En esta investigación el modelo de Pérez y Mora se utiliza de forma muy simplificada. A pesar de ello el esquema resulta sumamente útil para ordenar la heterogeneidad y las condiciones laborales de la población de las zonas rurales en el marco neoliberal.

Por otra parte, el análisis sobre la creciente movilidad geográfica del trabajo fuera del espacio local se centra en los fenómenos relativamente nuevos que se observan en la zona central del país vinculados con la desconcentración de las ciudades (Graizbord y Molinati, 1998; Corona y Núñez, 2001 y 2002).

La discusión sobre la localización del lugar del trabajo y por tanto la movilidad espacial en las zonas rurales campesinas surgió en términos de la migración rural urbana o la movilidad birresidencial. La migración circular se interpretó como una etapa en el proceso evolutivo que tendería a desaparecer con la urbanización. No obstante, al observar su persistencia se planteó que este tipo de movilidad es una estrategia para maximizar los beneficios económicos que los inmigrantes obtienen de las limitadas oportunidades de empleo que les ofrece el sector urbano, que es el informal (Hugo, 1985). De la misma forma Piore (1979) enfatizó que las condiciones que conformaban el carácter temporal del empleo eran coherentes con el regreso de los trabajadores móviles, pues existía un mercado segmentado en el que las ocupaciones peor remuneradas, menos prestigiosas y sin posibilidad de ascenso se separaban de otras típicas de una sociedad altamente industrializada.

En la actualidad la localización de las oportunidades de trabajo para la población rural ha cambiado. Es cada vez más común la presencia de movilidad pendular diaria de la casa al trabajo. Esto ha sido posible debido a la cercanía geográfica de la población rural a los diversos lugares de trabajo, ciudades u otro tipo de contextos espaciales laborales, y al desarrollo técnico de las comunicaciones y transportes, que cada vez se hacen más amplios y más densos

EPG Y SANTA CATARINA: DOS ZONAS RURALES CON HERENCIA AGRARIA

EPG y Santa Catarina forman parte del tejido rural tradicional del centro de México, pues surgieron como ejidos, es decir, tierras conferidas colectivamente por la Reforma Agraria. El ejido Primera Cuadrilla de Tepetitlán (EPG) se formó a principios de la década de 1930, y el de Santa Catarina en 1942 (RAN, 2002a). Incluso hoy día quien visite las localidades no dudará, a juzgar por el paisaje, que se encuentra en el campo mexicano. Pues las dos zonas son ejidos típicamente constituidos, es decir, son espacios con un polígono de uso residencial y otro para la producción agraria. La superficie destinada a la producción agropecuaria en EPG representa alrededor de 90% del total del ejido, en tanto que en Santa Catarina es aproximadamente 80% (INEGI, Ortofoto, 2001; INEGI, Ortofoto, 1999). Por la extensión de su superficie son espacios predominantemente agrícolas. No obstante, este paisaje rural agrario de la localidad puede dar una idea poco acertada de las dinámicas laborales que desarrollan sus habitantes, pues de acuerdo con el Censo de Población de 2000 la población dedicada al campo representaba sólo 11.5% del total de la población ocupada en EPG y 5% en Santa Catarina (INEGI, 2001b).

Las dos localidades se encuentran en zonas muy urbanizadas del Estado de México. EPG se halla en uno de los corredores de fuerte crecimiento urbano regional, próximo a la ciudad de Atlacomulco, Estado de México. Este corredor se dirige hacia el norte de la Zona Metropolitana de Toluca, corre paralelo al río Lerma y a la autopista Toluca-Atlacomulco. Dentro de este eje se ubican también algunas zonas industriales, al norte de la Zona Metropolitana de Toluca, en el municipio de Ixtlahuaca y en el de Atlacomulco (Gobierno del Estado de México, 2003). Santa Catarina se localiza cerca de otro de los ejes de expansión urbana de la Zona Metropolitana de Toluca,[7] el cual cruza la ciudad de oriente a poniente y sigue en esta dirección por el Paseo Tollocan y la autopista México-Toluca, que articula los municipios de Metepec, Lerma, San Mateo Atenco y Ocoyoacac, donde se ubica la zona industrial más grande del estado, denominada Lerma-Toluca.

Cabe mencionar que el Estado de México es un espacio muy urbanizado, pues aproximadamente 87% del total de su población vive en localidades ur-

---

[7] La población de las ciudades en la región de estudio en el año 2000 era: en Atlacomulco casi 20 mil habitantes, en la Zona Metropolitana de Toluca 1.4 millones de habitantes, y en la ZMCM 18.4 millones de habitantes (INEGI, 2001a, y Sedesol, Conapo e INEGI, 2004).

banas. Además casi 81% reside en las dos zonas metropolitanas, 70% en los 34 municipios que conforman la Zona Metropolitana del Valle de México y 10.7% en los 9 municipios que integran la Zona Metropolitana de Toluca. El otro 20% (casi 2.5 millones de habitantes) reside en los 81 municipios restantes del estado (Gobierno del Estado de México, 2003).

CARACTERÍSTICAS SOCIALES Y ESPACIALES DEL TRABAJO DE LA POBLACIÓN RURAL

Aunque por su tamaño demográfico las localidades son lugares pequeños (en el año 2000 EPG tenía 4506 habitantes[8] y Santa Catarina 1542), la heterogeneidad de las actividades laborales es amplia. Para caracterizar los rasgos principales del trabajo rural en las localidades aquí se analiza primero el sector de actividad con el propósito de definir el balance entre el trabajo agrícola y el no agrícola. Luego se retoma la clasificación del modelo de los ámbitos ocupacionales desarrollado por Pérez y Mora (2005) para mostrar la relación entre el trabajo asalariado y el trabajo por cuenta propia, así como las condiciones laborales. Finalmente se examinan las características de la localización del trabajo y la movilidad espacial.

El predominio del trabajo no agrícola y la pluriactividad

Según la información censal sobre el empleo en el año 2000, la población ocupada en EPG era de 1126 trabajadores y en Santa Catarina de 509. En relación con el balance entre el trabajo agrario y el no agrario se observa que en EPG sólo 11.5% laboraba dentro del sector agropecuario, y en Santa Catarina la proporción era muy reducida, con 5% del total (INEGI, 2004). No obstante, los datos censales no captan a toda la población que trabaja en el agro.

El ejido EPG está integrado por 726 miembros y el tamaño promedio de las parcelas es de 1.1 hectáreas. El ejido de Santa Catarina es mucho más pequeño; cuenta únicamente con 76 personas, aunque la extensión promedio de las parcelas es similar a la de EPG, de una hectárea (elaboración propia con base en RAN, 2002b). En ambos ejidos se siembra maíz con algunos productos asociados, básicamente calabazas y habas.

---

[8] A pesar que EPG es un ejido, el INEGI clasifica su espacio como tres localidades: *1)* EPG con 3 076 habitantes; *2)* Barrio Tungareo, ejido de EPG con 887 habitantes; y *3)* Barrio de Tepetitlán, ejido de EPG con 543 habitantes (INEGI, 2001a). Se trata de tres núcleos de población: el primero es el casco urbano del ejido y los otros dos, denominados barrios, son asentamientos ubicados en la zona parcelada de éste. En este texto los datos se han sumado para hablar de EPG como una sola unidad.

La información proveniente de las entrevistas revela que el mundo laboral agropecuario es relativamente homogéneo, lo cual obedece en buena medida a que está inserto en una relación socioeconómica que define muchos de sus rasgos. Se trata de trabajo por cuenta propia estructurado básicamente alrededor de la familia; la producción es para el autoconsumo, puesto que la unidad familiar (nuclear y ampliada) produce y consume los frutos del trabajo, y casi nunca hay una remuneración de por medio. Además, en todos los casos se trata de agricultura de tiempo parcial o pluriactividad. Esta modalidad de explotación supone que los trabajadores dedican una parte de su tiempo y generan una parte de sus ingresos por medio del trabajo agrícola y otra parte fuera de esta actividad.

La discusión académica alrededor de la pequeña producción agraria reconoce la necesidad de trascender la esfera económica de análisis para entender el funcionamiento de la unidad de producción y trabajo agropecuario (Long, 1984). El análisis en las dos localidades confirma este argumento, porque es claro que no todos los trabajadores cultivan la tierra por una exigencia primordialmente económica ni todos recurren a la pluriactividad debido a la pobreza o a los ciclos estacionales de la producción agraria. Buena parte de ellos participa en la producción por motivaciones sociales y culturales; esto queda, por ejemplo, particularmente claro en el caso de los profesionistas. También la propiedad de la tierra es clave en el comportamiento laboral de los habitantes de los ejidos, pues se trata de un recurso económico, social y cultural con múltiples funciones para la familia ejidal.

El predominio del trabajo asalariado y mal remunerado

En relación con el modelo de análisis de Pérez y Mora sobre los ámbitos ocupacionales, la información censal de 2000 señala que en EPG los empleados y obreros, es decir, los asalariados, representan 64%, los trabajadores por cuenta propia 29% y los trabajadores familiares sin pago 5.1%. En Santa Catarina los asalariados representan 75.8%, los trabajadores por su cuenta 14.7%, y los trabajadores familiares sin pago 4.5 por ciento.

El predominio del trabajo asalariado sobre el trabajo por cuenta propia muestra un cambio fundamental en las relaciones sociales de trabajo de las zonas rurales ejidales. A diferencia del trabajo agrario, organizado alrededor de la familia y la comunidad, el asalariado, como se plantea desde el discurso de la modernización, se estructura por relaciones sociales contractuales e individualizadas. Como consecuencia, la familia y el ejido (la comunidad), las dos instituciones que habían sido rectoras de las actividades laborales y las relaciones de trabajo de la población rural ejidal, son desplazadas de su control directo.

Sobre los ingresos según el tipo de trabajo: *i)* asalariado, y *ii)* por cuenta propia, se observa que en EPG 55% de los asalariados recibe menos de dos salarios mínimos mensuales;[9] en el trabajo por cuenta propia la proporción alcanza 65% (véase el diagrama IV.2).

Diagrama IV.2
Ámbitos ocupacionales, Emilio Portes Gil, 2000

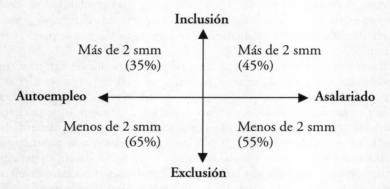

Fuente: Elaboración propia con base en INEGI, 2004.

Santa Catarina se encuentra en mejores condiciones laborales que EPG, dado que una menor proporción de su población empleada gana menos de dos salarios mínimos: 36% de los asalariados, y algo curioso, un porcentaje menor para los de cuenta propia, 28.6%, quienes por lo general se encuentran en peores condiciones laborales que los asalariados (véase el diagrama IV.3).

En las dos localidades la mayor parte de los trabajadores por cuenta propia se emplean como comerciantes; en EPG más de 60% y en Santa Catarina 38.7% (INEGI, 2004). En EPG el comercio es una actividad tradicional que está vinculada con el desarrollo de una pequeña industria local: la producción y el comercio de fibra para limpieza, que tradicionalmente ha sido una actividad complementaria a las labores agropecuarias, y al igual que en éstas, la estructuración del trabajo se da mediante relaciones sociales familiares y locales. En Santa Catarina también se ocupa en el comercio buena parte de los trabajadores por cuenta propia, aunque no tanto como en EPG.

El cambio de la importancia del trabajo por cuenta propia hacia el trabajo asalariado no ha significado un mejoramiento generalizado de las condiciones la-

---

[9] El salario mínimo diario del hogar en ese trimestre de 2000 era de 32.70 pesos (zona geográfica C).

borales de la población rural. En EPG una parte importante de los trabajadores se inserta en los segmentos laborales más precarios. Éste es el caso de la industria de la construcción, que absorbe 16% del total de la población ocupada en el pueblo. Cabe mencionar que la labor en la construcción ha sido una actividad complementaria al trabajo agropecuario desde los años cuarenta y cincuenta, aunque esta mancuerna tuvo mayor importancia en el pasado, cuando las oportunidades de trabajo para la población rural, fuera del agro, eran más restringidas debido a su escasa instrucción escolar.

Diagrama IV.3
Ámbitos ocupacionales, Santa Catarina, 2000

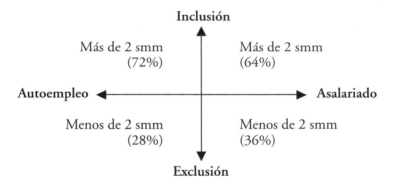

Fuente: Elaboración propia con base en INEGI, 2004.

Entrevistamos a tres trabajadores de la construcción (dos en EPG y uno en Santa Catarina), y todos ellos manifestaron que no tenían contrato laboral escrito en el momento de la entrevista, carecían de prestaciones sociales, y sus sueldos rondaban el salario mínimo; afirmaron que las condiciones laborales variaban mucho en función de la obra, y de que el trabajo fuera a destajo o por sueldo.

Los empleos asalariados en la gran industria manufacturera tampoco son una garantía. En EPG, entrevistamos a dos obreros no calificados que trabajan en dos empresas grandes ubicadas en el parque industrial de Atlacomulco. Su sueldo mensual oscilaba entre 2 500 y 3 500 pesos mensuales (aproximadamente tres salarios mínimos), aunque llevaban trabajando en la misma empresa más de 10 años. Si bien dicha remuneración supera la línea de pobreza, ambos comentaron que con ese ingreso apenas les alcanzaba para mantener a sus familias "pobremente", dijo uno de ellos. Una de sus ventajas es que cuentan con las prestaciones sociales que exige la ley, además de transporte de su casa al trabajo.

En Santa Catarina la población empleada en la industria manufacturera es casi cuatro veces más que la ocupada en la construcción. Allí la actividad laboral en la industria es muy importante, pues la mayoría trabaja en los emplazamientos industriales de Lerma y Toluca, y otros se emplean en la pequeña industria de San Mateo Atenco. Las condiciones laborales varían, sobre todo en función de la calificación y del tamaño del establecimiento. Los obreros calificados que trabajaban dentro de la gran industria ubicada en los parques industriales tenían en general mejores condiciones laborales en comparación con las que ofrecía la pequeña industria. No obstante, los obreros sin calificación que trabajaban en la gran industria no gozaban de la misma situación, pues su salario fluctuaba entre 2 400 y 3 500 pesos, aunque con la ventaja de contar con algunas prestaciones sociales.

El sector terciario asalariado es sumamente heterogéneo. Un ejemplo de las actividades terciarias tradicionales que desde los años cuarenta han desempeñado las mujeres de los dos pueblos es el trabajo doméstico. Su historia es similar a la del trabajo en la construcción, en el sentido de que las mujeres empezaron a trabajar "en casa", como ellas dicen, básicamente en la ciudad de México. Actualmente las opciones laborales para estas mujeres con escasa formación escolar y sin recursos económicos son mayores, tanto en el comercio como en los servicios. En su opinión estos nuevos empleos son significativamente mejores que el trabajo doméstico. Sin embargo, dado el exiguo monto de su salario y la carencia de prestaciones laborales y de seguridad social, las condiciones laborales serían, en general, precarias. Por ejemplo, en Santa Catarina entrevistamos a una mujer empleada en una pequeña papelería y a otra que trabajaba en una tintorería. También a un velador, un vendedor de la Coca-cola, un taxista y un transportista, entre otros. Todos ellos tenían un nivel educativo bajo o medio (secundaria sin terminar o terminada). Sus sueldos fluctuaban entre 3 mil y 4 mil pesos mensuales, en general no tenían contrato laboral y si acaso contaban con prestaciones sociales, éstas variaban mucho.

A diferencia de este mundo laboral en general precario, otro grupo de trabajadores disfruta de mejores condiciones de trabajo, lo cual responde básicamente a su mayor nivel de instrucción escolar (superior). En EPG destacan los maestros bilingües. Los maestros integran un grupo ocupacional que es importante por su número, por el reconocimiento social que reciben dentro del pueblo, y por el papel que han desempeñado en la transformación ocupacional de la localidad. Las condiciones laborales de los maestros son buenas si se comparan con las de la mayoría de la población. En términos de la clasificación de los ámbitos ocupacionales estarían en el cuadrante de la inclusión. Su sueldo es de aproximadamente 6 mil pesos mensuales (más de 5 veces el salario mínimo mensual).

La historia del resto de los profesionistas, como abogados, ingenieros y administradores, es más reciente que la de los profesores. La población de EPG y de Santa Catarina los percibe como privilegiados debido a que poseen un nivel superior de instrucción escolar y en general cuentan con mejores condiciones de vida que el resto de la población. Para darnos una idea del tamaño de este grupo, el censo de población dice que alrededor de 10% de la población ocupada en EPG y en Santa Catarina cuenta con un nivel superior de instrucción, y únicamente 3% de la de EPG y 7% de Santa Catarina tienen ingresos de más de 5 salarios mínimos (INEGI, 2005 y 2001b).

Si bien los "profesionistas" son un grupo homogéneo por su nivel de instrucción, las condiciones en que laboran no lo son, pues dependen del tipo de establecimientos en que se desempeñan, de los puestos y de las actividades concretas que realizan. Los ingresos mensuales de los profesionistas que entrevistamos variaban desde 6 mil a18 mil pesos.

Deslocalización del trabajo rural y movilidad espacial

En el pasado, cuando el trabajo agropecuario estructuraba el mundo laboral de la población rural, estaban balanceadas la oferta y la demanda de trabajo dentro del espacio local y buena parte de la fuerza laboral que residía en los ejidos se empleaba dentro del espacio local. Todavía en la década de los ochenta más de 80% de la población ocupada en EPG se dedicaba al agro; en Santa Catarina hasta el año de 1970 la mitad (52%) de la población ocupada se encontraba en esta situación. Pero el proceso de declinación del trabajo agrario y la ausencia de otras actividades generadoras de empleo dentro del espacio local han provocado un desbalance cada vez mayor, de ahí que actualmente buena parte del trabajo que realiza la población rural se encuentre deslocalizado.[10]

Los datos censales consignan que en EPG 64% es trabajo asalariado y en Santa Catarina 76%; en consecuencia éste sería aproximadamente el porcentaje del empleo ubicado fuera de las localidades. En la información obtenida es muy significativo que todos los trabajadores asalariados entrevistados en EPG y Santa Catarina trabajaran dentro del Estado de México y realizaran movilidad pendular diaria o *commuting*. A continuación se presenta información más detallada sobre los lugares de trabajo y el tipo de movilidad espacial con base en la división entre el trabajo por cuenta propia y el asalariado.

La definición del trabajo por cuenta propia no genera un patrón particular de localización; éste se realiza en múltiples lugares dentro del espacio local, regional e incluso nacional, y por esta razón las formas de movilidad son variadas, desde la

---

[10] De acuerdo con los censos económicos de 2004, en el Estado de México sólo 7.2% del total de establecimientos económicos se ubica dentro de las localidades rurales. En ellos se emplea únicamente 3.5% de la población ocupada total (INEGI, 2004).

inmovilidad, la movilidad birresidencial y el *commuting*. El trabajo agropecuario se desenvuelve en el espacio local dentro del polígono para la producción, y en el polígono residencial en el patio de la vivienda. Los trabajadores se desplazan del núcleo residencial hasta el polígono para la producción, y por lo general lo hacen a pie. En algunos casos la población reside dentro del polígono para la producción en lugares cercanos (véanse los mapas IV.2 y IV.3).

Mapa IV.2
Localización del trabajo por cuenta propia, Emilio Portes Gil

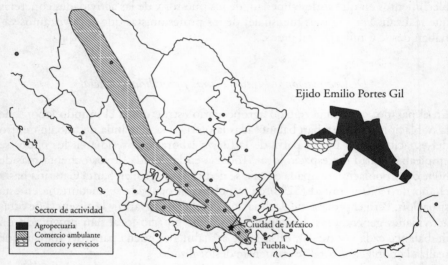

Fuente: Elaborado en el Laboratorio de Sistemas de Información Geográfica de El Colegio de México con base en entrevistas realizadas entre 2003 y 2005.

El trabajo comercial y de servicios por cuenta propia es otra opción laboral que se ha desarrollado dentro del espacio local rural, pero a diferencia del trabajo agrario se localiza básicamente en la zona residencial del ejido, y no sólo eso, casi por regla general se ubica dentro de la vivienda.

A diferencia de estas actividades laborales por cuenta propia que se desenvuelven dentro del espacio local, una parte del comercio y los servicios se desarrolla fuera de los ejidos. En Santa Catarina entrevistamos a dos vendedores ambulantes; ambos vendían sus productos en localidades del Estado de México. En EPG una proporción importante de los comerciantes trabajaba fuera de la localidad. La ubicación del comercio ambulante de la población de EPG, a diferencia de los dos entrevistados en Santa Catarina, se extiende sobre una vasta área del territorio nacional. Se entrevistó a un trabajador que al igual que los de Santa Catarina se desplazaba hacia las localidades que circundan EPG, dentro del Estado de México. Dos jefes de hogar a cuyas cónyuges entrevistamos son comerciantes ambulantes y se desplazan fuera del estado para vender sus mercancías. Suelen recorrer varias rutas fuera del estado, hacia Querétaro, Guadalajara, Aguascalientes e incluso hasta Ciudad Juárez (véase los mapas IV.2 y IV.3).

Mapa IV.3
Localización del trabajo por cuenta propia, Santa Catarina

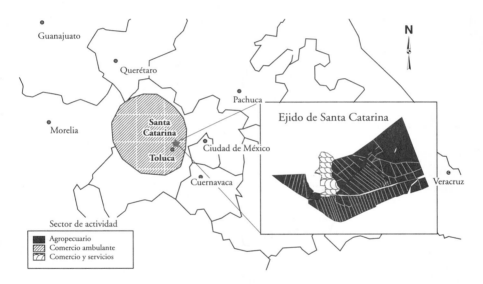

Fuente: Elaborado en el Laboratorio de Sistemas de Información Geográfica de El Colegio de México con base en entrevistas realizadas entre 2003 y 2005.

La forma de movilidad varía en función de los lugares de trabajo. Unos vendedores van y vienen diariamente de EPG a las localidades circundantes dentro del Estado de México. Cuando el destino se encuentra a mayor distancia los trabajadores tienen que realizar movilidad birresidencial. Algunos permanecen en su lugar de trabajo por una semana y regresan al pueblo el fin de semana. Los vendedores que se trasladan más lejos se ausentan de su residencia habitual por más tiempo: una semana, 15 días e incluso meses. El comercio ambulante genera esta forma de movilidad debido a las características espacio-temporales de la actividad; cabe mencionar que las condiciones en que se realiza la movilidad espacial, en términos de los lugares de residencia y trabajo, son generalmente precarias.

Además del comercio ambulante fuera de la localidad, hay también comerciantes y trabajadores que laboran en establecimientos fijos fuera de las localidades. Aunque no entrevistamos a ninguno de ellos, conocimos a dos que tenían establecimientos fijos: el residente de EPG tenía su negocio en San Felipe del Progreso, y el de Santa Catarina en Xonacatlán, la ciudad más cercana a esta localidad.

En cuanto a los asalariados entrevistados, tanto en EPG como en Santa Catarina se empleaban fuera del espacio local. Antiguamente el trabajo en la industria de la construcción se ejecutaba en la ciudad de México. En la actualidad los lugares de trabajo de los tres entrevistados dedicados a la construcción se localizan geográficamente próximos a los pueblos. Los dos entrevistados de EPG comentaron que trabajaban en localidades vecinas, y el de Santa Catarina se empleaba en las que se encuentran dentro de la región de Lerma; es decir, en el entorno de Santa Catarina. Los tres realizaban movilidad pendular diaria de su casa al trabajo (véase los mapas IV.4 y IV.5).

A diferencia del patrón de localización del trabajo en la construcción, las oportunidades de empleo dentro de la gran industria manufacturera están más concentradas en las zonas o parques industriales. En EPG entrevistamos a dos obreros que trabajaban en el parque industrial de Atlacomulco, localizado cerca de la ciudad. Los dos se desplazaban diariamente a su lugar de trabajo (véase el mapa IV.4). En Santa Catarina el trabajo dentro de la gran industria es sumamente importante debido a la cercanía de la localidad con este tipo de concentraciones laborales. Los obreros entrevistados trabajaban en los parques industriales de Lerma, Cerrillo I y Cerrillo II, ubicados en el municipio de Lerma, los cuales se consideran parte del corredor industrial norte del estado. Hay quienes trabajan en el parque industrial Toluca 2000, que se encuentra en el municipio de Toluca, a 7 kilómetros del aeropuerto de la ciudad (véase el mapa IV.5).

El patrón de localización del trabajo en la maquila es diferente del de la gran industria. En EPG observamos que algunas mujeres se empleaban en la industria textil que se localiza en San Felipe del Progreso (cabecera municipal). En Santa Catarina entrevistamos a una obrera que trabajaba en el poblado de San Mateo Atenco, donde prolifera este tipo de instalaciones (véanse los mapas IV.4 y IV.5).

Ahora bien, el empleo asalariado comercial y de servicios se concentra sobre todo en las ciudades grandes. Por ejemplo, una parte del trabajo doméstico se localiza todavía en la ciudad de México, aunque ya no constituye un único destino, como lo fue en el pasado. A diferencia de esta ocupación, la mayoría de los empleos precarios en el sector terciario que han proliferado en las décadas recientes se localizan en las ciudades cercanas a las dos localidades. Para la población de EPG, en San Felipe del Progreso, que aunque no es una ciudad en términos demográficos, ahí se concentran la administración y el gobierno del municipio. También son destinos importantes las ciudades de Atlacomulco e Ixtlahuaca. Para la población de Santa Catarina el principal destino es la ciudad de Toluca, y también es importante la cabecera municipal de Lerma.

Los profesionistas entrevistados en EPG se desplazan a trabajar a las ciudades y las zonas industriales; van principalmente a la ciudad de Atlacomulco y al parque industrial con el mismo nombre; también acuden a la cabecera municipal de San Felipe del Progreso. Un tercer destino es la Zona Metropolitana de Toluca, aunque a decir de los pobladores esto no es muy común, pues se encuentra muy lejos de la localidad y los costos de transporte son muy elevados para la población en general. Los profesionistas de Santa Catarina trabajan generalmente en la ciudad de Toluca y en los parques industriales localizados en el municipio de Toluca y en Lerma, esto es, dentro de la Zona Metropolitana de Toluca (véanse los mapas IV.4 y IV.5).

Mapa IV.4
Localización del trabajo asalariado, Emilio Portes Gil

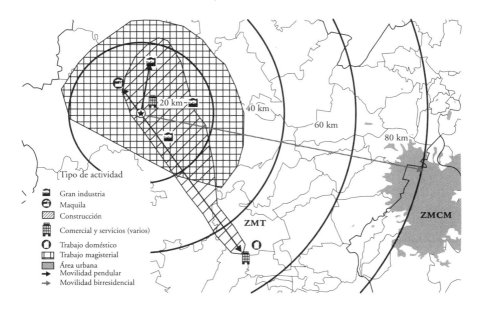

Fuente: Elaborado en el Departamento de Sistemas de Información Geográfica de El Colegio de México con base en entrevistas realizadas entre 2003 y 2005.

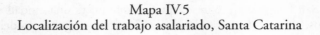

Mapa IV.5
Localización del trabajo asalariado, Santa Catarina

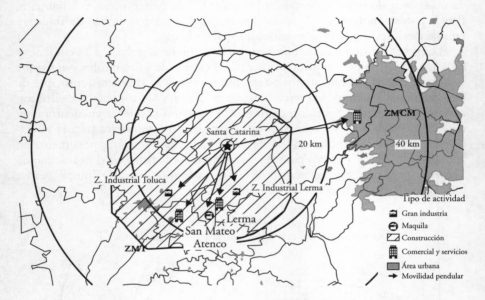

Fuente: Elaborado en el Departamento de Sistemas de Información Geográfica de El Colegio de México con base en entrevistas realizadas entre 2003 y 2005.

Finalmente, en EPG se presenta un patrón de localización del trabajo poco común: el de los maestros bilingües. Ellos se dirigen a trabajar a los pequeños asentamientos rurales en que hay población con lengua indígena, que generalmente están aislados y dispersos en el territorio que circunda a EPG, como San Juan Cote, La Cañada del Sauco y San Pedro el Chico, ubicados dentro del municipio de San Felipe del Progreso, así como La Guadalupana en el municipio de Ixtlahuaca (véanse los mapas IV.4 y IV.5).

La descripción de la localización del trabajo en ambas localidades muestra que la ciudad no es un destino único de concentración de empleo, sino que una gran variedad de contextos espaciales atrae trabajadores, como los parques industriales, las localidades urbanas pequeñas y medianas, e incluso las rurales. Así pues, no existe una relación exclusiva de las zonas rurales con el mercado laboral de la ciudad, sino un campo de interacción que rodea las localidades rurales y está formado por estructuras espaciales y sociales diversas que ofrecen empleo a la población rural.

Conclusiones

Hasta el año 1970 en Santa Catarina, y 1980 en EPG, el trabajo de la población tenía rasgos similares a los de las zonas rurales tradicionales. En la actualidad el trabajo de la población en las dos localidades tiene características semejantes a las de los pobladores de las zonas urbanizadas, como se planteó en la hipótesis. En EPG predomina la actividad terciaria, y en Santa Catarina la industrial. Sólo 11% de la población ocupada en EPG y 5% en Santa Catarina trabaja para la producción de alimentos. No obstante conviene tener presente que si bien sólo este porcentaje de la población declaró como su empleo principal el agro, muchos otros habitantes de las localidades trabajan el campo o participan en éste de múltiples formas, aunque es claro que las actividades agropecuarias no estructuran su dinámica laboral diaria y de largo plazo.

Contrario a este proceso, que puede considerarse de estabilización o continuidad, hay una clara tendencia de cambio en las características del trabajo rural; además de la desagrarización de la estructura ocupacional, la mayor parte de los puestos en las dos localidades son asalariados. De acuerdo con la noción de modernización de la sociología clásica, el trabajo asalariado supone la individualización de las relaciones sociales en que se inserta la actividad, además de que los mecanismos que la estructuran se rigen por relaciones contractuales, más formales y relativamente alejadas, como es el caso del vínculo entre trabajador y patrón. Como consecuencia la familia y la comunidad, que habían sido las instituciones sociales y económicas más importantes de los ejidos, son desplazadas del control directo del ámbito laboral de los individuos.

Otro factor que refuerza la idea de la modernización del trabajo rural es que los ámbitos laborales o puestos que ocupa la población rural son heterogéneos, en términos de los sectores, subsectores o ramas de actividad, de ahí que exista una fuerte diferenciación social.

Los resultados en las localidades de estudio confirman la tendencia a la precarización del trabajo asalariado en el contexto de la restructuración económica e institucional neoliberal, porque si bien una parte mayoritaria de la población de las localidades ocupa hoy puestos asalariados, no se trata de empleos en ramas altamente productivas o tecnificadas, y menos aún con buenos sueldos y condiciones laborales adecuadas. Por el contrario, una alta proporción del empleo asalariado rural tiene ingresos sumamente reducidos: reciben menos de dos salarios mínimos por su trabajo 55% en EPG y 36% en Santa Catarina.

En relación con el lugar de trabajo, se observó que gran parte de las actividades tiene lugar fuera del espacio local. Al interior de la zona rural se realiza básicamente el trabajo por cuenta propia, tanto agropecuario como comercial y de servicios. Cabe aclarar que una parte del trabajo por cuenta propia se desempeña fuera del espacio local, en diversas localidades del interior del Estado de México e incluso sobre rutas más vastas por todo el país.

La mayor parte del trabajo asalariado se encuentra deslocalizado, y distribuido en múltiples lugares en el *hinterland* de las localidades, como las zonas industriales, las ciudades chicas, medianas y grandes, e incluso en otras zonas rurales. La ciudad no es el único mercado laboral para la población rural, ya que una gran variedad de contextos espaciales atrae a los trabajadores rurales.

Como resultado del patrón de localización —separación del lugar de residencia y lugar de trabajo—, los trabajadores presentan un comportamiento de movilidad espacial característico de los citadinos: la movilidad pendular diaria. Como ya se dijo, una de las características de la localización del trabajo en los asentamientos rurales tradicionales era la coincidencia de los lugares de producción y reproducción (residencia y trabajo) y con ello la inmovilidad, o bien, los desplazamientos muy cortos entre la vivienda y el lugar de trabajo. El comportamiento de *commuting* de la población rural indica la especialización funcional de la localidad como lugar únicamente residencial, igual que ocurre en las ciudades.

Finalmente, si bien es cierto que la movilidad birresidencial no tiene la importancia que tuvo en el pasado, todavía algunos trabajadores, básicamente de EPG, la realizan, aunque restringida a ciertos ámbitos laborales, como el trabajo doméstico —que se desempeña básicamente en la ciudad de México— y el comercio ambulante. En el primer caso se trata abiertamente de trabajo precario. Con esto se verifican las ideas de Hugo (1985) y Piore (1979) sobre la segmentación del mercado laboral en empleos temporales, inestables, con bajos salarios e inseguridad. Cabe mencionar que en el caso de los comerciantes la situación es muy variable, porque si bien a algunos el comercio no les garantiza siquiera su subsistencia, para otros representa una actividad laboral rentable, y la movilidad birresidencial responde más bien a los rasgos espacio-temporales del trabajo.

BIBLIOGRAFÍA

Acuña, Beatriz y Boris Graizbord (1999), "Movilidad cotidiana de trabajadores en el ámbito megalopolitano de la ciudad de México", en J. Delgado y B. Ramírez (coords.), *Territorio y cultura en la ciudad de México*, t. 1, UAM-Plaza y Valdés, México.

Appendini, Kirsten (2007), "Las estrategias ocupacionales de los hogares rurales ante la recesión de la agricultura: tres estudios de caso en el centro de México", en P. Arias y O. Woo Morales (coords.), *Espacios y formas de vida en el campo y la ciudad*, Universidad de Guadalajara, Jalisco.

Ascher, Francois (2004), *Los nuevos principios del urbanismo. El fin de las ciudades no está a la orden del día*, Alianza, Madrid.

Carrillo, Jorge y Alfredo Hualde (1991), "El debate actual sobre la flexibilidad en el trabajo", Seminario Perspectivas de la modernización y del cambio social, mimeo, El Colegio de la Frontera Norte, México.

Consejo Nacional de Evaluación de la Política de Desarrollo Social (Coneval) (2006), *Aplicación de la metodología del Comité Técnico para la Medición de la Pobreza, 2000-2005*, octubre, Coneval, México.

Corona, Reina y Leopoldo Núñez (2001), "La movilidad interurbana entre las ciudades de México y Cuautla", V Jornadas Multidisciplinarias del CRIM, UNAM, México.

_____ (2002), "Principales características de la movilidad interurbana en el centro de México. El caso de Cuautla", encuentro La Población en la Región Centro. Situación actual y desafíos demográficos, CRIM-UNAM, México.

Cortés, Fernando (1997), "Determinantes de la pobreza de los hogares. México, 1992", *Revista mexicana de sociología*, núm. 2, IIS-UNAM, México.

Garza, Enrique, de la (2003), *Tratado latinoamericano de sociología del trabajo*, El Colegio de México-FLACSO-UAM-Fondo de Cultura Económica, México.

Delgado, Javier (1999), "The New Rurality in the Regional Periphery of Central Mexico", *The Journal of Iberian and Latin-American Studies,* mimeo.

Gilbert, Jess (1982), "Rural Theory: The Grounding of Rural Sociology", *Rural Sociology*, vol. 47, núm. 4, American Sociological Society, Baton Rouge.

Gobierno del Estado de México (2003), *Plan estatal de desarrollo urbano*, Gobierno del Estado de México, México.

Graizbord, Boris y Catalina Molinatti (1998), "Movilidad megalopolitana de fuerza de trabajo", en R. Zenteno (coord.), *Población, desarrollo y globalización, V Reunión de investigación sociodemográfica en México*, vol. 2, Somede-El Colegio de la Frontera Norte, México.

Hugo, Graeme (1985), "Structural Change and Labour Mobility in Rural Java", en G. Standing (ed.), *Labour Circulation and the Labour Process*, Croom Helm, Gran Bretaña.

Instituto Nacional de Estadística, Geografía e Informática (2007), Información estadística por temas-Producto Interno Bruto, en <www.inegi.gob.mx>.

_____ (2001a), *XII Censo general de población y vivienda, 2000*, catálogos de codificación, en <www.inegi.gob.mx>.

_____ (2001b), *Principales resultados por localidad* [disco compacto]: *Estados Unidos Mexicanos: XII Censo General de Población y Vivienda, 2000*, INEGI, México.

_____ (2005), *Censos económicos 2004*, INEGI, México.

_____ (2004), *XII Censo general de población y vivienda* (consulta específica para localidades seleccionadas: 15 051 0025 Santa Catarina, 15 074 0029 EPG, 15 074 0223 Barrio Tepetitlán EPGEPG, 15 074 0244 Barrio Tungareo Ejido EPG), INEGI, México.

_____ Ortofoto (2001), INEGI, México.

_____ Ortofoto (1999), INEGI, México.

Janvry A. de, G. Gordillo y E. Sadoulet (1997), *Mexico's Second Agrarian Reform. Household and Community Responses*, Universidad de California, California.

Lindón, Alicia (1999), *De la trama de la cotidianidad a los modos de vida urbanos. El Valle de Chalco*, El Colegio de México-El Colegio Mexiquense, México.

Long, Norman (1984), *Family and Work in Rural Societies*, Cambridge University Press, Cambridge.

Ludger, Brenner (2003), "Globalización y empleo en México: el caso de la Región Centro", en A. G. Aguilar (coord.), *Urbanización, cambio tecnológico y costo social. El caso de la región centro de México*, UNAM-Porrúa, México.

McGee, T. G. (1998), "Globalization and Rural-urban Relations in the Developing World", en Fu-chen Lo y Yue-man Yeung, *Globalization and the World of Large Cities*, The United Nations University, University Press, Tokyo, Nueva York, París.

_____ e Ira M. Robinson (1995), *The Mega-urban Regions of Southeast Asia*, UBC Press, Vancouver.

Marsden, Terry y Jonathan Murdoch (1994), *Reconstituting Rurality. The Changing Countryside in an Urban Context*, UCL Press-University College, Londres.

ONU-CEPAL (2006), *México: Crecimiento agropecuario, TLC, capital humano y gestión del riesgo*, ONU-CEPAL, México.

Orozco, María Estela (2005), "Articulación de economías domésticas al desarrollo regional del Alto Lerma, México", *Papeles de población*, nueva época, año 11, núm. 46, UAEM, Toluca.

Pedrero, Mercedes y Arnulfo Embriz (1992), "Los mercados de trabajo en las zonas rurales. Notas sobre la Encuesta Nacional de Empleo de 1988", *Estudios sociológicos*, vol. 10, núm. 29, El Colegio de México, México.

Pérez, Juan Pablo y Minor Mora (2005), *Rutas laborales para la integración social en Honduras. Una propuesta de acción para la reducción de la pobreza desde el mercado de trabajo*, mimeo, FLACSO, Costa Rica.

Piñeiro, D. (1997), "Trabajadores rurales y flexibilización laboral", Seminario Empleo rural en tiempos de flexibilidad, Programa de Investigación en Trabajo y Empleo de la Universidad de Buenos Aires, Buenos Aires.

Pioré, Michael (1979), *Birds of Passage. Migrant Labor and Industrial Societies*, Cambridge University Press, Cambridge.

Registro Agrario Nacional (RAN) (2002a), *Archivo histórico del Estado de México*, Procuraduría Agraria, México.

_____ (2002b), *Certificados parcelarios*. EPG (Primera Cuadrilla de Tepetitlán, municipio de San Felipe del Progreso, Estado de México y Santa Catarina, municipio de Lerma, Estado de México).

Roseman, Curtis (1971), "Migration as a Spatial and Temporal Process", *Annals of the Association of American Geographers*, vol. 61, núm. 3, Washington, pp. 589-598.

Secretaría de Desarrollo Social (Sedesol), Consejo Nacional de Población (Conapo) INEGI (2004), *Delimitación de las zonas metropolitanas de México*, Sedesol/Conapo/INEGI, México.

Soja, Edward (2000), *Postmetropolis. Critical Studies of Cities and Regions*, Blackwell, Oxford.

Storper, Michael y Allen Scott (1990), "Work Organisation and Local Labour Markets in an Era of Flexible Production", *International Labour Review*, vol. 129, núm. 5, OIT, Ginebra.

Unikel, Luis, C. Ruiz y G. Garza (1976), *El desarrollo urbano de México. Diagnóstico e implicaciones futuras*, El Colegio de México, México.

Verduzco, Gustavo (2007), "Trayectorias laborales del proletariado rural: estudio de caso en una zona del centro de México", en F. Cortés, A. Escobar, P. Solís, *Cambio estructural y movilidad social en México*, El Colegio de México, México.

V. ESTRATEGIAS DE SEGURIDAD ALIMENTARIA EN LOS HOGARES CAMPESINOS: LA IMPORTANCIA DE LA CALIDAD DEL MAÍZ Y LA TORTILLA

KIRSTEN APPENDINI, LORENA CORTÉS Y VALDEMAR DÍAZ HINOJOSA

Existe seguridad alimentaria cuando todas las personas tienen en todo momento acceso físico y económico a suficientes alimentos inocuos y nutritivos para satisfacer sus necesidades alimenticias y sus preferencias en cuanto a los alimentos a fin de llevar una vida activa y sana.

(FAO, 1996)

El concepto de *seguridad alimentaria* se redefine continuamente.[1] Del acento en la cantidad de alimentos disponibles para la población y por tanto de la ingesta de nutrientes suficientes, se ha pasado al énfasis en la variable "calidad" como componente importante de la seguridad; esto es, que los alimentos sean saludables, sin riesgo y que vayan de acuerdo con las preferencias de la población y sus valoraciones culturales. Ambos enfoques coexisten, aunque el primero predomina en las políticas públicas de naciones como México, mientras que el segundo es el eje de las políticas de seguridad alimentaria en países como Japón, Canadá y aquellos que integran la Unión Europea.

Hemos argumentado en trabajos anteriores que la búsqueda de la calidad no es prerrogativa exclusiva de los consumidores de los países desarrollados. El cultivo de maíz en sus variedades criollas ha sido una práctica campesina que ha permitido a los productores rurales mexicanos obtener un maíz de calidad de acuerdo con sus preferencias y cultura, más allá del acceso a los mercados en donde es posible adquirir los alimentos básicos derivados del maíz a precios que a veces resultan más bajos que la producción propia.

Así, los campesinos cultivan sus parcelas y obtienen un maíz que satisface los criterios de calidad de vida asociados al modo de ser campesino. Esto es, los campesinos aprovechan sus recursos, como la tierra, la fuerza de trabajo fami-

---

[1] Definición de la FAO aceptada en la Cumbre Mundial de la Alimentación en 1996 por los países miembros de la Organización de Naciones Unidas para la Agricultura y Alimentación (FAO, por sus siglas en inglés). Véase también Maxwell y Slater (2003), y Comisión de las Comunidades Europeas (2000).

liar disponible, los insumos parcelarios, los animales de labranza, y sostienen una producción de maíz que aunque costosa les brinda la posibilidad de obtener maíz de alta calidad para su consumo (Appendini, García y De la Tejera, 2003).[2]

El objetivo de este trabajo es analizar las diversas estrategias de producción y consumo de maíz que desarrollan las unidades domésticas rurales en cuatro comunidades del centro del país: Emilio Portes Gil (EPG), Barranca Honda (BH), Boye y Agua Fría (AF).[3] Esto con el fin de entender cómo valora la población rural su seguridad alimentaria en términos de la calidad de maíz que consumen.

Dentro del concepto de seguridad alimentaria que analizamos en este trabajo se encuentran dos elementos importantes a considerar: la *cantidad* así como la *calidad* del alimento. Para el caso particular del maíz, se refiere a las necesidades y preferencias de la población rural respecto a su alimento básico.

En la gran diversidad de realidades campesinas que existen en nuestro país, cada comunidad valora de forma propia la provisión de maíz en términos de calidad y cantidad. La valoración del maíz por su calidad para el consumo humano difiere además de una unidad doméstica a otra en función de múltiples factores que pueden cambiar en el tiempo en un proceso dinámico. En ese sentido la problemática del análisis estriba en poder identificar las estrategias que cada familia de las cuatro comunidades estudiadas ha adoptado para satisfacer sus requerimientos de maíz, así como referir una serie de argumentos que podrían explicar las estrategias diversificadas de estos hogares.[4]

Nuestro argumento es que —en el contexto de los estudios de caso presentados— todas las unidades domésticas tienen la posibilidad de obtener la cantidad del maíz que requieren para su consumo, ya que en todas las comunidades existe la posibilidad de comprar grano y tortillas. El *quid* es la importancia de la *calidad* del alimento, que en el caso del maíz significa un esfuerzo adicional para obtenerla, sea mediante el cultivo o la elaboración doméstica de la tortilla o la compra de una tortilla de calidad, que además, pueda tener un sobreprecio.

[2] Para los fines de este trabajo entendemos que una tortilla tiene *calidad* cuando reúne las condiciones de color, sabor y cocción exigidas por la tradición local y concreta la fertilidad de la tierra propia dando sentido a la condición de campesino como productor local (Appendini, García y De la Tejera, 2003, p. 69).

[3] En este capítulo se incluye la localidad de Agua Fría (también denominada Venustiano Carranza) que es cabecera municipal del municipio Venustiano Carranza localizado en la región noreste del estado de Puebla. Esta localidad fue inicialmente incluida en el proyecto de investigación y por tanto en la encuesta aplicada en 2003. Se considera de interés para la argumentación de las estrategias de seguridad alimentaria incluir el caso de Agua Fría porque contrasta con la situación de una localidad en que la actividad principal es la ganadería y una parte de la población no tiene tierras.

[4] En el texto utilizaremos indistintamente "hogar" y "unidad doméstica". La Encuesta 2003 se refiere a "unidad doméstica". Véase el capítulo VI, nota 1.

La búsqueda de calidad está relacionada con la disponibilidad de tierra y de fuerza de trabajo, pero también con las costumbres alimentarias de cada entorno local. La comparación de cuatro comunidades rurales nos permite identificar distintas estrategias que apuntan a tendencias diversas en el consumo y la valoración de la calidad en el maíz y la tortilla.

En la primera sección de este trabajo proponemos una tipología de acuerdo con las estrategias que pueden seguir las unidades domésticas encuestadas para abastecerse del alimento maíz/tortilla —sean o no productores— que nos permitirá clasificar las unidades domésticas y las comunidades de acuerdo con los resultados del análisis empírico. En la segunda sección se analizan las estrategias de las unidades domésticas que son productoras de maíz, a partir del análisis de las prácticas de cultivo y el costo de las mismas. La finalidad es conocer la inversión que hacen las unidades domésticas en el autoabasto del grano y el resultado económico de las estrategias emprendidas. En la tercera sección se muestran las estrategias de todas las unidades domésticas, sean o no productoras, y se estiman los costos de cada una. Finalmente se muestra la tipología de hogares de acuerdo con las estrategias seguidas para el abasto del alimento maíz/tortilla y se analizan las diferencias entre unidades domésticas y comunidades.

Las estrategias de abasto: una propuesta de análisis

Para sistematizar el análisis de las realidades productivas y de consumo de maíz en las comunidades estudiadas presentamos las posibles estrategias que pueden seguir las unidades domésticas en relación con el acceso a la tierra (poseen o no tierra propia), así como con la forma de obtener el grano de maíz y la tortilla para su consumo.

Autoabasto

Nos referimos a las unidades domésticas que poseen tierra suficiente para cultivar maíz y están dispuestas a invertir trabajo —familiar o contratado— y gasto monetario en la producción de maíz a fin de asegurar que la familia obtenga la *cantidad suficiente* de maíz para su consumo, y que este maíz cumpla con sus preferencias alimentarias; lo cual se logra al asegurar directamente la calidad de grano y depender poco del mercado. Con el cultivo de maíz el hogar trata de satisfacer la *cantidad* y *calidad* del maíz preferido.

Semiabasto

En esta categoría incluimos a las unidades domésticas que poseen tierra pero que necesitan o desean complementar su producción propia con el abasto en el mercado, sea de grano o de tortilla. Se identifican dos estrategias de semiabasto:

1) Semiabasto y calidad: son las unidades domésticas que buscan satisfacer la *calidad* del maíz y están dispuestas a adquirir grano para la elaboración doméstica de la tortilla o bien comprar tortilla de buena calidad en el mercado.

2) Semiabasto sin calidad: son las unidades domésticas que complementan la producción propia con un bien sin calidad, por lo que *sólo satisfacen la cantidad* de maíz o tortilla necesarios para su consumo. Compran grano criollo o semilla híbrida y tortillas producidas con grano no criollo y con harina, esto es, un alimento de *no calidad*.

Deficitarios

En esta categoría se encuentran las unidades domésticas que no tienen tierra para cultivo o que no la dedican al cultivo de maíz. Estas unidades tienen que satisfacer la cantidad necesaria de su alimento maíz íntegramente en el mercado. No obstante, dadas las preferencias de las familias pueden optar por *calidad o no calidad*:

1) Deficitarios con calidad: son las unidades domésticas que optan por la *calidad,* ya que compran grano y tortillas de *calidad,* así cumplen con sus preferencias alimentarias. Éstos definidos como grano criollo y tortillas elaboradas con grano criollo.

2) Deficitarios sin calidad: son las unidades domésticas que sólo buscan satisfacer la *cantidad* de maíz requerida para el consumo de la familia y adquieren una tortilla de *no calidad* en el mercado —de grano no criollo o de harina de maíz— aunque ésta suponga una pérdida de la importancia en la calidad del alimento.

De acuerdo con esta clasificación, en un horizonte de estrategias observamos que la seguridad alimentaria entendida en términos meramente *cuantitativos* sería seguida por las unidades domésticas que adquieren la tortilla o el grano de *no calidad* en el mercado, y en el otro extremo las familias que buscan *calidad.* Estas últimas entienden la seguridad alimentaria como contar con la *cantidad* necesaria y con la *calidad* deseada y no dependen del mercado.

Para el análisis de las estrategias que siguen las familias para abastecerse de maíz y tortilla se elaboró una serie de indicadores que permiten tipificar a las unidades domésticas de acuerdo con las categorías propuestas. Estos indicadores se refieren al esfuerzo que hacen las unidades domésticas en la producción de maíz mediante la inversión en trabajo y gasto monetario, en el caso de las estrategias (1-autoabasto) y (2-semiabasto); así como la forma de adquisición de maíz y de tortillas y los costos en cada caso para el conjunto de las unidades domésticas. Una sistematización de los elementos de análisis se resume en el recuadro V.1.

Recuadro V.1
Elementos de análisis

Indicadores

- Número de hogares que poseen tierra y que dedican parte o todo su predio al cultivo del maíz: indica la importancia numérica y relativa de las unidades domésticas que tienen una estrategia para obtener maíz de calidad.

- Participación del trabajo realizado por miembros de la unidad doméstica y por jornaleros contratados para el cultivo del maíz: indica las decisiones sobre la inversión de trabajo en la producción maicera, sea asignando trabajo familiar o contratando jornaleros.*

- Gasto en la producción de maíz: indica el gasto monetario en que incurren las unidades domésticas para abastecerse de maíz en cantidad y calidad. Contribuye a entender hasta qué grado están dispuestos a invertir en la producción de maíz.

- Ingreso monetario bruto por maíz: es el ingreso monetario obtenido por la venta de maíz y de la recepción del programa Procampo.

- Costos de la adquisición de grano y tortillas de diversas calidades encontradas en cada uno de los mercados locales: es el gasto (precio) en compra de grano y de tortilla en el mercado, según distintas calidades. Es un elemento para analizar las diversas estrategias de adquisición de grano y de tortillas según calidad y cantidad.

Construcciones analíticas

- Balanza monetaria maíz/tortilla: indica el costo monetario neto de las unidades domésticas para abastecerse de maíz/tortilla. Es el resultado de los ingresos monetarios derivados del maíz menos los gastos para su cultivo o adquisición de grano/tortilla en el mercado.

- Distribución de las unidades domésticas de acuerdo con sus estrategias de adquisición del maíz y tortilla: nos da la clasificación de las unidades domésticas de acuerdo con las estrategias de seguridad alimentaria que siguen las familias en cada una de las comunidades.

---

* El argumento que subyace es que la unidad doméstica decide entre la asignación del trabajo familiar y el contratado de acuerdo a sus costos de oportunidad.

La información en que se basa el análisis de las estrategias de abasto de maíz y tortilla fue obtenida en la encuesta a las unidades domésticas realizada en las cuatro localidades en 2003.

EL CULTIVO DE MAÍZ COMO SUSTENTO DE UN ALIMENTO DE CALIDAD

En el capítulo II se describieron las características de la agricultura en las comunidades estudiadas. Cabe sólo retomar algunos puntos de referencia para situar el contexto en que se encuentran las unidades domésticas en relación con la actividad agrícola y en el cual toman las decisiones sobre sus estrategias de seguridad alimentaria.

Como sabemos, existen grandes diferencias entre las comunidades, determinadas por las características agroecológicas y los contextos socioeconómicos locales que han marcado las estrategias económicas de las familias rurales en el pasado y en el presente. Esto también se refiere a las costumbres relacionadas con el cultivo de la tierra y los hábitos alimentarios, por lo que las estrategias de abasto de grano de maíz y tortilla están arraigadas en las prácticas de seguridad alimentaria de cada comunidad.

La comunidad en que la agricultura maicera tiene mayor arraigo es EPG, una comunidad rural conformada por población perteneciente al grupo étnico mazahua. La pérdida de rentabilidad de esa actividad, con el retiro de subsidios a la producción junto con la fragmentación de las parcelas, ha convertido el cultivo de maíz en una actividad para el autoconsumo. EPG también es la comunidad donde es más extendido el acceso a la tierra para la mayoría de las unidades domésticas, y a diferencia de los otros casos las parcelas cuentan con punta de riego. De allí que la mayor parte de los hogares del ejido siga practicando el cultivo de maíz.

Boye es un ejido con tierras de temporal marginales, por lo que la agricultura siempre fue destinada al autoconsumo; el cultivo de maíz se intercala con cultivos asociados a la milpa, como el frijol, las calabacitas, las habas, y el arvejón. Muchas unidades domésticas no producen maíz suficiente para cubrir sus necesidades de alimentación y tienen que comprar el grano.

La comunidad de Barranca Honda se ubica en tierras de temporal marginales y con fuertes pendientes. El cultivo de maíz siempre ha sido para autoconsumo, mientras el sorgo se destinaba a la venta. El ganado es una actividad importante. Así, la obtención de rastrojo es apreciada como alimento para el ganado.

El ejido Agua Fría está ubicado en un contexto distinto, pues se trata de una región de clima cálido y subhúmedo, con actividad ganadera; predomina la propiedad privada en los valles, y los terrenos ejidales están en las laderas de monte.[5] Estos terrenos han sufrido un severo deterioro, pues los suelos han sido deforestados y ahora desgastados por los cultivos. El cultivo de maíz es marginal y sólo para el autoconsumo. En el mismo terreno se tienen árboles frutales.

El cultivo de maíz en los hogares con tierra propia

Entre las cuatro comunidades hay diferencias importantes en el acceso a la tierra, como se observa en el cuadro V.1.

En la comunidad de EPG hay un mayor acceso a la tierra, ya que 99% de las unidades domésticas tiene tierra propia; la proporción disminuye notablemente para BH en donde 46% tiene tierra propia, 33% en Boye y sólo 16% en Agua Fría. De allí que las estrategias para abastecerse de maíz estén determinadas en primera instancia por la posibilidad de producir o no el grano.[6]

Entre los hogares que tienen tierra un *primer indicador* de la importancia que atribuyen a obtener maíz cultivado por ellos mismos es la proporción de la superficie dedicada a este cultivo.

Cuadro V.1
Acceso a la tierra en las cuatro comunidades

| | | UD *que trabajan tierra propia* | |
	Total de UD *encuestados*	*Absolutos*	*% (con respecto al total)*
EPG	114	113	99.1
Boye	79	26	32.9
BH	61	28	45.9
AF	135	21	15.6

Fuente: Encuesta, 2003.

[5] El ejido de Agua Fría comprende tres polígonos que están separados físicamente: Agua Fría, Vicente Guerrero y Guadalupe Victoria.

[6] Hay campesinos que no tienen tierra pero que cultivan maíz mediante un contrato de aparcería en terrenos de los ganaderos. El caso más interesante es el de AF. El arreglo consiste en que los aparceros ocupan un terreno en que ha crecido la maleza, lo limpian y cultivan por 4 o 5 años y se lo entregan con pasto al ganadero. Esta modalidad de cultivo se da en pocos casos.

Cuadro V.2
Uso de la tierra en unidades domésticas con tierra propia (hectáreas)

Comunidad	Promedio*	Destinadas a maíz (%)	Destinadas a otros cultivos (%)	Destinadas a ganadería (%)
EPG	1.4	99	1	0
Boye	1.7	93	4	3
BH	4.1	73	18	9
AF	9.1	59	23	18

* Las hectáreas se encuentran normalizadas por tipo de superficie a fin de hacer equivalentes las tierras con punta de riego (EPG) con las de temporal. La superficie media se multiplicó por 2, ya que los rendimientos en punta de riego equivalen al doble de una superficie de temporal.
Fuente: Encuesta, 2003.

Como puede observarse, las familias de EPG dedican 99% de la superficie de sus parcelas al cultivo del maíz, seguidas por las de Boye (93%), Barranca Honda (73%) y Agua Fría (59%) (cuadro V.2).

Las decisiones sobre el uso de la tierra están en función de múltiples factores, como la geografía, la tecnología, las cuestiones demográficas y las opciones que da el mercado para los distintos cultivos. Así por ejemplo, el tipo de suelo y el clima son condiciones que determinan el cultivo: EPG goza de las tierras más favorables, mientras que las de Boye y BH son de temporal marginales y las de AF son las menos favorables: de temporal en pendiente.

La presión demográfica sobre la tierra también varía; por ejemplo, en EPG se han subdividido las parcelas en muy pequeños lotes, de 1.4 hectáreas en promedio, mientras que BH y Agua Fría disponen en promedio de 4.1 y 9.1 hectáreas. La mayor disponibilidad de tierra, los bajos rendimientos de maíz y la trayectoria productiva de estas comunidades explican el porqué de que se dedique una menor proporción de la tierra al cultivo de maíz. En BH el sorgo, un cultivo comercial, ocupa el segundo lugar, y en Agua Fría la tierra también se destina a otros cultivos (frutales principalmente) y a potreros.

El *segundo indicador* que nos habla de la valoración que hacen las unidades domésticas sobre el maíz que se cultiva es el trabajo que están dispuestos a invertir los miembros de la unidad doméstica, así como el gasto en insumos y en el pago de jornales. A continuación analizaremos en detalle la información cuantitativa respecto a la inversión en trabajo y gasto monetario que realizan las unidades domésticas en el cultivo de maíz.

Las prácticas de cultivo y el trabajo invertido

Comencemos por una breve descripción de las prácticas de cultivo del maíz. Son cuatro los principales tipos de prácticas:[7]

- La preparación del terreno: limpia, barbecho, rastra, cruza y riego.
- La siembra.
- Las prácticas de cultivo: 1a. fertilización, 2a. fertilización, 1a. escarda, 2a. escarda, 1er. deshierbe, 2o. deshierbe.
- La cosecha y poscosecha (acarreo, desgrane y almacenamiento del grano).

El esfuerzo que dedica la unidad doméstica a trabajar con mayor o menor intensidad la milpa depende de su decisión sobre los recursos de que disponen, la redituabilidad del trabajo, y el dinero invertido, articulado a la valoración por el maíz que se cultiva.

Respecto a la inversión en jornadas de trabajo, es determinante el tipo de tracción que se utilice. Respecto a las prácticas de preparación del terreno, en EPG, Boye y BH se utiliza el tractor para el barbecho y la rastra. Estas tareas las realiza un tractorista, lo que conlleva una erogación monetaria. En AF sólo se hace una práctica de limpia —el barbecho— y es manual, pues el tractor no entra en los terrenos con pendiente, y se labora el terreno con azadón. No obstante se contrata parte de la fuerza de trabajo para esta tarea (41% del total de jornadas).

Como se observa en el cuadro V.3, hay diferencias entre las unidades domésticas y entre las comunidades en cuanto a la realización de las prácticas de limpia, pues sólo en EPG se realizan todas las prácticas, y en el caso de la cruza son pocas las unidades domésticas que la aplican. En Boye y BH se ejecutan dos prácticas fundamentales y en AF sólo una.

La siembra también se ha mecanizado hoy día: la sembradora está adherida al tractor, lo que explica la participación de jornadas contratadas pero, con la excepción de EPG, con la intervención de trabajo familiar. En AF, pese a que no se utilizan tractores, se contrata 44% de las jornadas para la siembra.

La participación de las jornadas proporcionadas por la unidad doméstica incrementa las prácticas de cultivo. La excepción es la escarda en EPG, labor que realiza el tractor. Cabe mencionar que en algunas de estas tareas hay una importante participación femenina, como ocurre en EPG y Boye.

---

[7] Los datos se refieren al ciclo de cultivo inmediato anterior a la encuesta. Esto es, el ciclo primavera-verano de 2002.

Cuadro V.3
Resumen comparativo de las prácticas de cultivo de maíz en tierras propias*

Prácticas:	EPG UD		Boye UD		BH UD		AF UD	
Limpia:	69	UD>J	6	UD=J	22	UD>J	21	UD>J
Barbecho	110	J	23	UD<J	25	UD<J		
Rastra	102	J	3	UD<J	2	J		
Cruza	5	J						
Riego	99	UD						
Siembra	111	UD<J	23	UD<J	27	UD>J	20	UD>J
Cultivo: Fertilización	107	UD>J	2	UD	24	UD>J	8	UD<J
2a Fertilización	63	UD>J			3	UD>J		
Escarda	105	UD<J	20	UD<J	11	UD>J	13	UD>J
2a escarda	75	UD<J	7	UD	4	UD<J	5	UD>J
Deshierbe	109	UD>J	18	UD>J	23	UD>J	13	UD>J
2o deshierbe	40	UD>J	5	UD>J	7	UD>J		
Cosecha	106	UD<J***	21	UD	17	UD>J	20	UD=J
Acarreo	93	J	15	UD	4	UD>J	5	UD>J
Desgrane	34	UD***>J	10	UD	6	UD=J	4	UD<J
Almacenamiento	29	UD***>J	12	UD			2	UD

* El sombreado indica que la práctica se presenta en el 50% de las UD que sembraron.
** UD-jornadas de la unidad doméstica: J-jornadas contratadas.
*** Indica predominancia de jornadas femeninas.
Fuente: Encuesta, 2003.

Las prácticas de cultivo difieren sustancialmente entre las comunidades. En EPG hay una mayor intensidad de trabajo, pues se registran todas las prácticas de cultivo en el mayor número de unidades domésticas (cuadro V.3). En BH se ejecutan tres prácticas de cultivo en la mayoría de los casos: fertilización, escarda y deshierbe, pero la segunda vuelta de estas mismas prácticas se lleva a cabo en muy pocas unidades. En cambio en Boye la fertilización casi no se practica, y a pesar de que los suelos son muy pobres, la escarda y el deshierbe son tareas que realizan sobre todo las familias. En AF se efectúan las tres principales prácticas de cultivo, pero lo hace no más de 53% de las unidades domésticas; más de 50% de las jornadas son contratadas.

En suma, se observan marcadas diferencias entre las comunidades en función del tipo de tracción que utilizan, pero también de su inversión en las prácticas de cultivo. Mientras que en EPG es mayor la dedicación al cultivo de maíz en términos de la inversión de trabajo, en Boye y en AF se han dejado de ejercer algunas prácticas.

La minimización de las prácticas de cultivo es una estrategia que se ha observado no sólo en estas comunidades sino en los ejidos de todo el país. En la medida en que no se busca obtener un excedente para la venta se trata de ahorrar esfuerzo de trabajo y dinero destinados al cultivo de maíz (De Janvry, Sadoulet y Gordillo, 1997).

La cosecha en EPG se realiza mayormente con fuerza de trabajo contratada, que desempeña 83% de las jornadas,[8] a diferencia de las otras tres comunidades: en Boye 95% de la cosecha la levantan miembros de la unidad doméstica, en BH 63% y en AF 50 por ciento.[9]

En Boye las actividades de poscosecha —acarreo y desgrane— son todas realizadas por jornadas familiares, en EPG el acarreo se contrata, ya que se utilizan camionetas, y en el desgrane participan ambos tipos de trabajo, incluyendo el femenino. En BH y AF no se registró mayor número de casos en estas actividades.

En conclusión, las estrategias de cultivo son claramente distintas entre las unidades domésticas, marcadas de acuerdo con la comunidad a la que pertenecen. En tres de ellas se aplican estrategias de minimización de prácticas. Respecto a la asignación de la fuerza de trabajo —sea contratada o de la unidad doméstica—, una primera diferenciación radica en la tracción utilizada, pues cuando se requiere tractor es necesario contratar el servicio a un tractorista, lo cual implica un costo monetario. En las prácticas de cultivo —fertilización y deshierbe— y la cosecha, la estrategia difiere entre comunidades. En EPG hay mayor presencia de jornaleros, incluyendo mujeres. En Barranca Honda predomina la mano de obra de la unidad doméstica. En Boye son principalmente los jornaleros quienes preparan el terreno y siembran, aunque no se encargan de las otras prácticas de cultivo, donde intervienen mujeres. En Agua Fría hay presencia de jornaleros en mayor proporción en la fertilización, el acarreo y el desgrane pero son prácticas que desempeñan pocas unidades domésticas.

---

[8] Destaca la participación de las jornadas femeninas contratadas, que corresponden a 69% del total.

[9] Cabe mencionar que en BH sólo 63% de las unidades domésticas que sembraron logró cosechas debido a las inundaciones sufridas durante el ciclo primavera-verano.

De lo anterior se infiere que el cultivo de maíz no es una actividad a la que se destine la principal fuerza de trabajo de la unidad doméstica. La contratación y el pago de jornadas es una estrategia presente en todas las comunidades, si bien con distinta importancia relativa. Podemos afirmar que las familias están dispuestas a invertir en salarios para obtener el maíz, y no necesariamente destinan un trabajo marginal al cultivo. Puede ser más redituable para los poseedores de la tierra pagar a jornaleros para que cultiven el maíz que ellos prefieren consumir, mientras los miembros de la unidad doméstica realizan una actividad no agrícola. En otras palabras, las familias están dispuestas a erogar un gasto monetario en salarios para obtener maíz de *calidad*. Veamos a continuación los costos de esta estrategia.

El costo del cultivo del maíz

El costo por unidad doméstica es un indicador de la diferenciación de las estrategias en el cultivo del maíz, pues refleja el gasto en que están dispuestas a incurrir las unidades domésticas para abastecerse de maíz propio, aunque también refleja las diferencias en las condiciones locales de cultivo.

El cuadro V.4 presenta la información sobre los costos en que incurren las unidades domésticas que cuentan con parcelas propias y que cultivan maíz en cada una de las comunidades analizadas.

Para que esta información sea representativa de las decisiones que toman las unidades domésticas respecto a la inversión en el cultivo del maíz se muestran las prácticas productivas realizadas y los insumos utilizados por más de 80% de las unidades domésticas en cada comunidad. Ello implica que pueden existir familias que realicen más gastos de los que se consignan, pero no representan la estrategia de producción más usual.

La información del cuadro V.4 indica que en EPG las unidades domésticas registran un costo más alto debido a la mayor intensidad de las prácticas de cultivo, ya que como se vio, es la única comunidad en que se realizan todas las prácticas; también es la única en donde la mayoría de las unidades domésticas hacen un gasto monetario en insumos, pues tiempo atrás se abandonó la práctica de dejar en barbecho una parte del terreno y ahora son necesarios el fertilizante y la aplicación de herbicidas, técnicas que se introdujeron en los setenta con los créditos y la comercialización del cultivo. En BH el costo principal es la inversión en la preparación del terreno y en la siembra, es decir, el costo del tractorista. En AF los costos más elevados corresponden a la limpia y la cosecha; se trata del pago de mano de obra. En Boye se registra la menor inversión monetaria por unidad doméstica en el cultivo de maíz y también corresponde a salarios, principalmente en las prácticas de cultivo.[10]

---

[10] El costo por hectárea sigue el mismo orden por rango entre las comunidades (véase el cuadro V.6).

Cuadro V.4
Prácticas productivas: costos monetarios por unidad doméstica (pesos)

Prácticas productivas e insumos principales	EPG	Boye	BH	AF
Limpia Mano de obra*	1775	1196	3065	2840
Siembra Mano de obra Insumos: semilla	586	1166	1482	644
Cultivo Mano de obra	1284	2171	2941	
Insumos: agua	17			
fertilizante	1075			
herbicida	287			
Cosecha Mano de obra	2680	641		2008
Costo total de mano de obra	6325	5174	7488	5492
Costo total de insumos	1379	0	0	0
Costo total de prácticas	7704	5174	7488	5492

* Pago por maquila.
Fuente: Encuesta, 2003.

Las estrategias de abasto de maíz y tortilla: un análisis de los costos monetarios

A continuación se analiza el costo de abastecerse con el alimento maíz-tortilla para las unidades domésticas. Para ello se ha construido una ecuación que muestra los flujos monetarios que resultaron de la obtención y el destino del maíz para cada unidad doméstica (véase el recuadro V.2).

En nuestro análisis estimamos primero el ingreso monetario proveniente del maíz, incluyendo los ingresos monetarios de la venta de maíz más el pago de Procampo, y después los gastos en que incurren las unidades domésticas para el abasto del alimento, es decir, los costos de cultivo más la compra del grano o de las tortillas.

Recuadro V.2
Estimación del costo de abasto de maíz y tortilla

Balanza monetaria maíz = Ingreso monetario por maíz–costo monetario de abasto maíz/tortilla

Ingreso monetario por maíz = ventas de maíz + ingreso Procampo

Costo monetario por abasto de alimento maíz = (costo de jornales en cada práctica de cultivo + costo de insumos) – (gasto en compra de maíz + compra de tortilla)

Los elementos de esta ecuación nos muestran los flujos monetarios en que incurren las unidades domésticas como resultado de las distintas estrategias de abasto de maíz y tortilla. Debido a la diferencia fundamental entre la estrategia de autoabasto y semiabasto respecto a la estrategia deficitaria, se hace primero el análisis de las estrategias correspondientes a las unidades domésticas productoras. Estas unidades incurren en estrategias más complejas para aprovisionarse de maíz frente a las unidades domésticas no productoras, que tienen menos opciones para abastecerse.

Resultados del cultivo del maíz: la balanza monetaria de las unidades domésticas productoras

Las unidades domésticas que cultivan maíz pueden recibir ingresos por la venta de maíz y por el pago Procampo. Son pocas las unidades domésticas que lograron ingresos por la venta de maíz, como se observa en el cuadro V.5. De hecho sólo destacan EPG y AF. En cambio más de 60% de las unidades domésticas productoras reciben Procampo, y en EPG llega a 93% (véase el cuadro V.5).

Una vez calculado el ingreso monetario obtenido por la unidad doméstica asociado al cultivo y al apoyo de Procampo, se estimó lo invertido en el cultivo y en la compra de grano.[11] Al costo total de procuración del grano de maíz se sumó

---

[11] Se refiere a las estimaciones obtenidas para el cuadro V.4.

el costo de la compra de tortillas que hizo la unidad doméstica. El resultado fue el costo neto de obtener el alimento maíz-tortilla. Con este resultado se elaboraron dos ejercicios: *i)* analizar la rentabilidad de la producción y abasto para las unidades productoras; y *ii)* hacer el mismo análisis para el total de las unidades domésticas, productoras o no. Se clasifica cada unidad doméstica por estrategia y costo de la misma.

Cuadro V.5
Unidades domésticas que venden maíz y unidades
domésticas que reciben Procampo

	EPG		*Boye*		*BH*		*AF*	
	%	*Núm.*	*%*	*Núm.*	*%*	*Núm.*	*%*	*Núm.*
Venta de maíz	38	42	2	1	13	4	24	18
Procampo	93	106	23	19	97	26	61	13

Fuente: Encuesta, 2003.

Para el punto *i)* se clasificaron las unidades domésticas productoras de acuerdo con los resultados obtenidos en las transacciones de maíz; a este resultado lo denominamos *balanza monetaria del maíz*. Con base en dicha balanza se construyó una sencilla tipología de las unidades domésticas productoras y consumidoras de maíz y tortilla.

La tipología se refiere a la situación de cada unidad doméstica en relación con el grado de recuperación que logran los productores respecto a la inversión realizada en el cultivo. Para obtener este porcentaje se dividió la suma del ingreso de la unidad doméstica derivado de la venta de maíz más el pago de Procampo entre los costos de mano de obra contratada y los insumos utilizados en el cultivo. Como resultado se clasificó a las unidades domésticas en tres categorías:

1) Productores en balance monetario: los que recuperan su inversión con una mínima pérdida o ganancia, en un rango de -10% a 10 por ciento.

2) Productores con pérdida monetaria: pierden más de 10% de la inversión monetaria realizada en el cultivo.

3) Productores con ganancia monetaria: logran recuperar su inversión y obtener una ganancia de más de 10 por ciento.

Sólo 14% de las unidades domésticas productoras se encuentran en una situación de ganancia monetaria respecto al abasto de maíz. Cabe observar que es el caso de alrededor de un tercio de las unidades domésticas en AF y Boye. La mejor situación relativa de estas unidades domésticas se puede atribuir a la baja inversión en el cultivo, esto es, se cultiva pero con una mínima inversión, tanto por unidad doméstica como por hectárea. La diferencia en el costo por hectárea indica lo anterior.[12]

Cuadro V.6
Distribución de las unidades domésticas productoras
de acuerdo con el balance monetario en el abasto de maíz

Comunidad	En balance monetario		Pérdida monetaria		Ganancia monetaria		Total
	UD %	costo/ha*	UD %	costo/ha	UD %	costo/ha	UD %
EPG	2 (2)	5 266 (3.8)	104 (94)	5 662 (2.0)	5 (5)	3 972 (4.5)	111 (100)
Boye	1 (4)	754 NA	13 (57)	1 482 (1.5)	9 (39)	716 (2.2)	23 (100)
BH	1 (4)	4 400 NA	21 (78)	2 341 (1.5)	5 (19)	1 489 (0.9)	27 (100)
AF	2 (10)	2 424 (4.1)	11 (55)	1 542 (1.2)	7 (35)	649 (1.3)	20 (100)

* Los costos por hectárea presentan la media aritmética de los distintos tipos de productos por comunidad; los valores en paréntesis el coeficiente de asimetría.

También son pocas las unidades domésticas que se encuentran en balance monetario.

El común denominador de las unidades domésticas en las tres comunidades es la pérdida monetaria, que corresponde a 82% de las unidades en total. Sin embargo hay notables diferencias entre las comunidades, pues en EPG y BH es mayor la proporción de unidades con pérdida (94% y 78%, respectivamente).[13]

---

[12] Los números entre paréntesis de la columna costos por hectárea reflejan el coeficiente de asimetría de las distribuciones. En los casos de los productores en balance monetario de la comunidad de Agua Fría y en ganancia monetaria de Emilio Portes Gil, este coeficiente es alto, lo que muestra una amplia distribución de costos entre ellos.

[13] En el caso de EPG Wiggins y Preibisch (2001) señalan que la pérdida se compensa con el ingreso por la producción de rastrojo destinado al ganado. Una situación similar puede ocurrir en BH donde el ganado es importante.

En cambio, en AF y Boye el porcentaje de unidades con pérdida apenas rebasa la mitad de las productoras de maíz.

La frecuencia de los casos de pérdida en EPG confirma que es allí donde se hace un mayor esfuerzo de trabajo e inversión monetaria para obtener maíz vía el autoabasto, no obstante el costo que representa tanto por unidad doméstica como por hectárea. Si recordamos el contexto local de las comunidades encontramos que EPG tiene una tradición de cultivo de maíz para autoconsumo, como lo fuera antes para la comercialización. Hoy día las unidades domésticas de EPG siguen una estrategia de cultivo para satisfacer sus requerimientos de maíz que les acarrea pérdidas monetarias, lo cual inhibe los incentivos para producir excedentes para la venta, a diferencia de lo que sucedía en décadas pasadas, cuando se vendía maíz a Boruconsa-Conasupo.

En cambio en AF y Boye es claro que si bien se cultiva maíz, el esfuerzo se minimiza y es probable que encontremos familias que sigan distintas estrategias en la búsqueda de su seguridad alimentaria. En cuanto a BH, cuyos costos por hectárea son los más elevados después de EPG, es probable que se buscara obtener el autoabasto pero no se logró. La alta incidencia de déficit monetario puede deberse a la inversión en una cosecha que sufrió pérdida por factores climatológicos —como sucedió en los ciclos 2002 y 2003— y que obligó a la compra de alimentos. Sobre esto se hablará más adelante.

LAS ESTRATEGIAS DE APROVISIONAMIENTO DE MAÍZ Y TORTILLA: UNIDADES DOMÉSTICAS PRODUCTORAS Y NO PRODUCTORAS

Hasta ahora hemos analizado los costos de aprovisionamiento del alimento maíz-tortilla centrándonos en las unidades domésticas que producen maíz. Ahora nos referiremos a las estrategias de aprovisionamiento de maíz-tortilla tanto de las unidades domésticas productoras como de las *no* productoras. El objetivo es identificar qué estrategias siguen las unidades domésticas de acuerdo con sus opciones y cuál es el costo de cada una de estas estrategias.

Las cinco categorías referentes a las estrategias propuestas al inicio del capítulo son: el autoabasto, el semiabasto con *calidad*, el semiabasto con *no calidad*, la deficitaria con *calidad* y la deficitaria con *no calidad*.

Recordemos que el autoabasto sólo es una opción para las unidades domésticas productoras. La combinación de abasto propio y mercado (semiabasto) es opción tanto para las productoras como para las no productoras. El abastecerse exclusivamente en el mercado es una opción viable para todas las unidades domésticas, tengan o no producción (tierra), pero obviamente es la única para las que no tienen acceso a tierra (deficitarias). No obstante, éstas y todas las unidades domésticas tienen la opción de escoger la calidad de maíz-tortilla que prefieran. Veamos ahora el resultado monetario de las distintas estrategias.

El caso de las unidades domésticas con la estrategia de autoabasto es ahora más sencillo, ya que el costo de abasto se refiere al ingreso por maíz menos el costo de cultivo, analizado anteriormente.

En todos los casos en que se acude al mercado —sean unidades domésticas en semiabasto o deficitarias— hay más opciones respecto a la manera en que se adquiere el alimento en el mercado, ya que se puede comparar el grano para la elaboración doméstica de tortillas, o la tortilla ya elaborada.

Algunas unidades domésticas sólo compran grano, y no tortilla, debido a que confieren a la elaboración de la tortilla en el interior del hogar un valor particular. Hay también familias que combinan las dos formas: adquieren grano en el mercado y complementan sus necesidades de maíz con la compra de tortilla. La compra de tortilla también puede deberse a distintas razones, entre las cuales destaca el no tener tiempo para elaborar la tortilla en casa.[14]

Entre las dos categorías —semiabasto y deficitaria— la situación de semiabasto es la más compleja por la combinación de opciones que presenta.

Cuadro V.7
Estrategias de abasto de tortillas

A. Unidades domésticas que sólo consumen tortillas elaboradas en la UD
(Autoabasto)

Comunidad	Núm. UD	Promedio anual (kg)
EPG: blanco criollo	88	884
no especificado	3	676
Boye: blanco criollo	17	520
blanco híbrido	1	1092
harina de maíz	3	364
no especificado	3	832
BH: blanco criollo	7	572
blanco híbrido	5	988
AF: blanco criollo	15	520

[14] Entrevistas realizadas en trabajo de campo.

B. Unidades domésticas que consumen tortillas elaboradas en la UD y compran (Semiabasto)

Comunidad	Tortillas elaboración UD		Tortillas compradas		
	Núm. UD	Promedio anual (kg)	Núm. UD	Promedio anual (kg)	Precio
EPG: blanco criollo	16	728	15	260	6.3
no especificado			1	52	4.2
Boye: blanco criollo	13	468	2	104	5.2
blanco híbrido			1	208	5.0
harina de maíz			23	208	5.0
no especificado	10	520	1	468	5.0
no sabe	7	624	3	208	5.0
BH: blanco criollo	3	780			
blanco híbrido	4	312	2	260	5.5
harina de maíz			5	728	5.9
AF: blanco criollo	28	520	22	312	4.5
blanco híbrido	1	676	1	52	4.5
harina de maíz			5	364	4.6
no especificado	1	520	1	572	4.5

C. Unidades domésticas que sólo compran tortilla
(Deficitaria)

Comunidad	Núm. UD	Promedio anual	Precio
EPG: blanco criollo	6	312	6.3
harina de maíz	2	832	4.2
Boye: blanco criollo	1	416	5.0
harina de maíz	17	520	5.2
BH: blanco híbrido	2	624	5.5
barina de maíz	31	468	5.9
AF: blanco criollo	55	520	4.5
blanco híbrido	2	364	4.5
harina de maíz	7	675	4.6
no sabe	1	572	4.5

Recuadro V.3
Las estrategias de abasto de tortillas

Hay marcadas diferencias en las estrategias de abasto de tortilla entre las comunidades. Una tortilla de calidad se obtiene mediante su elaboración doméstica con grano propio o comprado. Ésta es la estrategia predominante en EPG.

La combinación de la elaboración doméstica y la compra de tortilla es importante en Boye y AF. En Boye se marca una diferencia, ya que en la elaboración doméstica se utiliza grano criollo, mientras que la tortilla comprada es hecha con harina de maíz. En cambio en AF ambas formas de abasto son principalmente tortillas de maíz criollo.

Para las unidades domésticas que sólo compran tortilla hay opciones de calidad distintas entre las comunidades. EPG y AF prefieren la tortilla de calidad —maíz criollo—, mientras que en BH y Boye se opta por la tortilla de harina de maíz.

El precio no parece ser un factor de selección de la tortilla. Sólo en EPG hay una diferencia por calidad con un sobreprecio a la tortilla de maíz criollo. En BH la tortilla de harina de maíz resulta 40 centavos por kilo más cara que la de maíz elaborada con grano híbrido, sin embargo es la opción más frecuente.

Las unidades domésticas en semiabasto que no logran o no desean un autoabasto de grano (es decir, que no producen o destinan lo suficiente para satisfacer su consumo) pueden hacer combinaciones más o menos complejas para satisfacer sus necesidades de maíz tortilla. Pueden comprar grano y elaborar las tortillas en el hogar, pueden comprar las tortillas ya elaboradas, o pueden hacer una combinación de ambas. También tienen la opción de obtener el maíz de acuerdo con sus preferencias, pues pueden comprar distintas calidades de grano y de tortilla. Hay también unidades domésticas que compran grano exclusivamente para el ganado, pero logran el autoabasto para su consumo.

Finalmente, las unidades domésticas que no tienen o no desean la opción de producir maíz (no productoras) tienen que acudir al mercado para abastecerse del alimento. En el caso de semiabasto las unidades domésticas tienen la opción de comprar grano o tortillas y de decidir sobre la calidad que adquieren. Las familias no productoras que se abastecen de maíz tanto mediante la compra de grano como de tortilla son evidentemente deficitarias en la contabilidad monetaria.

En conclusión, en todos los casos en que acuden al mercado, los hogares escogen la calidad de su alimento. Se infiere que la compra de grano para la elaboración doméstica de la tortilla supone la posibilidad de una mejor calidad —aunque no necesariamente sea así, como ocurre en BH (véase el recuadro V.3)—. En el caso de la compra de tortilla también hay la opción de calidad (véanse el cuadro V.7 y el recuadro V.3), sin embargo se hace más compleja la posibilidad de rastrear su situación respecto a la preferencia por una tortilla de calidad, pues se incrementa la posibilidad de encontrarse ante familias con mayor necesidad en términos de seguridad alimentaria respecto al maíz; esto es, donde hipotéticamente es la cantidad y no la calidad el criterio de elección predominante.

A continuación analizaremos las estrategias de abasto de maíz y tortilla de las unidades domésticas en las cuatro comunidades a fin de tipificarlas y cuantificar el costo de cada una de ellas. Con ello podremos finalmente identificar las distintas estrategias entre éstas y entre las comunidades y concluir sobre sus preferencias en cuanto a la *calidad* o *no calidad* de su alimento básico.

El costo de las distintas estrategias de abasto de maíz y tortilla

A fin de concluir el ejercicio para identificar las estrategias de seguridad alimentaria analizaremos a continuación el costo de cada una de ellas.

Para cada estrategia de abasto se estimó el costo de adquisición del alimento maíz- tortilla. Dicho costo fue estimado con base en la ecuación que aparece en el recuadro V.2. Los resultados se observan en el cuadro V.8.

Cuadro V.8
Estrategias y costo de la seguridad alimentaria (maíz/tortilla)

Estrategia	Datos	EPG	Boye	BH	AF	Total general
Autoabasto	Promedio de costos netos	$3952	$349	$1061	-$1678	$3483
	Cuenta de clave	84 (75.0%)	3 (4.0%)	6 (11.1%)	3 (2.4%)	96 (26.2%)
Deficitarias: produce-calidad	Promedio de costos netos		$2045	$1200	$2248	$2202
	Cuenta de clave		19 (25.3%)	1 (1.9%)	86 (68.8%	106 (29.9%)
Deficitarias: produce-no calidad	Promedio de costos netos		$2680	$3183	$2436	$2790
	Cuenta de clave		32 (42.6%)	26 (48.1%)	19 (15.2%)	77 (21.0%)
Semiabasto-calidad	Promedio de costos netos	$5181	$1749	$3002	$839	$3350
	Cuenta de clave	25 (22.3%)	8 (10.6%)	1 (1.9%)	13 (10.4%)	47 (12.8%)
Semiabasto-no calidad	Promedio de costos netos	-$2645	$2590	$4795	-$2679	$2773
	Cuenta de clave	3 (0.9%)	13 (17.3%)	20 (37.0%)	4 (3.2%)	40 (10.9%)
Total promedio de costos netos		$4050	$2311	$3504	$1878	$2871
Total cuenta de clave		112 (100%)	75 (100%)	54 (100%)	125 (100%)	366 (100%)

Fuente: Encuesta, 2003.

Las estrategias de abasto y calidad muestran diferencias entre comunidades. Como ya se ha indicado, en EPG la producción propia es la estrategia predominante, así como la búsqueda de *calidad*; allí una alta proporción de unidades domésticas logra el autoabasto (75%). Entre sus opciones es la menos costosa, pues la segunda estrategia, las de *semiabasto con calidad*, resulta más costosa. En esta comunidad la obtención de calidad es buscada por casi todas las unidades domésticas, ya que producen el total o una parte del grano. Como se observa en el cuadro V.7, en el caso de compra de tortilla se prefiere la de maíz blanco criollo aunque su precio sea relativamente más alto. La preferencia por el maíz criollo se observó también en el pasado, cuando se sembraba una parte de la tierra con semilla híbrida, cuya cosecha se destinaba a la venta, y otra parte con semilla criolla para el consumo de la familia (Appendini, 1988).

Las demás comunidades muestran estrategias combinadas, lo que obedece en parte a que la mitad o más unidades domésticas no producen maíz. En ninguna de las tres comunidades restantes es importante el autoabasto.

En Boye 28% de las unidades domésticas está en la categoría de semiabasto, con la compra de *no calidad* como la forma complementaria más importante (17%). Es deficitario 68% de las unidades domésticas, y también la mayoría opta por la compra de *no calidad*.[15] No obstante, 25.3% de las familias no productoras opta por la compra de calidad. Se trata de grano para la elaboración doméstica de tortillas, ya que la tortilla de harina Maseca es la opción de compra. La diferencia en el precio por kilo de tortilla según el tipo de maíz es mínima 0.20 pesos más para el criollo (cuadro V.7).

En el caso de Boye la opción menos costosa es el autoabasto, pero muy pocas unidades domésticas la adoptan; la predominante en el mercado, la *no calidad*, es la más costosa tanto para la categoría de semiabasto como para la deficitaria, lo cual puede deberse a la devaluación de los maíces criollos para algunos consumidores, como sucede entre la población urbana, o a los límites de un mercado local para maíces criollos.

En BH también predomina la opción de no producir y *no calidad* (48.1%). Las unidades domésticas en la categoría de semiabasto con *no calidad* siguen en importancia (37%). En ambos casos las opciones *no calidad* son más costosas que la compra de calidad, pero ésta registra muy pocos casos. En BH la opción más costosa es el semiabasto *no calidad*, mientras que la menos costosa es el autoabasto, sin embargo sólo 11% adopta esta forma. El hecho de que una parte de las unidades domésticas se ubique en la categoría semiabasto puede ser consecuencia de que tuvieron la expectativa de lograr el autoabasto pero al fallar la cosecha por siniestro se vieron forzadas a acudir al mercado. En BH no hay una estrategia

---

[15] Las cifras no necesariamente coinciden con las del cuadro V.7 debido a que aquél se refiere sólo al abasto de tortilla. El V.8 comprende la compra de grano y de tortillas.

de calidad; incluso el maíz híbrido es la semilla que se utiliza en la siembra y no existe un mercado de tortillas elaboradas con maíz criollo (véase el cuadro V.7), de allí que la *no calidad* sea la estrategia predominante.

En AF también se advierte que la producción propia no es la estrategia predominante, ya que 84% de las unidades domésticas no produce maíz. La mayoría de las unidades compran maíz-tortillas de *calidad* (68.8%), que también es la opción más barata (la diferencia en precio por kilo de tortilla es mínima, según se aprecia en el cuadro V.7). El costo de la estrategia de comprar *no calidad* (15%) es ligeramente más elevado, quizás por la misma razón que en Boye. Cabe mencionar que en AF el abasto y el semiabasto *no calidad* registran costos negativos, o sea ganancias, pero son pocos casos (5.6%). El semiabasto con *calidad* tiene un menor costo que las categorías deficitarias debido a la poca inversión en el cultivo de maíz; sin embargo el cultivo es una opción restringida por la falta de acceso a tierra.

En suma, en el cuadro V.8 se muestra que dentro de cada comunidad la opción de autoabasto es la menos costosa (excepto en AF), pero sólo en EPG es factible para la mayoría de las unidades domésticas. En las estrategias de semiabasto y deficitarias la *calidad* no resulta la opción más costosa en relación con la *no calidad*. Es el caso de BH y de Boye, si bien por razones distintas, como se expone en los párrafos anteriores.

Sin embargo se observa que la opción más costosa entre las comunidades se presenta en EPG debido a la mayor inversión en el cultivo, de ahí que haya incentivos para desarrollar mercados locales o regionales.

En conclusión, los resultados muestran estrategias muy diversas asociadas al acceso a la tierra, la importancia del cultivo de maíz, las condiciones del mercado local, los costos de abasto y las preferencias.

Sólo en EPG se observa una estrategia que busca calidad y ésta se logra mediante la propia producción. Es también la opción más costosa entre las de las cuatro comunidades analizadas. Esta estrategia se ha identificado con la cultura campesina e indígena (Appendini, García, De la Tejera, 2003), de allí que EPG sea la única comunidad en que se confirma la hipótesis de que los campesinos buscan un maíz de calidad. Si bien esas unidades domésticas lo pagan más caro que las de las otras comunidades, les resulta la opción menos costosa, es una opción "racional".

Este comportamiento no se ve tan claro en las otras tres comunidades porque no todas las unidades domésticas tienen acceso a la tierra. Lo anterior puede indicar que la preferencia de las unidades domésticas por tortilla de calidad está cambiando ante las tendencias en los patrones de consumo de tipo urbano en el sentido de que van abandonando sus preferencias por una tortilla de calidad, adaptándose a las condiciones del mercado local.

Cabe subrayar, contra nuestro argumento inicial, que la calidad no necesariamente implica un mayor costo. La pregunta es entonces ¿por qué una parte importante de las unidades domésticas no sigue esta estrategia, sea por medio del autoabasto o del mercado? Una posible respuesta va en el sentido de que la falta de acceso a la tierra o el mercado local no ofrecen otra opción, y así las preferencias de las unidades domésticas están cambiando.

La preferencia por un alimento de calidad no está generalizada en el campo mexicano y puede perderse rápidamente en el proceso de descomposición de la agricultura, incluso de subsistencia.

Mientras que en forma global las políticas públicas y las preferencias de los consumidores están tomando en cuenta cada vez más la calidad en la seguridad alimentaria, las tendencias en nuestro país parecieran seguir un camino opuesto. Para revertir esta tendencia sería necesario instaurar una política pública explícita que valorara la calidad y que rescatara la producción maicera de calidad en las regiones aptas para lograr esa producción, como es el caso de EPG.

BIBLIOGRAFÍA

Appendini, K. (1988), "Los productores campesinos en el mercado del maíz", *Revista mexicana de sociología,* núm. 1, Instituto de Investigaciones Sociales, UNAM, México.

_____, Appendini, K., R. García y B. de la Tejera (2003), "Seguridad alimentaria y 'calidad' de los alimentos: ¿una estrategia campesina?", *Revista europea de estudios latinoamericanos y del Caribe,* núm. 75, octubre, CEDLA, Amsterdam, pp. 65-83.

Comisión de las Comunidades Europeas (2000), *Libro blanco sobre seguridad alimentaria,* Comisión de las Comunidades Europeas, Bruselas, en <http://europe.eu.int?eur-lex/es/co,/wpr/1999/com1999-0719es01.pdf>.

FAO (1996), *Plan of Action,* World Food Summit, Roma.

Janvry A. de, G. Gordillo y E. Sadoulet (1997), *Mexico's Second Agrarian Reform: Household and Community Responses,* Universidad de California, San Diego.

Maxwell, S. y R. Slater (2003), "Food Policy Old and New", *Development Policy Review,* vol. 21, núm. 5 y 6, ODI, Londres.

Wiggins, S., K. Preibisch y S. Proctor (2003), "Agriculture and Diversification in Rural Mexico", Seminario de EAAE Livelihoods and Rural Poverty: Technology, Policy and Institutions, septiembre, Wye Imperial College, Reino Unido.

VI. VALOR ECONÓMICO DE LA SEGURIDAD ALIMENTARIA DE MAÍZ EN UNIDADES DOMÉSTICAS PRODUCTORAS DEL CENTRO DE MÉXICO

Valdemar Díaz Hinojosa

Algunos autores han argumentado que la "forma de vida campesina" se caracteriza por la búsqueda de una provisión de alimentos que satisfaga tanto la cantidad como la calidad deseadas por la unidad doméstica.[1] Este concepto coincide con la definición de *seguridad alimentaria* propuesta por la Organización de Naciones Unidas para la Agricultura y la Alimentación (FAO, por sus siglas en inglés), que menciona la preferencia como parte de dicha definición.[2] Se ha observado que para alcanzar tal seguridad la unidad doméstica dispone de su propia fuerza laboral y de los ingresos monetarios que obtiene al ofrecer una parte de dicha fuerza en el mercado de trabajo.

De esta manera, la vida campesina puede alcanzar una seguridad alimentaria gracias a que la unidad doméstica dedica trabajo de la propia unidad (en adelante lo denominaremos "trabajo doméstico") a actividades agrícolas y transfiere o invierte ingresos obtenidos en actividades no agrícolas. Estos ingresos pueden utilizarse para adquirir los insumos que son necesarios en las prácticas agrícolas que realizan los propios miembros de la unidad doméstica (limpiar la tierra, prepararla para la siembra, comprar granos, fertilizantes, sembrar, cuidar el cultivo, deshierbar, cosechar, almacenar, etc.) o para contratar fuerza de trabajo y servicios ajenos a la unidad doméstica con el fin de realizar dichas prácticas (por ejemplo el servicio de un tractor o de una yunta para surcar o limpiar el terreno, o de jornaleros para cosechar). La cantidad de fuerza de trabajo ocupada en la agricultura y el monto de los ingresos invertidos en ella resultan de las decisiones endógenas de la unidad doméstica para producir; las transferencias del Estado

---

[1] Por *unidad doméstica* entendemos al grupo de personas que comparten una vivienda, independientemente de los vínculos familiares, y tienen un "jefe" o "jefa" que se encarga de tomar las decisiones de producción y consumo. Dentro de los miembros de la unidad doméstica incluimos a los hijos e hijas, en caso de haberlos, aunque no habiten en la vivienda. Llamamos *hogar* al conjunto de personas que habitan la misma vivienda: la cantidad de miembros de la unidad doméstica es igual o mayor que los del hogar. Esta definición coincide con la de Sadoulet y de Janvry (1995: 140).

[2] "La seguridad alimentaria existe cuando todas las personas tienen en todo momento acceso material y económico a suficientes alimentos inocuos y nutritivos para satisfacer sus necesidades alimenticias y las preferencias alimenticias a fin de llevar una vida activa y sana", <http://www.fao.org/spfs/index_es.asp>.

(por ejemplo Procampo) son exógenas al ámbito de decisión de la unidad doméstica. Desde esta perspectiva la mano de obra, los ingresos y las transferencias condicionan económicamente la producción campesina.

Dado que comúnmente el trabajo doméstico no recibe un pago a cambio de su realización, la valoración económica de la producción campesina no es directa, por lo que es necesario recurrir a métodos indirectos que aproximen de manera sistemática y teóricamente fundamentada tal valoración. Uno de estos métodos imputa un valor al trabajo doméstico con base en el costo de oportunidad del mismo.[3] En las localidades donde existe un mercado laboral agrícola el costo de oportunidad del trabajo doméstico agrícola es el salario observado en el mercado local. Así, existe la posibilidad de valorar el producto campesino no sólo de manera contable (erogaciones monetarias) sino también económica (erogaciones monetarias más costos imputados).

Por otro lado, también se ha argumentado que esta forma de vida campesina se contrapone con las políticas que los gobiernos federales han impulsado históricamente: mientras la vida campesina puede buscar una seguridad alimentaria como lo define la FAO: acceso-cantidad-calidad, las políticas del Estado mexicano han sacrificado la calidad para satisfacer al menor costo la cantidad y han promovido el acceso subsidiándolo (Appendini, De la Tejera y García, 2003).

En esta aseveración es necesario subrayar que el producto agrícola de referencia es el maíz: la "calidad" de este cultivo se relaciona tanto con factores agroecológicos que condicionan la producción (tiempo de maduración, adaptación al clima, rendimientos relacionados con cultivos asociados), como de consumo (características organolépticas tales como sabor, color, textura, tiempo de cocción) y almacenaje. Los conocimientos y las prácticas locales campesinos e indígenas han favorecido una selección de granos de maíz acordes a la calidad deseada; las variedades de tales granos se nombran en general "criollas".

En contraparte a las variedades criollas existen las "híbridas". Éstas resultan de experimentaciones científicas sobre el grano que modifican su productividad (granos por mazorca), su resistencia a plagas, etc., y redundan en una disminución de costos por cantidad de grano. Forman parte de "paquetes tecnológicos" en los que la producción requiere, más que fuerza de trabajo, disponibilidad segura de agua, fertilizantes y plaguicidas, así como créditos que den acceso a tales recursos productivos. Esto es sobre todo accesible a la agricultura empresarial, no así a la campesina. A su vez este tipo de agricultura obtiene economías de escala

---

[3] Otro método consistiría en preguntar a los consumidores, rurales o urbanos, cuánto estarían dispuestos a pagar por un producto agrícola de calidad. Esta valoración del producto campesino se basaría en la demanda del mismo (por ejemplo, tortillas elaboradas con maíz azul), mientras que la imputación se enfoca en la oferta.

porque cuenta con extensiones de cultivo mayores, lo cual también redunda en disminución de costos.

La producción de variedades híbridas de maíz provee de esta manera la cantidad necesaria a un menor costo, tal y como lo busca la política de Estado, aunque a cambio sacrifica la calidad (en cuanto a condiciones de consumo principalmente) buscada por la forma de vida campesina.

Para los propósitos de este trabajo diremos que la producción de maíces criollos es propia de la seguridad alimentaria, tal como lo entienden los campesinos, y la de maíces híbridos de lo que entiende el Estado por seguridad alimentaria.[4]

Una diferencia fundamental entre las formas de producción de maíces criollos e híbridos es la tecnología: mientras la producción criolla es intensiva en mano de obra, la híbrida es intensiva en capital (maquinaria, fertilizantes, herbicidas, crédito). Esto tiene como consecuencia que el valor (costo) de la producción de maíces criollos sea mayor que el de los maíces híbridos, principalmente por las economías de escala mencionadas y porque es ésta la variedad que fija el precio internacional basado en la producción estadounidense altamente subsidiada.

Un problema que resulta de tal contraste entre las políticas de Estado y la forma de vida campesina, y sus implicaciones sobre el valor de la producción, es el de la selección adversa en el sentido de Akerloff (1970): dado que el mercado nacional no distingue sistemáticamente entre un maíz criollo y uno híbrido, el precio que "domina" es el del híbrido en su variedad amarilla, que establece el precio en el mercado internacional (*U.S. yellow corn grade 2*). En consecuencia, los productores de maíces criollos no tienen incentivos para generar excedentes, puesto que sus costos son mayores que sus ingresos (*vid infra*). Así, los maíces criollos sólo se producen para satisfacer las necesidades de la unidad doméstica o bien para ofrecerse en mercados locales o regionales que sí distinguen entre maíces pero que no impulsan la producción a un nivel de soberanía alimentaria en la que tanto los consumidores urbanos como los rurales pudieran comprar maíces criollos en la cantidad y calidad requeridas (por ejemplo con denominaciones de origen que garantizaran la calidad).

En otros textos se ha profundizado sobre el tema de la selección adversa y se ha planteado que existen ciertas estrategias campesinas (planes deliberados de acción) que buscan la seguridad alimentaria (Appendini, De la Tejera y García, 2003; Appendini, Cortés y Díaz, capítulo V). Es decir, conceptualmente se ha asumido que las unidades domésticas campesinas buscan deliberadamente alcanzar una provisión de maíz en la cantidad y calidad deseadas y se ha analizado

---

[4] Es claro que ambos tipos de maíces son resultado de distintas construcciones de conocimiento y que, por lo tanto, ningún tipo es mejor que otro por sí mismo; las diferencias entre ellos están en función del gusto (preferencia) de cada individuo y de la tecnología que se requiere para su producción.

cómo logran el acceso a ellas cuantificando la mano de obra de trabajo familiar que dedican a la agricultura, el dinero que invierten y el porcentaje de su ingreso que destinan a ello.

Hay al menos dos posibles críticas a este análisis, una conceptual y otra consecuencial, es decir, una relacionada con el entendimiento del fenómeno y otra con la aplicación del análisis. La primera tiene que ver con el hecho de asumir la búsqueda deliberada de seguridad alimentaria como se define por la FAO. Quizá haya una equivocación al asumir tal búsqueda, como observó Ugo Pipitione al referirse al comportamiento de los "campesinos posmodernos" (comunicación personal), y es probable que no en todas las localidades del país los campesinos se comporten de tal manera. La segunda tiene que ver con un análisis sólo enfocado a la selección adversa (y sus consecuencias sobre la actividad del sector maicero y la soberanía alimentaria) y no a la valoración económica del maíz criollo en relación con la seguridad alimentaria.

En este trabajo se pretende recuperar ambas críticas. Con tal fin, en la primera sección se establece un marco conceptual que incorpora la variable demográfica para el análisis del abastecimiento de maíz y su principal derivado, la tortilla. Dos resultados relevantes de esta sección son: *i)* a partir de la definición de *seguridad alimentaria* pueden derivarse cuatro tipos de seguridad, cada uno relacionado con la calidad y el mercado; y *ii)* dado el doble papel de la unidad doméstica en tanto consumidora y productora de maíz, existe una doble demografía de la unidad doméstica relacionada con cada papel. Esto lleva a distinguir entre dos tipos de abastecimiento, autónomo o subsidiado, y por ende entre dos tipos de unidades de acuerdo con su abastecimiento. En la segunda sección se evalúa, dentro del marco de la seguridad alimentaria y el tipo de abastecimiento, el aprovisionamiento de las unidades domésticas a partir de los costos e ingresos de producción, y se califica los comportamientos con base en las observaciones empíricas; esto es, se describe y analiza cada uno desde una perspectiva económica y estadística con el fin de buscar diferencias entre ellos. Tres resultados de esta sección son: *i)* el tipo de seguridad alimentaria es independiente del tipo de abastecimiento; *ii)* la distribución de las observaciones respecto al valor promedio de la seguridad alimentaria (el valor del maíz y tortilla) está relacionada con el tipo de seguridad alimentaria únicamente en el caso del abastecimiento autónomo; y *iii)* existen diferencias no azarosas en las medianas de cada categoría (seguridad alimentaria y tipo de abastecimiento).

Un marco conceptual para el análisis del abastecimiento de maíz: seguridad alimentaria y demografía de la unidad doméstica

La definición de la FAO (véase la nota 2) establece que existe seguridad alimentaria cuando para todas las personas hay alimentos en *1)* la cantidad necesaria, *2)* la calidad preferida y *3)* un acceso material y económico. Para fines de análisis se acota la contabilidad universal "todas la personas" a la escala de la unidad doméstica; así, el sentido del aprovisionamiento de alimento (maíz) no es en la escala de los individuos sino de las unidades domésticas.

Es necesario observar que la unidad doméstica tiene un doble papel: por un lado es consumidora y por el otro es productora. La demografía inherente a cada papel es distinta: el consumo está relacionado con todos los miembros del hogar, mientras que la producción agrícola lo está únicamente con los miembros de la unidad doméstica que aportan dinero o trabajo ("aportación económica"). De esta manera, cuando la unidad doméstica consume lo que produce la estructura demográfica de la oferta no necesariamente es la misma que la de la demanda, aun cuando se trata de la misma unidad —más adelante se ahonda este punto—. Además, este análisis no se ocupa de cómo se reparten los alimentos entre los miembros del hogar, sino que asume tal reparto equitativo (independiente del sexo, edad y parentesco) o, mejor aún, proporcional a las necesidades de cada individuo.[5]

En cuanto a las tres características que definen la seguridad alimentaria de acuerdo con la FAO, éstas limitan el ámbito empírico del estudio: la cuestión de la calidad es considerada incluyendo únicamente a los productores de maíces criollos (con tierra propia), quienes implícitamente no tienen incentivos para producir maíz distinto del de la calidad deseada y, de entrada, no tendrían "subseguridad" (SAIV) (véase el cuadro VI.1); mientras que en lo referente a cantidad y acceso, las unidades domésticas los tienen pues en las localidades estudiadas hay mercados locales de maíz criollo y de tortillas (ya sean elaboradas con grano criollo o híbrido).[6] El cuadro VI.1 da cuenta de las posibles combinaciones de estas características que *a priori* podrían observarse en las unidades domésticas (UD).[7]

---

[5] Becker (1991) ha estudiado las relaciones económicas al interior de la unidad doméstica, particularmente en lo referente al trabajo doméstico y su retribución. Esta teoría bien podría servir de punto de partida si se quisiera analizar cómo puede repartirse el alimento entre los miembros del hogar, en cuyo caso habría que justificar los alimentos como bienes Z.

[6] Este análisis asume una situación de equilibrio: la demanda observada de maíz en grano o tortilla corresponde a las necesidades de la unidad doméstica. Esto es, aunada a la existencia de mercados diferenciados, aseguraría que hay acceso al maíz en la cantidad y calidad deseadas gracias al trabajo o el dinero que aportan algunos miembros.

[7] Véase el capítulo II para una descripción de las localidades estudiadas. Aquí es necesario subrayar que el objetivo no es comparar las localidades sino encontrar un rango de valoración de los

Cuadro VI.1
Tipos de seguridad alimentaria

SAI. Seguridad alimentaria con autarquía	El hogar satisface sus requerimientos de calidad y cantidad de maíz produciéndolo con el trabajo o el dinero de los miembros de la UD y, si las hay, con transferencias del Estado (Procampo).
SAII. Seguridad alimentaria con mercado	La producción de maíz no alcanza a satisfacer las necesidades de cantidad y calidad del hogar, por lo que obtiene en el mercado la tortilla elaborada con maíz criollo o el grano para hacerla en casa.
SAIII. Semiseguridad	La producción de maíz no alcanza a satisfacer las necesidades del hogar, por lo que obtiene en el mercado tortilla elaborada con maíz híbrido o criollo o bien el grano para hacerla en casa.
SAIV. Subseguridad	El hogar sólo consume tortillas elaboradas con maíz híbrido. Es el caso de los consumidores urbanos y, en general, de quienes no producen tortilla.

Además de estas diferencias entre una y otra unidad doméstica en cuanto a la forma de seguridad alimentaria que logran, existen diferencias en el abastecimiento de maíz relacionadas con el doble papel de la unidad doméstica como productora y consumidora: cuando la cantidad de miembros de la UD que aportan económicamente (udec) es mayor que la del total de miembros del hogar (hg), diremos que el abastecimiento de maíz está *subsidiado* (las personas que aportan dinero o trabajo son más que las que consumen); mientras que si es menor o igual entonces diremos que es un abastecimiento *autónomo* (quienes trabajan o aportan dinero son menos que quienes consumen).[8] Con base en lo anterior las unidades domésticas se dividen entre las que tienen un abastecimiento autónomo y las que lo subsidian.[9] Ambos tipos son distintos demográficamente (véase

_____

tipos de seguridad alimentaria con base en cuatro localidades que representan distintas realidades del ámbito rural del centro del país. Véase la prueba 3 en el anexo A.

[8] Véase en el cuadro VI.4 el promedio de número de miembros por tipo de abastecimiento.

[9] Es claro que el "abastecimiento" incluye más que el maíz y se refiere a los bienes y servicios consumidos por el hogar gracias al trabajo o dinero de algunos miembros de la unidad doméstica. Utilizamos el maíz como un símbolo ad hoc de tal consumo que, además, coincide con nuestro objeto último de estudio, la seguridad alimentaria.

la Prueba 2 en el anexo), por lo que posteriormente se evaluará cada tipo de seguridad alimentaria para cada tipo de abastecimiento; sin embargo es necesario analizar previamente la estructura demográfica de los dos tipos de productores.

Cuadro VI.2

Estructura demográfica de los miembros del hogar y de la unidad doméstica que aportan económicamente, por tipo de abastecimiento de maíz

Datos	Abastecimiento		
	Autónomo	Subsidiado	Ambos
Unidades productoras de maíz*	140	29	169
Personas por hogar (hg)	5.4	3.5	5.0
Desviación estándar hg	2.3	1.7	2.3
Personas por UD que participan económicamente (udec)	3.2	6.1	3.7
Desviación estándar udec	1.7	2.0	2.1
Menores de 16 hg	25%	8%	23%
Menores de 16 udec	15%	2%	13%
De 16 a 30 hg	27%	28%	27%
De 16 a 30 udec	33%	46%	35%
De 31 a 45 hg	15%	4%	13%
De 31 a 45 udec	17%	26%	19%
De 46 a 60 hg	19%	30%	21%
De 46 a 60 udec	21%	14%	20%
Mayores de 60 hg	13%	31%	16%
Mayores de 60 udec	14%	12%	14%

* Se refiere al total; el resto de los datos son promedios, excepto las desviaciones estándar.

Contamos con 169 unidades productoras de maíz en tierra propia, de ellas hay datos sobre aportación económica de los miembros de la unidad doméstica, pertenencia al hogar y edad. Dividimos la edad en rangos de 15 años, que *grosso modo* corresponden con distintas etapas en el ciclo de vida de las personas y distintos patrones, cuantitativos y cualitativos, de consumo y actividad económica: menores de 16 (niños y adolescentes), entre 16 y 30 (jóvenes), entre 31 y 45 (adultos jóvenes), entre 46 y 60 (adultos) y mayores de 60 (adultos mayores) (véase el cuadro VI.2).

Así, en las unidades autónomas la mayor parte del consumo (53%, por redondeo) corresponde a los miembros del hogar menores de 30 años, mientras que la mayor parte del abastecimiento (71%) la hacen personas de entre 16 y 60 años. En el caso de las unidades subsidiadas, la mayor parte del consumo (60%, por redondeo) la realizan personas mayores de 46 años y la del abastecimiento (72%) personas de entre 16 y 45 años. En consecuencia puede decirse que en las unidades autónomas los miembros relativamente mayores de la unidad doméstica trabajan para abastecerse a sí mismos y a miembros de menor edad; mientras que en las unidades subsidiadas los miembros de la unidad doméstica relativamente más jóvenes trabajan para abastecer a los de mayor edad.

ECONOMÍA DEL ABASTECIMIENTO DE MAÍZ EN UNIDADES DOMÉSTICAS PRODUCTORAS

Los detalles sobre el trabajo de campo y el diseño de la encuesta se han expuesto ya en el capítulo I, aquí basta tener presente que las unidades monetarias se encuentran en pesos corrientes del 2002. Para cada unidad doméstica se contabilizaron los costos netos de provisión de maíz criollo para consumo humano, es decir, a los costos totales se les restaron los ingresos totales; un costo neto negativo significa un beneficio positivo (véase capítulo V). Los costos totales son la sumatoria de las erogaciones en *1)* trabajo doméstico con un costo imputado,[10] *2)* trabajo contratado, *3)* comida en caso de haber alimentado al trabajo contratado, *4)* insumos (aparejos de trabajo, fertilizantes, herbicidas, riego en su caso, semilla, etc.), *5)* traslado de insumos, *6)* maíz criollo para consumo humano, *7)* maíz híbrido o harina elaborada con él, *8)* transferencias de maíz criollo, *9)* transferencias de maíz híbrido o harina elaborada con él,[11] *10)* tortilla elaborada con maíz criollo, y *11)* tortilla de harina de maíz. Los ingresos totales son la

[10] Los pagos promedio por jornal en los mercados locales fueron: Agua Fría, $75, BH y Boye $100; EPG, $80.
[11] Los precios observados por localidad, calidad y kilo del maíz fueron: Agua Fría, harina $2.50, criollo $3.00; BH, criollo $3.00; Boye, harina y criollo $2.00, EPG, criollo $1.50.

sumatoria de: *a)* venta de maíz criollo, *b)* regalos a otras unidades domésticas (recíproco de las transferencias recibidas, se imputó el precio local por calidad a estos regalos), *c)* ingresos por Procampo.

Cuadro VI.3
Distribución de las unidades domésticas
por tipos de seguridad alimentaria y abastecimiento

| | *Abastecimiento* | | |
Tipo de SA	*Autónomo*	*Subsidiaria*	*Ambos*
SAI	77	13	90
SAII	31	9	40
SAIII	32	7	39
Total general	140	29	169

Los costos *1) – 5)* corresponden con la producción de maíz; es claro que si los demás costos son cero para una unidad en particular, entonces puede decirse que tal unidad tiene SAI; de lo contrario y según los casos particulares tendría SAII o SAIII. Los costos *6) – 9)* corresponden con entradas de maíz para hacer tortillas. Cabe observar que no se contabiliza el trabajo doméstico de elaboración de las tortillas porque el objetivo de este estudio es el valor del aprovisionamiento del maíz, ya sea en grano o en tortilla comprada; los costos *10)* y *11)* corresponden con el gasto en tortillas. Así, el cuadro VI.3 contiene la cantidad de unidades domésticas por tipo de seguridad alimentaría (SA) y abastecimiento (por definición las unidades domésticas observadas no pueden tener SAIV). La prueba 4 del anexo muestra que la distribución del tipo de seguridad alimentaria es independiente del tipo de abastecimiento: ser autónomo o subsidiado no tiene implicaciones sobre el tipo de seguridad alimentaria esperada; dado un tipo de abastecimiento, uno puede esperar la misma distribución por tipo de seguridad alimentaria respecto al otro abastecimiento.

Ahora, la cuestión es determinar si existen diferencias en cuanto al valor económico (costo neto) de cada tipo de seguridad alimentaria (SA). Para ello se consideran dos medidas de tendencia central, la media y la mediana, pues como se observa en el cuadro VI.4 (véase curtosis y coeficiente de asimetría) los datos no están normalmente distribuidos. En caso de la media se conserva la distinción entre unidades por tipo de abastecimiento y se evalúa si el tipo de SA depende de la posición de la unidad doméstica respecto al costo promedio (menores o iguales o bien mayor); en otras palabras, se pretende saber si la posición de cada unidad doméstica respecto al promedio varía en función del tipo de SA, mientras que en el caso de la mediana se trata de determinar si el valor difiere por tipo de SA y abastecimiento. La media se utiliza para saber cómo se distribuyen las unidades domésticas por tipo de SA manteniendo fijo el abastecimiento, y la mediana para saber si existen diferencias de valor por tipo de abastecimiento y de SA.

Cuadro VI.4
Estadística descriptiva por abastecimiento y SA, de los costos netos

| | Abastecimiento | | | | | |
| | Autónomo | | | Subsidiado | | |
Estadístico	SAI	SAII	SAIII	SAI	SAII	SAIII
Media	$8 089	$9 412	$10 877	$12 306	$5 815	$13 012
Error típico	715	1 338	1 538	3 308	2 760	2 857
Mediana	$7 425	$7 995	$9 887	$10 969	$10 071	$11 937
Desviación estándar	$6 276	$7 452	$8 698	$11 926	$8 279	$7 559
Curtosis	12.1070	5.5295	0.9715	2.3147	-0.0970	-1.2584
Coeficiente de asimetría	2.5511	-1.0880	-0.1224	1.0918	-0.8001	0.5774
Rango	$47 884	$43 361	$40 274	$48 098	$24 767	$18 636
Mínimo	-$5 177	-$17 838	-$10 240	-$6 368	-$9 945	$5 010
Máximo	$42 707	$25 523	$30 034	$41 730	$14 822	$23 646
Cuenta	77	31	32	13	9	7
Nivel de conf. media (99.0%)	$1 890	$3 680	$4 219	$10 103	$9 259	$10 592

Cuadro VI.5
Distribución de UD respecto al costo promedio por tipo de SA

| Tipo de SA | Abastecimiento | | | |
| | Autónomos | | Subsidiados | |
	Abajo	Arriba	Abajo	Arriba
SAI	53	24	6	7
SAII	16	15	6	3
SAIII	11	21	3	4
Total general	80	60	15	14

En el cuadro VI.5 se muestra por tipo de abastecimiento cómo se distribuyen las unidades domésticas (arriba o abajo) respecto al valor promedio por tipo de SA. Se observa que, excepto en el tipo SAIII y más allá del tipo de abastecimiento, la mayoría de las unidades domésticas tiene costos netos menores o iguales al promedio. Sin embargo, la prueba 5 del anexo muestra que sólo para las unidades autónomas es verdad que la mayoría de las unidades con SAIII está arriba del promedio; en el caso de las unidades subsidiadas con SAIII, la distribución observada difiere de la esperada sólo por razones de azar.

Esto significa que producir un maíz de calidad que no cubre los requerimientos de la unidad autónoma y satisfacerlos con un maíz de menor calidad tiene la mayoría de las veces un costo neto mayor que el promedio. Llama la atención que en el caso de las unidades domésticas productoras que estamos estudiando los costos netos se incrementen a medida que se recurre al mercado para abastecerse con maíz de menor calidad. Desde esta perspectiva es racional que un productor prefiera surtirse totalmente de un maíz de calidad que adquirirlo en el mercado o bien sustituirlo con uno de menor calidad.

Utilizando la mediana como medida de tendencia central, y de acuerdo con los datos observados (véase la prueba 6 del anexo), puede plantearse el siguiente postulado: los costos netos de las unidades autónomas son menores que los de las unidades subsidiadas; en las unidades autónomas existe una relación directa entre los costos netos y el hecho de recurrir al mercado para comprar maíz (si hay compra, aumenta el costo neto), así como con la calidad de éste (si la calidad es inferior, el costo neto se incrementa); en cambio en las unidades subsidiadas es más barato producir maíz con calidad y complementar los requerimientos en el mercado de grano y tortilla criolla que dedicar cuanto trabajo y dinero sea necesario para lograr la autarquía; esto a la vez es más barato que producir maíz criollo y complementarlo con maíz híbrido. En ambos casos es más costoso complementar el aprovisionamiento de maíz con granos o tortillas híbridas que hacerlo con grano o tortilla de maíz criollo.

Siguiendo a los autores citados asumimos que la diferencia entre autónomos y subsidiados se debe al trabajo necesario para hacer maíz criollo, el cual depende de la fuerza laboral familiar para realizar o supervisar el proceso productivo. Los hogares autónomos tienen menores costos porque tendrían mayor disponibilidad relativa de mano de obra para la agricultura que los subsidiados, donde resultaría más eficiente utilizar esa fuerza laboral en actividades no agrícolas; por ello en tales unidades es más barato producir maíz criollo y complementar con compras del mismo, que desviar trabajo en pos de la autarquía.

CONCLUSIONES

En las localidades estudiadas las unidades domésticas productoras y consumidoras de maíz criollo pueden diferenciarse por el tipo de abastecimiento que logran (autónomo o subsidiado) de acuerdo con sus características demográficas. Esta diferenciación no incide sobre el tipo de seguridad alimentaria que logran, pero sí sobre el valor de la misma. La diferencia en valores depende del tipo de medida de tendencia central que se utilice (media o mediana).

Si se utiliza la media se comprueba que cuando las unidades domésticas tienen un abastecimiento subsidiado es de esperar que, independientemente del tipo de seguridad alimentaria (SA), la mayoría tenga costos netos menores o iguales que el promedio. Lo mismo sucede para las unidades domésticas abastecidas autónomamente, excepto en el caso de la SAIII, donde la mayoría de las unidades domésticas tiene costos netos superiores al promedio. Se observa entonces que es más costoso complementar el aprovisionamiento de maíz con grano o tortilla híbridos.

Esta observación se corrobora al utilizar la mediana, donde se muestran diferencias de costos netos por tipo de abastecimiento y de seguridad alimentaria. Se concluye que si es necesario complementar los requerimientos de maíz en el mercado, entonces resulta racional para ambos tipos de productores buscar la calidad, pues es más barata.

BIBLIOGRAFÍA

Akerloff, G. (1970), "The Market for Lemons: Qualitative Uncertainty and the Market Mechanism", *Quarterly Journal of Econometrics*, MIT Press, Cambridge, MA, pp. 488-500.

Appendini, K., B. de la Tejera y R. García (2003), "Seguridad alimentaria y 'calidad' de los alimentos: ¿una estrategia campesina?", *Revista europea de estudios latinoamericanos y del Caribe,* octubre, CEDLA, Amsterdam.

Becker, G. (1991), *A Treatise on the Family*, Harvard University Press, Boston.

Sadoulet, E. y A. de Janvry (1995), *Quantitative Development Analysis*, John Hopkins University Press, Baltimore.

Siegel, S. y N. J. Castellan (1995), *Estadística no paramétrica aplicada a las ciencias de la conducta*, Trillas, México.

Anexo VI.A
Pruebas estadísticas

Prueba 1

La cantidad de personas en el hogar (hg) y de personas que aportan económicamente en la UD (udec) para cada productor de maíz tienen una distribución normal.

Cuadro VI.A.1
Estadística descriptiva de la cantidad de hg y udec (raíz cuadrada)

	hg	*udec*
Media	2.183242	1.843730
Máximo	3.605551	3.162278
Mínimo	1.000000	1.000000
Desv. est.	0.525841	0.531796
Asimetría	-0.051838	0.229084
Curtosis	3.039605	2.508773
JB	0.086735	3.177352
Observaciones	169	169

i) *Hipótesis nula.* H_0: La distribución de hg (udec) de los productores de maíz es normal. H_1: La hg (udec) de los productores de maíz no está distribuida normalmente.

ii) *Prueba estadística.* Utilizamos el estadístico Jarque-Bera (JB) que mide la diferencia de curtosis y asimetría de los datos observados respecto a los de una distribución normal. Dado que la escala de medición (cantidad de personas) corresponde con lo que Siegel y Castellan (1995) denominan "escala de razón", es válido transformar monotónicamente los datos (aplicándoles raíz cuadrada) sin alterar la información contenida en la escala.

iii) *Nivel de significación.* Sea $\alpha = 0.01$ la probabilidad de que la prueba estadística proporcione un valor que conduzca a rechazar H_0 cuando, en realidad, es verdadera.

iv) *Distribución muestral.* El estadístico JB calculado sigue la distribución ji cuadrada con 2 grados de libertad.

v) *Región de rechazo.* H_0 será rechazada si el valor calculado de JB es mayor que 9.21.

vi) *Decisión.* De acuerdo con la información del cuadro VI.A.1 no es posible rechazar H_0 con el nivel de significación elegido. Ambos tipos de personas en las unidades productoras se distribuyen normalmente, por lo que es posible utilizar sobre los mismos pruebas paramétricas basadas en la distribución normal.

Prueba 2

Los productores abastecidos autónomamente son distintos a los subsidiados respecto a promedios de hg y udec. Ambos tipos de productores son demográficamente distintos.

i) H_0: *Media de la población total = media de la población abastecida = media de la población subsidiada.* En otras palabras, las unidades autónomamente abastecidas y las subsidiadas provienen de la misma población, de manera que la media de hg (udec) de los productores autónomos es la misma que la de los productores subsidiados y ambas son iguales a la media de la población conjunta (subsidiados y autónomos sin diferenciarlos); así, las diferencias entre medias no son mayores de las que cabría esperar si ocurrieran al azar. H_1: La composición demográfica, en cuanto a medias de hg y udec, de los productores autónomos es distinta de la de los productores subsidiados y son distintas de la composición de la población conjunta.

ii) Dado que hg y udec están distribuidas normalmente (prueba 1), podemos utilizar el estadístico t de Student. Los cálculos se hacen con los datos transformados mediante raíz cuadrada; véase el cuadro VI.A.2.

iii) $\alpha = 0.01$.

iv) Distribución t de Student.

v) H_0 se rechaza si el valor absoluto del t calculado es mayor que 2.605 (prueba unidireccional con 168 grados de libertad).

vi) Con base en los cuadros VI.A.2 y VI.A.3: *a)* el promedio de hg en los productores autónomos es el mismo que en la población conjunta, ambas son distintas al hg en los subsidiados; en promedio hay más hg en las unidades autónomas que en las subsidiadas; *b)* la media de udec en los productores subsidiados es mayor que la de la población conjunta, que a su vez es mayor que la de los autónomos; así, en promedio hay más udec en las unidades subsidiadas que en las autónomas. Por lo tanto se rechaza H_0 a favor de H_1, tanto en lo que respecta a hg como a udec. El cuadro VI.A.4 da el intervalo de confianza por tipo de abastecimiento ($\alpha = 0.01$).

Cuadro VI.A.2
Estadística descriptiva de hg y udec (raíces cuadradas)
por tipo de abastecimiento

	Abastecimiento		
Datos	*Autónomo*	*Subsidiado*	*Pob. conjunta*
Unidades productoras de maíz	140	29	169
Media de hg	2.2590961	1.8170518	2.1832423
Desv. est. de hg	0.5054231	0.4725069	0.5258415
Media de udec	1.7197788	2.4421143	1.8437298
Desv. est. de udec	0.4640340	0.4245273	0.5317961

Cuadro VI.A.3
Estadístico t por tipo de personas y de abastecimiento

Personas	*Hipótesis*	
	Autónomo = Pob. conjunta	*Subsidiado = Pob. conjunta*
Hg	-1.951037	9.053064
udec	3.030040	-14.62778

Cuadro VI.A.4
Intervalo de confianza para la media (personas)

Personas	*Abastecimiento*	*Mínimo*	*Media*	*Máximo*
Hg	Población conjunta	4.32	4.77	5.23
	Subsidiado	2.53	3.30	4.17
	Autónomo	4.62	5.10	5.61
udec	Población conjunta	3.02	3.40	3.80
	Subsidiado	5.01	5.96	7.00
	Autónomo	2.62	2.96	3.32

Prueba 3

La distribución de unidades productoras autónomas es la misma en las cuatro localidades. Respecto a la distribución de productores (autónomos frente a subsidiados), se trata de la misma población y no es necesario hacer análisis por localidad.

Cuadro VI.A.5
Cantidad y proporción (cursivas) de UD
por localidad y tipo de abastecimiento

	Abastecimiento				
Localidad	Autónomo		Subsidiado		Total
Agua Fría	15	79%	4	21%	19
Barranca Honda	23	85%	4	15%	27
Boye	15	65%	8	35%	23
Emilio Portes Gil	87	87%	13	13%	100
Total general	140	83%	29	17%	169

i) H_0: La proporción de unidades autónomas por localidad es la misma (83%), las diferencias no son mayores que las que cabría esperar por el azar. H_1: La proporción de unidades autónomas por localidad es distinta (mayor o menor) (véase el cuadro VI.A.5). Aun cuando las cantidades muestreadas por localidad son distintas, la proporción de productores autónomos no varía significativamente. Utilizamos H_0: p = 0.83 que corresponde a la proporción del total general.

ii) Se elige la prueba binomial debido a que se trata de categorías discretas, mutuamente excluyentes, que provienen de un diseño aleatorio de muestra.

iii) α = 0.01 (prueba de una sola cola pues se predice con anterioridad la dirección de rechazo: proporción mayor o menor).

iv) Distribución binomial. Se utiliza la función de probabilidad acumulada. N es el total de productores por localidad y k el de productores autónomos, asumiendo una probabilidad constante de 0.83.

v) H_0 se rechaza si la probabilidad acumulada de observar una cantidad dada de productores autónomos es menor que 0.01.

vi) Con base en el cuadro VI.A.6 no es posible rechazar H_0 con el nivel de significación elegido (aunque no sería así para Boye si el nivel de significación fuera 0.05), por lo que pueden tratarse todas las observaciones en conjunto sin necesidad de dividirlas por localidad, sólo por tipo de abastecimiento.

Cuadro VI.A.6
Distribución binomial por localidad para *k* en *N* asumiendo p = 0.83

Localidad	Probabilidad acumulada
Agua Fría	0.415973968
Barranca Honda	0.704476958
Boye	0.032304731
Emilio Portes Gil	0.895277057

Prueba 4

El tipo de SA es independiente del tipo de abastecimiento.

i) H_0: La proporción de unidades autónomas con SAI es la misma que la de subsidiadas con SAI; la proporción de unidades autónomas con SAII es la misma que la de subsidiadas con SAII, etc. H_1: Los dos tipos de unidades difieren en los tipos de SA.

ii) Dado que los tipos de SA son categorías nominales que difieren por su definición y que tenemos dos tipos de unidades domésticas que se diferencian por el abastecimiento, y puesto que las categorías son mutuamente excluyentes y exhaustivas, la prueba ji cuadrada es adecuada para evaluar H_0.

iii) $\alpha = 0.01$; $N = 169$ número de unidades de quienes se presentaron datos.

iv) La distribución muestral del estadístico X^2 es aproximadamente la de ji cuadrada con grados de libertad tales que (# tipos de SA $-$ 1)(#tipos de abastecimiento $-$ 1) = 2.

v) H_1 predice una diferencia entre los dos grupos, la región de rechazo de H_0 consiste en aquellos valores de de X^2 que excedan 9.210.

vi) Con base en el cuadro VI.3 (frecuencias observadas) se obtiene el cuadro VI.A.7 con lo que $X^2 = 1.286$. De manera que no se rechaza H_0 y se concluye que el tipo de SA es independiente del tipo de abastecimiento.

Cuadro VI.A.7
SA y abastecimiento: frecuencias esperadas

Tipo de SA	Autónomo	Subsidiado
SAI	74.6	15.4
SAII	33.1	6.9
SAIII	32.3	6.7

Prueba 5

El valor promedio de la SA depende del tipo de SA sólo en el caso de las unidades autónomas.

i) H_0: En el caso de las unidades subsidiadas (autónomas), la proporción de unidades con SAI cuyo costo es menor o igual que el promedio es igual a la proporción de unidades SAI cuyo costo es mayor; la proporción de unidades con SAII cuyo costo es menor o igual que el promedio es la misma que las que tienen un costo mayor, etc. H_1: Dado un tipo de abastecimiento (subsidiado o autónomo), el valor promedio de la SA depende del tipo de SA.

ii) Dado que los tipos de SA son categorías nominales que difieren por su definición y que tenemos dos tipos de valores que se diferencian por estar arriba o por debajo del promedio, y puesto que las categorías son mutuamente excluyentes y exhaustivas, la prueba ji cuadrada es adecuada para evaluar H_0.

iii) $\alpha = 0.05$.

iv) La distribución muestral del estadístico X^2 es aproximadamente la de ji cuadrada con grados de libertad tales que (# renglones − 1)(#columnas − 1) = 2; tanto para las unidades subsidiadas como para las autónomas.

v) H_1 predice una diferencia entre los dos grupos, la región de rechazo de H_0 consiste en aquellos valores de de X^2 que excedan 5.991.

vi) Con base en el cuadro VI.5 (frecuencias observadas), se obtiene el cuadro VI.A.8. De manera que, en el caso del abastecimiento subsidiado, no se rechaza H_0 y se concluye que el costo promedio de la SA es independiente del tipo de SA. No así en el caso del abastecimiento autónomo, donde la posición respecto al costo promedio sí depende del tipo de SA. Es necesario entonces partir la tabla de contingencia de las unidades autónomas en dos cuadros aditivos, la primera busca diferencias en la distribución de unidades domésticas con SAI y SAII, en cuyo caso $X^2 = 2.676$, por lo cual no se rechaza

H_0 (el valor crítico es 3.841 con α = 0.05 y 1 grado de libertad), y la segunda diferencias en la distribución de unidades domésticas con SAI o SAII frente a SAIII, en este caso X^2=8.780. Por lo que se concluye que la diferencia se debe al cambio en la distribución cuando hay SAIII.

Cuadro VI.A.8

Posición respecto al costo promedio y tipo de SA por tipo de abastecimiento: frecuencias esperadas y estadístico X^2

	Abastecimiento			
	Autónomos		Subsidiados	
Tipo de SA	Abajo	Arriba	Abajo	Arriba
SAI	44.0	33.0	6.7	6.3
SAII	17.7	13.3	4.7	4.3
SAIII	18.3	13.7	3.6	3.4
X^2	11.456		1.187	

Prueba 6

Los costos netos de aprovisionamiento varían por tipo de SA y abastecimiento. Son menores para los autónomos, y para ambos tipos de abastecimientos si hay que recurrir al mercado es más barato ir al del maíz criollo que al del híbrido.

i) H_0: El tipo de abastecimiento y SA alcanzada no tiene efectos sobre los costos netos de aprovisionamiento de maíz. H_1: El abastecimiento autónomo es más barato que el subsidiado, para el primero lo más barato es la SAI y lo más caro la SAIII; para los subsidiados, lo más barato es SAII y lo más caro SAIII.

ii) Dado que se ha supuesto un ordenamiento en los costos relacionado con el tipo de abastecimiento y de SA (véase la justificación de este ordenamiento en el párrafo 0), es apropiada una prueba para alternativas ordenadas.

iii) α = 0.01. Los números de observaciones para cada alternativa están en el cuadro VI.4 (Cuenta).

iv) Puesto que los tamaños de muestra (alternativas) son diferentes y el número de alternativas es mayor que tres, se utilizará la distribución muestral para muestras grandes de la prueba de Jonckheere (estadístico J^*).

v) *La* región de rechazo consiste en todos los valores de J^* que sean mayores que 2.326, el valor de la distribución normal estándar asociada con $\alpha = 0.01$.

vi) El cuadro VI.A.9 contiene los valores de U necesarios para calcular $J^* = 2.903$ que es mayor que el valor crítico; así, puede rechazarse la hipótesis de que las medianas de los seis grupos son iguales y concluir que éstas se incrementan en magnitud.

Cuadro VI.A.9
Valores de U

	ASAII	ASAIII	SSAII	SSAI	SSAIII
ASAI	1457.5	1628	329	642	393
ASAII		556	114	224	128
ASAIII			109	216	126
SSAII				77	44
SSAI					51

VII. IMPACTO DE LAS INUNDACIONES Y LA PERCEPCIÓN DEL RIESGO EN EMILIO PORTES GIL

HALLIE EAKIN Y XÓCHITL GUADARRAMA ROMERO

Las comunidades agrícolas ribereñas han tenido desde siempre un vínculo difícil con las inundaciones. La agricultura en planicies que se inundan es uno de los ejemplos por excelencia de la dependencia de los agricultores hacia los fenómenos naturales. En México gracias a las inundaciones, que regeneran la fertilidad del suelo, las comunidades rurales han extendido las tierras cultivables y aprovechado el hábitat de flora y fauna útil dejado por éstas (Sheridan, 1988; Doolittle 1989; Gliessman, 1991). Los cultivos en las áreas ribereñas gozan de irrigación accesible y suelos fértiles, un recurso particularmente valioso en regiones semiáridas o donde la producción se ve restringida por las temporadas de lluvias. Estas ventajas han propiciado que los valles por donde pasan los ríos, como es el caso del valle del río Lerma en la región centro occidental de México, llegaran a figurar entre las zonas agrícolas más productivas del país.

Las inundaciones, sin embargo, también pueden erosionar las tierras fértiles, destruir la infraestructura y las cosechas, causar daños económicos, enfermedades, hambre, y a veces incluso la muerte (Parker, 2000). El considerar las inundaciones como un desastre o una ventaja para los agricultores depende de la magnitud de éstas, de su frecuencia en relación con las actividades agrícolas, de la vulnerabilidad de la infraestructura agrícola para controlar el agua, del valor de la tierra y de las cosechas afectadas. Los daños y las pérdidas son un aspecto importante de la gestión y percepción de riesgos (Pivot, Josien y Martin, 2002). El riesgo de las inundaciones es también construido socialmente en el ámbito rural y debe entenderse en términos de los modos de vida campesinos que determinan la sensibilidad frente a las inundaciones. En los periodos de cambios sociales rápidos resultantes del crecimiento demográfico, de la transformación en las actividades económicas y del cambio en el uso del suelo, la exposición física de la gente frente a la inundación se transforma; también lo hacen la percepción sobre el riesgo y la valoración de los impactos resultantes (Bankoff, 2003; Pelling, 1999; Few, 2003). ¿A partir de qué momento las inundaciones ribereñas localizadas en áreas agrícolas se convierten en una preocupación social de mayor importancia? ¿Cuál es el significado de las pérdidas debidas a inundaciones para los hogares rurales que a su vez han cambiado su actitud frente a la producción agrícola?

En este capítulo analizaremos el impacto de las inundaciones que ocurrieron en 2003 y que afectaron algunas viviendas de Emilio Portes Gil (EPG), ejido contiguo al río Lerma y a su afluente, el arroyo Jaltepec. Mediante las entrevistas aplicadas a algunos residentes de la comunidad y a representantes del sector público que trabajan en el municipio advertimos que la interacción de los residentes y los ríos Jaltepec y Lerma ha cambiado a lo largo del tiempo, y que en comparación con los primeros años del ejido una parte creciente de la población se ve expuesta al riesgo de inundaciones.[1]

Como se refirió en los capítulos anteriores, las actividades económicas de los residentes y el uso del suelo han cambiado en las últimas décadas como consecuencia de una restructuración más amplia de la política agrícola mexicana. Actualmente algunos agricultores están reconsiderando el valor y el uso de sus tierras, lo cual influye en la importancia y el significado que la comunidad da a las inundaciones. Desde otro punto de vista, el gobierno reconoce hoy día el riesgo de inundación y a nivel municipal busca reducir la vulnerabilidad de las poblaciones, pese a que, como veremos a continuación, puede estar en discordancia con las percepciones y las necesidades de los habitantes de EPG.

San Felipe del Progreso

Es uno de los municipios más pobres del Estado de México. Su territorio comprende un conjunto de cerros, las cumbres de Angangueo, ubicados en un eje norte-sur con elevaciones que alcanzan 3 mil msnm. La población se concentra en pequeñas localidades y comunidades rurales situadas en la parte este del municipio, en las tierras del valle Lerma con pendiente. La población del municipio está compuesta por indígenas pertenecientes al grupo mazahua. EPG, con una población de un poco más de 3 mil habitantes, es una de las comunidades agrícolas más importantes del municipio.

El municipio se localiza en las tierras del extremo occidental de lo que se llama la "parte alta" de la cuenca Lerma-Chapala, donde el río Lerma corre por el lado este. La presa de Tepetitlán, un depósito que se formó en el periodo colonial, domina los cerros del municipio y desagua en los canales del distrito de irrigación 033 (que suministra agua a los agricultores de EPG) y en el arroyo Jaltepec que separa las tierras de EPG de Dolores Hidalgo, la comunidad vecina. El área recibe un promedio de +/- 800 mm de precipitaciones al año, principal-

[1] Los datos están basados en trabajo de campo apoyado por la Natural Science Foundation con el financiamiento núm. 0401939. Cualquiera opinión, hallazgo y conclusión o recomendación expresados en este texto son los de las autoras y no necesariamente reflejan la opinión de la Natural Science Foundation.

mente entre mayo y septiembre. En principio, julio es el mes en que el volumen de precipitaciones es más alto, aunque a veces el área recibe fuertes lluvias al final de la estación, como ocurriera en septiembre y octubre de 2003 (véase la gráfica VII.1). El registro histórico muestra que más del doble del promedio de las precipitaciones mensuales se presentó en los meses de agosto, septiembre y octubre.

Gráfica VII.1
Precipitación mensual, San Felipe del Progreso
Valores promedio comparados con la precipitación máxima mensual en el periodo 1961-1990 y en el año 2003

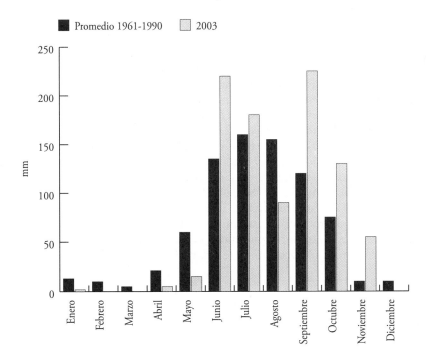

Fuente: Unidad del Servicio Meteorológico Nacional, *Normales climatológicas 1961-1990*, Estación San Felipe del Progreso, <http: //smn.cna.gob.mx>.

La agricultura, actividad principal de las comunidades del municipio, ha sido fundamental para el desarrollo de la economía local. El maíz ha sido el cultivo tradicional preferido en la región como producto de subsistencia y como producto comercial, aunque su importancia para los hogares ha sufrido modificaciones a lo largo del tiempo como respuesta a la presencia o ausencia de soportes estatales para los pequeños agricultores y para el precio del maíz (Appendini y De Luca, 2006). Tras recibir una ayuda federal considerable para la modernización de las pequeñas producciones de maíz a principios de los años setenta, los agricultores del área se convirtieron en los productores principales de maíz como producto comercial. EPG era entonces un centro de pequeños productores agrícolas de maíz, y casi todos los hogares vendían sus excedentes a la empresa paraestatal gubernamental Conasupo (Appendini, 1988; 1988a). Durante este periodo, la modernización de la producción de maíz en el área implicó el aumento del uso de fertilizantes, herbicidas y otros productos químicos comerciales, así como la intercalación del monocultivo de maíz con otros cultivos y la mecanización de la producción.

A finales de los años ochenta la situación cambió de manera radical para los agricultores del municipio, y particularmente para los de EPG. El precio del maíz empezó a bajar drásticamente después de que el Estado canceló los precios de garantía a principios de los años noventa; por entonces la importación de maíz aumentó como consecuencia del Tratado de Libre Comercio de América del Norte (TLCAN) y la producción de los pequeños agricultores para abastecer al mercado nacional prácticamente desapareció. Los créditos y los seguros empezaron a ser inaccesibles para la mayoría y de modo general la intervención del sector público en las áreas empobrecidas, como San Felipe del Progreso, dejó de enfocarse a las actividades económicas y de producción para dedicarse a la salud y al bienestar social (Cornelius y Myhre, 1998; Eakin, 2005). A diferencia de hace algunas décadas, hoy día los hogares de EPG dependen en mayor medida de las actividades no agrícolas para asegurar sus ingresos, y algunos datos muestran que entre la generación más joven de la comunidad el trabajo agrícola ya no es la principal actividad económica (Appendini y De Luca, 2006).

INUNDACIONES EN EPG

El *Plan Municipal de Desarrollo Urbano de San Felipe del Progreso, Estado de México* (2004), reconoce la existencia del problema de inundaciones e identifica como "planicie de inundación" un total de 264 mil m² adyacentes a las riberas de los ríos Jaltepec y Lerma, incluyendo el barrio de Tungareo en EPG (cuadro VII.1). Según este documento, 170 casas están potencialmente afectadas en esta área. Asocia las inundaciones con la acumulación de sedimentos y la presencia de obstrucciones como troncos y ramas de árboles en el río, así como con el flujo de las aguas de la presa de Tepetitlán. Considera que la erosión es uno de los desafíos ambientales más arduos para el municipio y asocia la degradación del suelo con un problema de capacidad de absorción de las aguas de lluvia en el área, así como con la acumulación de sedimentos en la presa de Tepetitlán.

Cuadro VII.1
Riesgo de inundaciones, San Felipe del Progreso

Comunidad	Superficie con riesgo de crecidas torrenciales	Hogares vulnerables
San Agustín Mextepec	174 000 m²	50 casas
EPG (Tungareo)	90 000 m²	120 casas

Fuente: *Plan Municipal de Desarrollo Urbano de San Felipe del Progreso*, 2004.

La mayoría de los registros oficiales sobre inundaciones en el Estado de México no está suficientemente detallada para ser capaz de relatar el historial correspondiente a EPG. La Secretaría de Agricultura y Recursos Hidráulicos, por ejemplo, reportó casos frecuentes de inundaciones rurales en la parte alta de la cuenca del río Lerma entre 1970 y 1984; mencionó pérdidas específicas en 1981 en San Felipe de Progreso (SARH, varios años). El Departamento de Protección Civil del Estado de México ha supervisado casos de inundación desde 1994, aunque su red apenas se amplió últimamente para incluir a casi todas las municipalidades en su evaluación anual. Esta institución reportó un aumento constante de inundaciones durante su periodo de operación en el estado, lo que en parte puede reflejar los aumentos registrados por localidad. Esta documentación muestra que en San Felipe del Progreso ha habido inundaciones cada año entre 1998 y 2003, con la excepción de 2002.

No queda claro en estos documentos si tales observaciones reflejan un cambio en la exposición a las inundaciones debido a que el uso de suelo a lo largo de los ríos Jaltepec y Lerma ha cambiado, o si más bien refleja un cambio en la frecuencia del riesgo que corresponde, por ejemplo, a cambios en la intensidad de las precipitaciones en el área. De manera alternativa, el aumento de los casos de inundaciones registrados puede deberse a una mejor captación de la información, aunada a que últimamente los productores rurales han comenzado a recibir una compensación por las pérdidas que les ocasionan las inundaciones, motivando así el registro de las ocurridas en áreas donde antes no se habrían reportado pérdidas.

La inundación de 2003

Según datos proporcionados en septiembre de 2003 por la Secretaría de Agricultura, Ganadería, Desarrollo Rural y Alimentación (Sagarpa), en EPG se inundaron 373.59 hectáreas de tierras dedicadas al cultivo del maíz (se estiman en 8 mil las hectáreas de maíz inundadas en el Estado de México). En EPG 163 hogares reportaron pérdidas cuando los ríos Jaltepec y Lerma se desbordaron a finales de septiembre con una pérdida media de 2.29 hectáreas por hogar. Ese mismo año 20 de los 125 municipios con que cuenta el Estado de México reportaron daños debidos a las inundaciones, con más de 21 mil hectáreas afectadas. Las inundaciones de septiembre en las tierras adyacentes al río Lerma afectaron al Estado de México y también a los de Guanajuato, Michoacán, Jalisco y Nayarit, por donde pasa el río Lerma Santiago en su camino al Pacífico.

Tras un análisis que llevó a cabo el Centro Nacional de Prevención de Desastres se atribuyó las inundaciones a una serie inusual de "ondas tropicales" y a la actividad convectiva intensa generada por estas ondas, que resultó en elevadas precipitaciones diarias totales que a menudo excedieron 50 mm (umbral de un "caso extremo de precipitaciones" para la protección civil) (Cenapred, 2004) (véanse la gráfica VII.1). Las lluvias duraron varias semanas, de tal manera que en la tercera semana de septiembre los suelos estaban saturados y las presas, al igual que los afluentes del río Lerma, estaban en su nivel de plena capacidad. En EPG las áreas primarias de afectación durante las inundaciones de 2003 fueron los barrios de Tugareo y Tepetitlán, donde los agricultores tenían tierras al borde de los ríos Jaltepec o Lerma y en algunos casos bordeando los dos ríos, en una zona de tierra baja llamada la Cañada. En algunos casos el nivel del agua alcanzó más de un metro y los campos permanecieron inundados durante varias semanas.

En julio y agosto de 2004 fueron seleccionados de manera aleatoria 20 de los hogares que habían reportado pérdidas a Sagarpa para ser entrevistados. Las edades de los individuos entrevistados estaban comprendidas entre 35 y 70 años, con una media de 48 años. En algunos casos se registraron las pérdidas bajo el nombre del posesionario, pero quien llevaba la administración del patrimonio era un cónyuge o un hijo. Se entrevistó a los parientes responsables de la administración de las tierras. Varios hogares estaban conformados por mujeres que vivían sólo con sus niños; eran madres solteras o tenían maridos que pasaban periodos largos fuera del hogar debido a que desempeñaban actividades económicas alternativas en México o en Estados Unidos. Las entrevistas se centraron en: *a)* la percepción de los agricultores respecto al riesgo de inundaciones; *b)* el impacto de las inundaciones en 2003; *c)* sus estrategias para hacer frente a las pérdidas; y *d)* las consecuencias de las inundaciones en su subsistencia y su consumo de maíz. Se realizaron entrevistas adicionales con las autoridades locales, incluyendo a los representantes actuales, y en algunas localidades a los anteriores, así como al presidente municipal de San Felipe del Progreso, al representante local del delegado de la Dirección de Irrigación, al comisario ejidal para EPG y a los funcionarios a cargo de la protección civil, del desarrollo agrícola, y del distrito de irrigación 033 al nivel municipal.

Cuadro VII.2
Efectos de las inundaciones de 2003 en los hogares entrevistados

Impacto	Hogares	
	%	núm.
Pérdida parcial de la cosecha	55	11
Pérdida total de la cosecha	40	8
Daños materiales	15	3
Afectaciones de la salud	25	5
Compras extra de maíz	40	8

Fuente: Entrevistas propias con productores de SFP, 2003.

Aunque entre las personas entrevistadas varias declararon que sus casas habían sufrido daños, la consecuencia principal de las inundaciones fue la destrucción de las cosechas de maíz (cuadro VII.2). Salvo excepciones, el maíz constituía el único cultivo que se sembraba en las tierras afectadas. Los hogares reportaron pérdidas entre 20% y 100% de su área sembrada; las de la mayoría fueron de 50% o más. Los hogares que no reportaron pérdidas totales fueron en general los que tenían tierras adicionales o cultivadas fuera de las áreas afectadas.

Para la mayoría de los hogares las pérdidas se tradujeron en un déficit en sus reservas de alimentos previstas para el año 2003-2004. Como se explica en el capítulo V, la mayoría de los hogares de EPG está constituida por productores de maíz que dependen de la propia producción para su subsistencia y no comprarían maíz en circunstancias normales. Cuatro de los hogares afectados por las aguas declararon haber tenido reservas de maíz suficientes para cubrir su consumo propio en 2003-2004 gracias a las cosechas que recogieron en años anteriores o en otras parcelas del ejido. En un caso se manifestó que el producto de la cosecha era únicamente para consumo animal; la familia siempre compraba tortillas de maíz, independientemente de la calidad de su cosecha propia.

El resto de los hogares se vio obligado a compensar las pérdidas con la compra de maíz para satisfacer sus necesidades alimentarias y para el abastecimiento de su ganado. Al momento de las entrevistas, a finales de julio y a principios de agosto de 2004, varios hogares reconocieron haber tenido que comprar grano a partir de diciembre y enero de 2004, casi inmediatamente después de la cosecha de 2003. En un año normal habrían tenido reservas suficientes para aguantar hasta la próxima cosecha, por lo que contaban con reservas de su cosecha de maíz para su propio consumo. Otros dijeron que empezaron a comprar grano en marzo o a finales de la primavera, ya que sus reservas habían disminuido pocos meses después de la cosecha de 2003. Compraban maíz a granel para así anticipar sus necesidades para el resto del año, o compraban semanalmente por kilo para cubrir las necesidades variables de sus familias.

Dependiendo del tamaño del hogar y de sus patrones de consumo, estas compras extra de maíz representaban en promedio entre 60 y 100 pesos por mes con un precio de 2.5 pesos por kilo en el mercado local. Hubo casos en que otros miembros de la familia —en general los hijos mayores con tierras propias— proveyeron de grano a los hogares afectados. En una casa dirigida por una madre soltera con dos niños la entrevistada reportó que las pérdidas le habían causado un déficit de maíz y que no había podido comprarlo por falta de recursos. Añadió que su solución para afrontar esta penuria era simplemente "comer menos" y procurar recuperar las pérdidas trabajando como jornalera en los campos vecinos.

Otro problema asociado a las pérdidas de maíz ya avanzado el año agrícola fue el alza local de su precio. Los miembros de los hogares entrevistados que habían tenido un excedente de maíz manifestaron que guardarían sus reservas hasta julio, agosto y septiembre, meses de precosecha, cuando tendrían la seguridad de contar con las cosechas del año siguiente; mientras tanto no le vendían maíz ni a sus vecinos.

Las pérdidas de la cosecha representaron también una pérdida de inversión. Las inundaciones de 2003 ocurrieron en septiembre, después de que los agricultores habían invertido la mayor parte de su dinero y su tiempo en los campos. Según las entrevistas, el invertir entre 1700 y 5 mil pesos en la compra de fertilizantes, herbicidas, trabajo y semillas era algo común para las familias de agricultores. Hubo un caso en que la inversión alcanzó 9 mil pesos.[2]

Para la cuarta parte de las familias entrevistadas las inundaciones no sólo tuvieron consecuencias en su consumo y gastos, sino también en la salud. Cuando el río se desbordó los agricultores notaron el fuerte olor de las aguas contaminadas en sus campos y pensaron que habían aparecido problemas de salud (ojos

2   En este caso el maíz era producto de comercio. Cuando se le preguntó acerca de su inversión relativamente alta en su producción, el agricultor contestó que a veces tenía la impresión de "tirar el dinero al río", pero visto que su producción era para fines comerciales, lo normal era que recuperara su inversión.

rojos e irritados, diarrea, etc.) debido a las aguas estancadas. Así, aunque una familia que vivía a la orilla de la zona inundada se había mudado a tierras más elevadas por miedo a los problemas de salud asociados con las inundaciones, ningún agricultor consideró que su parcela podría seguir contaminada una vez que las aguas se retiraran.

Percepción del riesgo, conflicto por la tierra y exposición creciente a las inundaciones

Según los residentes de EPG los ríos Jaltepec y Lerma siempre fueron propensos a presentar desbordamientos. Varias personas entrevistadas recordaron las historias que solían contar sus abuelos acerca de las inundaciones. En vez de considerarlas como desastres imprevistos, asociaban la localización de sus tierras ribereñas con inundaciones recurrentes. La frecuencia de las inundaciones también fue alta en el pasado: muchos de los entrevistados aseguraron que las aguas subían de nivel cada año y afectaban por lo menos una parte de sus tierras. Según otros, ocurrían cada tres o cuatro años.

El área donde se unen los ríos Jaltepec y Lerma es reconocida por los agricultores y los funcionarios del gobierno municipal como la más propensa a las inundaciones. Un funcionario explicó que durante años se acumularon el sedimento y el lodo, y esto ocasionó que el río Lerma subiera su nivel respecto a las tierras agrícolas adyacentes. En los años de precipitación intensiva fue frecuente la formación de un cuello de botella justo donde el río Jaltepec desemboca en el río Lerma. El ferrocarril que pasa al lado de las tierras limítrofes de EPG, a lo largo del río Lerma, representaba un obstáculo adicional.

Con la excepción de dos personas, todos los campesinos entrevistados declararon que dado que las inundaciones eran el resultado de la voluntad divina y del carácter imprevisible de las lluvias de temporada, podrían ocurrir de nuevo y en cualquier momento. Reconocieron que sufrían perdidas "cada año" y que "eso siempre iba a ocurrir así". Como explicó una mujer: "Nosotros no podemos hacer nada contra las inundaciones. Dios manda el agua, además siempre que llueve sube el río". Otra persona declaró: "Tengo quince años con mi terreno, siempre pierdo… sólo un año he levantado una buena cosecha". Sólo un agricultor atribuyó las inundaciones a la acción humana por la mala administración de la presa de Tepetitlán; sin embargo, también pensaba que no había mucho que hacer para cambiar la probabilidad de que ocurrieran nuevas inundaciones.

Esta aceptación de las inundaciones y sus riesgos se traduce en parte en una respuesta pragmática de los agricultores frente a una realidad que no pueden cambiar: sus campos están situados en zonas bajas y bordean el río. Creen que los factores que rigen el flujo del río están fuera de su alcance inmediato. La aceptación del riesgo probablemente esté relacionada con la historia del uso de la tierra en la comunidad. Quienes ahora la cultivan a lo largo del río lucharon en alguna época por el acceso a ella, sabiendo que dichas tierras se inundaban ocasionalmente.

Como se expuso en el capítulo II, El ejido de EPG fue fundado a mediados de los años treinta como parte del programa nacional de redistribución de la tierra iniciado después de la Revolución mexicana de 1910. La tierra asignada a los agricultores de EPG era parte de la hacienda de Tepetitlán. El maíz fue la cosecha principal de la comunidad desde el momento de la formación del ejido, pero en el plan original del uso de la tierra sólo se cultivaba una tercera parte de ésta. Según refiere un informante, uno de los primeros líderes del ejido promovió un plan de uso diversificado de suelos para la comunidad con base en sus observaciones respecto a lo que le había dado buenos resultados a la hacienda de Tepetitlán. Así, 645 hectáreas del ejido fueron asignadas inicialmente para el pastoreo del ganado de los 225 ejidatarios de la comunidad. Con el tiempo una parte de la tierra dedicada al pastoreo fue convertida en cultivo. Alrededor de 1941, un poco más de la mitad de las tierras dedicadas al pastoreo fue repartido en una ampliación del ejido, y quedó así únicamente un área común localizada al borde del arroyo Jaltepec (Colín López y Guadarrama Romero, 2001). Según los miembros de algunos hogares entrevistados, esta tierra nunca fue destinada al cultivo de maíz sino al de pasto debido a su vulnerabilidad a las inundaciones y a la pobre calidad del suelo. Sin embargo su uso y el acceso a ella estuvo controlado por algunas familias poderosas.

Alrededor de 1950 la comunidad tuvo que hacer frente a la escasez de tierra debido al aumento constante de su población. A finales de los años cincuenta declinó la importancia del ganado debido a la propagación de la epidemia de fiebre aftosa y al crecimiento de la industria artesanal (la producción y venta de una fibra natural que se usa como utensilio de limpieza para la casa). En los años cincuenta y sesenta, como resultado de los importantes trabajos hidráulicos que se llevaron a cabo (el sistema Cutzamala, para exportar agua a la ciudad de México) y al desarrollo de la infraestructura de transporte al oeste del estado, las labores no agrícolas empezaron a adquirir un papel cada vez más importante en la economía de las familias campesinas (véanse los capítulos II y IV). Algunos miembros de la generación más joven del ejido consideraron que los terrenos que hasta entonces habían sido usados para el pastoreo del ganado a lo largo del río eran aptos para parcelas y cultivos. Los campesinos más jóvenes se organizaron para reclamar una tercera ampliación del ejido (Colín López y Guadarrama Romero, 2001).

En 1957 un decreto presidencial resolvió el conflicto al establecer que la tierra para el pastoreo debía ser destinada al cultivo y distribuida entre los hogares que no tenían tierras. Este reparto benefició a muchas de las familias víctimas de las inundaciones de 2003 y posiblemente por esta razón no exigieron una indemnización por los daños ocasionados a sus cosechas; se encogieron de hombros y afirmaron: "tenemos tierra en la Cañada, aquí se inundará siempre". Ya que habían luchado por el acceso a la tierra, no podían quejarse de los riesgos que implicaría su uso. Así, las pérdidas de las cosechas en 2003 y los daños que sufrieron en años anteriores debido a las inundaciones se explican por la transformación de las tierras tradicionalmente usadas como de pastoreo a tierras de cultivo durante la ampliación del ejido.

RIESGOS DE INUNDACIONES Y ESTRATEGIAS ECONÓMICAS CONTEMPORÁNEAS EN EPG

Mientras la adquisición de las tierras ribereñas a finales de los cincuenta aumentó el riesgo a las inundaciones, los cambios en las estrategias económicas adoptadas por los campesinos en los noventa redujeron su vulnerabilidad a las inundaciones. En los primeros años que siguieron a la distribución de los pastos de la comunidad en 1957 la producción empezó a ser menos diversificada y el cultivo del maíz se convirtió en la fuente económica principal de los campesinos (capítulo II). Con la ayuda de los recursos federales destinados al cultivo y la comercialización del maíz a pequeña escala, a finales de los setenta y principios de los ochenta los campesinos de EPG empezaron a figurar en los mercados comerciales de maíz subvencionados por el gobierno (Appendini, 1988; Appendini, 1988a). Durante este periodo el uso de químicos y la mecanización se volvieron habituales entre los pequeños agricultores (Colín López y Guadarrama Romero, 2001); pero a finales de los ochenta se cancelaron los apoyos federales para sostener los precios de garantía, para otorgar créditos y para la comercialización del maíz. Como consecuencia, el mercado asegurado para el maíz local prácticamente desapareció. A mediados de los noventa la producción volvió a ser ante todo de subsistencia.

La encuesta que llevó a cabo en 2003 el equipo de Appendini y otros (capítulo II) en los hogares de EPG reveló que en 62% de los casos la producción de maíz eran únicamente para el autoabastecimiento, y que la mayoría de las parcelas medía menos de una hectárea (capítulo V). Para compensar las pérdidas del mercado de maíz algunas familias se dedicaron a otras formas de comercio no agrícola y muchos jóvenes optaron por seguir carreras profesionales como la enseñanza o los servicios de salud. La encuesta de 2003 reveló que 9% de los residentes estaba empleado en el sector educativo. Según esta misma fuente, 14% de los jefes de familia masculinos trabajaba en otros estados. Con el aumento de la movilidad de la mano de obra también creció el número de mujeres cabezas de familia en la comunidad: en 2003 representaban 22.5% de los hogares entrevistados (Appendini y De Luca, 2006).

Los cambios de estrategias económicas de los pobladores tienen implicaciones directas sobre la forma en que las familias perciben el impacto de las inundaciones. Las personas de más edad (4 de los 20 entrevistados tenían más de 60 años) seguían dependiendo del campo para sobrevivir. A la pregunta "¿Seguiría Ud. sembrando maíz en su campo ribereño si siguieran las inundaciones?" una pareja mayor contestó: "¿Y si no, qué comemos?" Otro campesino aseguró que no tenía otras opciones; no dejaría su tierra sin cultivar, y agregó "con la milpa uno se mantiene". Otros campesinos de la misma generación adoptaron una actitud similar: la tierra no se podía quedar sin cultivo, había que "dar vida a su terreno" a pesar de las pérdidas ocasionadas por las inundaciones y el bajo precio del maíz. Lamentaron que sus hijos ya no estuvieran interesados en trabajar la tierra y mostraran poco interés por la agricultura y su valor.

Entre las familias formadas por campesinos de edad media cuyos hijos mayores vivían fuera de casa o con hijos que estudiaban o trabajaban en las fábricas cercanas ya no se consideraba que el cultivo del maíz fuera la principal actividad económica, sino una fuente de ingresos adicionales. Las actividades alternativas, como el trabajo en un taxi, la enseñanza, el comercio o el servicio doméstico les proporcionaban una fuente de ingresos relativamente estable, y el cultivo de maíz servía para complementar el consumo doméstico y alimentar al ganado. En esos casos las actitudes de los hogares entrevistados eran mixtas. Si bien algunos campesinos declararon que seguirían sembrando a pesar de las precipitaciones cambiantes y de la frecuencia de las pérdidas, aunque sólo fuera para alimentar a sus animales, también reconocieron que invertían más de lo que ganaban, y que dadas las pérdidas que habían sufrido, tendría probablemente más sentido comprar tortillas. Cuando se les preguntó si se podía pensar en un cultivo alternativo más apropiado para las tierras que sufrían inundaciones frecuentes, varios declararon que habían considerado la posibilidad de sembrar forraje para alimentar a su ganado de manera más directa y volver a utilizar la tierra para el pastoreo, como antes de la distribución de las tierras en 1957.

Una pareja de maestros reconoció que había sembrado más por la satisfacción personal de cosechar su maíz que para obtener una ganancia. Las pérdidas por las inundaciones no les ocasionaron un perjuicio económico muy importante, ya que tenían ingresos adicionales. Dijeron que dados los precios bajos del maíz y los problemas frecuentes en las cosechas, pocos "profesionistas" como ellos estaban interesados en el cultivo de la tierra: "ya no quieren tirar su dinero en el campo". Al igual que esta pareja, otras dos familias en situación similar seguían sembrando para no abandonar la "tradición" del cultivo y para incrementar la posibilidad de alimentar su ganado.

Con todo, muy pocas familias pensaban dejar el cultivo pese a las inundaciones cada vez más frecuentes. Sólo una entrevistada declaró que ahora que su esposo trabajaba en Estados Unidos el mantenimiento de la tierra, lejos de la aldea y con suelo demasiado húmedo, le resultaba más difícil. Su marido le había dicho que era preferible no sembrar nada en 2004, pero querían seguir haciéndolo en los años siguientes. Comentó que era más conveniente comprar tortillas, dado que su familia era pequeña y era bajo el precio que se pagaba a los productores. Otra mujer, que trabajaba de lunes a viernes en la ciudad de México, reconoció que como nadie en su casa estaba disponible para hacer tortillas, las compraba en el vecindario, si bien seguía valorando la producción de maíz para la alimentación del ganado.

UN DETERIORO EN EL "SENTIDO DE LA COMUNIDAD"

El cambio en las actividades económicas en el ejido altera la manera en que los hogares perciben las inundaciones y se ven afectados por ellas, y también la motivación de los residentes para organizarse localmente con el propósito de anticipar los riesgos de inundaciones y prevenir las pérdidas futuras. Se le preguntó a siete personas que fueron o son líderes de la comunidad sobre la eficacia de la organización local, particularmente sobre la participación de los residentes en las actividades que implicaban un trabajo y una colaboración comunal. Uno de ellos, que había sido representante de la presidencia municipal, dijo:

> […] prácticamente ya no hay organización. Se ha ido perdiendo la organización de hace 20 años para acá […] ¿Cuál era nuestra organización? A la gente le daba gusto que llegaba un servicio público, como un camino o puente, clínica, escuela. Le preocupaba la gente, le daba gusto, se reunía, los convocaba la comunidad […] Todavía hay quienes van con gusto, pero en Portes Gil no les interesa. [Es] cada quien por su cuenta… ahora quieren que el gobierno haga todo.

Otros se quejaron de que ya que el nivel de la educación en la aldea había mejorado y la población se había dedicado a actividades más profesionales para ganarse la vida, el interés por el cultivo y el mantenimiento de los canales de irrigación y los suelos había declinado rápidamente. Alguien declaró: "Ahora entre más preparación, la gente es más ignorante, porque sólo busca su beneficio económico, ya no hay beneficio social"; otro explicó que pocas autoridades locales tenían tierras inundadas, y por lo tanto se preocupaban menos por prevenir las inundaciones: "Como no viven en los barrios y ya no tienen tierras, ya no se preocupan si la gente se inunda o no"; uno de los antiguos representantes del municipio denunció: "El río ya no es río, los drenajes y registros lo han afectado, además que hay gente que no entiende y tira basura, no hay precaución, no hay respeto"; también veía una correlación negativa entre el número creciente de "profesionistas" en la localidad y la gestión poco comprometida de la comunidad: "A pesar de que en la comunidad hay de 500 a 700 profesionistas, no han hecho nada de trabajos". Su opinión fue confirmada por otro: "La comunidad no es como antes, que se hacían asambleas, ya no hay cariño por los terrenos, ya no hay ganas... ahora la gente quiere vivir gratis, algunos prefieren estudiar o ir de comerciantes... por lo que hay muchas milpas sin sembrar".

No sólo se dejaban las tierras en barbecho, sino que se vendían para la ampliación de la zona urbana. Aparentemente la mayoría de estas ventas eran extraoficiales y se hacían sin registro formal. El comisario ejidal estimó que alrededor de 50 familias de la comunidad habían vendido tierras para la construcción urbana y la agricultura. Según él, ninguna de estas parcelas se había puesto en venta por el riesgo de inundaciones en la localidad. Los compradores eran otros pobladores o residentes de San Agustín, comunidad vecina. Al parecer, otros hogares alquilaban sus tierras inundadas para el pastoreo. El comisario ejidal atribuyó estas ventas y alquileres de la tierra al número creciente de "profesionales" que vivían en la comunidad y no tenían ningún interés en cultivar, así como al alto índice de migración de los jóvenes de las comunidades.

RESPUESTAS OFICIALES PARA SOLUCIONAR EL PROBLEMA DE LAS INUNDACIONES

En mayo de 2003, apenas cuatro meses antes de las inundaciones ocurridas a lo largo del río Lerma, el gobierno federal aprobó el Fondo para Atender a la Población Rural Afectada por Contingencias Climatológicas (FAPRACC), nuevo programa de ayuda para los campesinos afectados por contingencias climáticas. En los años anteriores las consecuencias de los desastres naturales fueron tratadas en mayor medida por la Secretaría de Gobernación. En los estados en donde se declararon desastres agrícolas recibieron ayuda todos los sectores afectados. Las familias rurales fueron generalmente asistidas por medio de programas de empleos temporales o de programas de extensión en vigencia. A finales de los años noventa la política cambió para reflejar las distintas necesidades del sector agrícola y tomar en cuenta la vulnerabilidad ante los riesgos de inundaciones. La frecuencia con que los campesinos reclamaban compensaciones se consideraba un obstáculo para una gestión eficaz de los riesgos, y con la descentralización del programa de ayuda a Sagarpa la nueva política decidió otorgar más incentivos para mejorar la gestión de riesgos en el sector agrícola.

Irónicamente, en EPG ninguno de los campesinos recordó haber recibido pagos del gobierno federal en los años anteriores, cuando sufrieron pérdidas en sus cosechas. Con la aprobación del FAPRACC, tenían el derecho de recibir pagos directos destinados a apoyar parcialmente los esfuerzos que habían invertido en los cultivos. En 2003 esta ayuda alcanzaba 361 pesos por hectárea (Sagarpa, 2003). Para los campesinos afectados de EPG esta cantidad representó 15% o menos de sus costos de producción. Pocos campesinos habían contado con recibir ayuda, de ahí que no se quejaran del limitado monto que se les proporcionó.

En agosto de 2003, cuando ocurrieron las inundaciones, una nueva administración municipal acababa de entrar en funciones en San Felipe del Progreso. Como parte de una iniciativa del Estado tendiente a descentralizar las medidas para enfrentar casos de emergencias municipales (iniciada en 1992, pero no aplicada hasta la administración de 1998-2005), la Unidad de Protección Civil de San Felipe contaba con poco personal. Su primera tarea consistió en tratar el caso de las víctimas de las inundaciones, aunque en ese momento pocos miembros del personal habían recibido una formación para responder a casos de emergencia. En las entrevistas con el personal de la oficina encargada de los casos de emergencia resultó evidente que aunque no hubo fallecimientos relacionados con las inundaciones, el evento había llamado la atención del gobierno municipal sobre los riesgos que éstas representaban. El número de miembros del personal de la Unidad de protección civil se incrementó a nueve personas. Esta conciencia del riesgo, acentuada por las inundaciones de 1997 y 1999, fue plasmada en el Plan de desarrollo del municipio, en el cual los riesgos debidos a derrumbes de tierra, escurrimientos e inundaciones se declararon los más importantes en el área (Presidencia Municipal de San Felipe del Progreso, 2004).

La implicación de la Secretaría de Desarrollo Agropecuario del Estado de México (Sedagro) en la instrumentación del programa del FAPRACC y la nueva presencia local de la Unidad de Protección Civil contribuyeron a consolidar la ayuda oficial respecto a las inundaciones en el entorno. El hecho de que las cosechas de un líder del barrio de Tungareo también fueran afectadas ayudó sin duda a la comunidad. Gracias a sus conexiones políticas y su capacidad para movilizar recursos en nombre de sus vecinos fue el primero en pedir que se tomaran medidas para prevenir inundaciones futuras en el área. Se removieron los escombros del arroyo de Jaltepec y se dragó con excavadoras que prestó la Sedagro en los meses siguientes. El canal se hizo más profundo y se elevaron los bancos del río Lerma adyacentes al ejido. Fue Sedagro, en colaboración con las autoridades municipales, quien se encargó de todas esas acciones. Así, por primera vez en muchos años los campesinos recibieron algún tipo de indemnización por sus pérdidas.

Aunque los entrevistados pensaban que las mejoras al canal eran justificadas, algunos funcionarios locales se preguntaron si esta política daría indicios apropiados a los campesinos. Según el director de la Oficina de Desarrollo Agrícola del municipio vecino de Ixtlahuaca la ayuda del FAPRACC, aunque sólo representara una fracción reducida de las inversiones de los campesinos, les daría incentivos para seguir sembrando en tierras susceptibles de inundarse (ahora con derecho a compensaciones) en vez de cambiar su producción a plantas de ciclo más corto o forrajes, que resultan menos afectadas en el caso de inundaciones. El funcionario entrevistado estaba convencido de que los campesinos que sembraban a lo largo del río lo hacían conscientes del riesgo de inundación, y se arriesgaban cada año con la esperanza de levantar una muy buena cosecha en los suelos húmedos del banco del río.

Independientemente de que quienes habían sembrado a lo largo del río pensaran que tenían o no la opción de hacerlo, las entrevistas demostraron claramente que los campesinos de EPG conocían y entendían el riesgo de inundaciones. Aunque para algunos hogares las pérdidas representaban una merma importante en lo que requerían para su subsistencia, las entrevistas revelaron que a la hora de sembrar los campesinos eran conscientes de la posibilidad de tener una pérdida en su inversión y en su reserva de alimentos, y aun así decidían aplicar la misma estrategia de producción en los años siguientes. La mayoría de los afectados opinaba que no se podía hacer mucho para prevenir el desastre o prepararse para futuras inundaciones. Algunas familias habían cavado canales de drenaje, aunque reconocían que poco podían hacer una vez que el agua inundaba sus campos. Añadían que el drenaje natural de sus tierras —con alto contenido de arcilla— era muy débil, lo que impedía la evacuación del agua. Aunque algunos reconocían que otras cosechas, por ejemplo de habas o avena, podían tener un ciclo de cultivo más corto y ser menos vulnerables a las inundaciones, parecían poco interesados en esos cultivos. Sin embargo no se advertía una relación entre su persistencia en cultivar el maíz y la posibilidad de recibir una indemnización (después de todo, 2003 fue el primer año en el que muchas familias de campesinos recibieron alguna), ya que a pesar de su valor cada vez menor en los mercados, el maíz seguía siendo la cosecha más versátil y útil que podían sembrar.

CONCLUSIÓN

Aunque al parecer más de cien familias se vieron afectadas por la inundación de 2003 en EPG, el acontecimiento tuvo un impacto ambiguo en la comunidad. Todos los residentes y funcionarios locales reconocieron que entendían muy bien el riesgo de inundaciones y sabían que se trataba de una característica de la zona. Durante décadas los sedimentos se fueron acumulando en el arroyo Jaltepec y el río Lerma, además de que las precipitaciones intensas combinadas con los canales sin mantenimiento del río y la apertura de la presa de Tepetitlán pueden conducir, y de hecho conducen, a inundaciones recurrentes. Aunque el carácter fragmentado del registro histórico dificulta cualquier esfuerzo para analizar las frecuencias de las inundaciones de manera certera, un número creciente ha sido reportado estos últimos años. Si bien los cambios en la variabilidad del clima pueden haber provocado el incremento de la frecuencia de inundaciones, lo más probable es que este aumento se deba a más denuncias, a la descentralización de la protección civil hacia el municipio, y al cambio de actividades económicas y de uso del suelo en las áreas ribereñas.

El hecho de que se empezaran a cultivar los campos adyacentes al arroyo Jaltepec como consecuencia del crecimiento demográfico complica la comprensión del significado que tienen las inundaciones para los hogares afectados. Antes de la ampliación del ejido las tierras de la planicie de inundación eran utilizadas para pastorear. Desde 1960, con el reparto, las inundaciones representaron para muchas familias pérdidas de ingresos correspondientes a las ventas del maíz, pérdidas de acervos de alimentos, y pérdidas de inversión agrícola, aunque el riesgo estaba "previsto" y hasta cierto punto aceptado.

Para muchas familias la caída del precio del maíz en los años noventa estimuló una modificación de las estrategias económicas, lo que se tradujo en un cambio en cuanto a la vulnerabilidad de los hogares hacia las inundaciones. Hoy día las familias más sensibles a las pérdidas por inundaciones son probablemente los hogares más vulnerables, en algunos de los cuales hay una mujer como jefa de familia, o están constituidos por adultos mayores con poca ayuda financiera y escaso apoyo de sus hijos. Como en la mayoría de las casas hay varios adultos que trabajan fuera de la agricultura, la pérdida de la cosecha de maíz debida a las inundaciones pierde importancia.

Irónicamente, aunque para la comunidad pueda cambiar el significado de las pérdidas debidas a las inundaciones, el problema está cada vez más presente en la agenda política. De ser localmente "previsto" o de "riesgo conocido", el fenómeno pasó ahora a ser un evento frecuente y de ocurrencia anómala, que requiere acciones preventivas y planificación de medidas para casos de emergencia. El mejor mantenimiento de los canales, la educación pública y la planeación del uso del suelo son parte de la agenda municipal para la prevención de las inundaciones. Ahora es posible obtener indemnizaciones parciales del gobierno federal por las pérdidas (aunque solamente en casos de impactos extensos). Aunque estos esfuerzos para controlar los efectos riesgosos de las inundaciones son loables, parecen no concordar con los cambios locales de estrategias económicas y de uso de suelo. Pocas familias parecen estar motivadas para exigir una acción pública preventiva y en general parece ser escasa la participación en las actividades comunales para mejorar la prevención de riesgos.

Mientras que por los cambios de uso del suelo y de las actividades económicas en la comunidad el impacto de las inundaciones representa ahora un asunto privado, las tendencias recientes de la política pública sugieren que en el Estado de México van en aumento y se convierten en una preocupación pública. En los años venideros la manera de resolver estas percepciones distintas respecto al riesgo de inundaciones estará probablemente relacionada con el futuro de la agricultura a pequeña escala en San Felipe del Progreso, con la capacidad del liderazgo local para integrar la gestión de riesgos en las nuevas actividades económicas, y con el uso del suelo por las comunidades ribereñas.

BIBLIOGRAFÍA

Appendini, K. (1988), "La participación de los productores campesinos en el mercado del maíz", *Revista mexicana de sociología*, vol. 50, núm. 1, IIS-UNAM, México, pp. 149-167.

_____ (1988a), "El papel del Estado en la comercialización de granos básicos" en J. Zepeda (ed.), *Las sociedades rurales hoy*, El Colegio de Michoacán-Conacyt, México.

_____ y M. De Luca (2006), *Estrategias rurales en el nuevo contexto agrícola mexicano*, FAO, Roma, (Serie Género y Trabajo).

Bankoff, G. (2003), "Constructing Vulnerability: The Historical, Natural and Social Generation of Flooding in Metropolitan Manila", *Disaster*s, vol. 27, núm. 3, Paul Harvey, ODI, Londres, pp. 224-238.

Centro Nacional de Prevención de Desastres (Cenapred) (2004), *Impacto socioecónomico de los principales desastres ocurridos en la República Mexicana en el año 2003*, Secretaría de Gobernación, México.

Colín López, A. R. y X. Guadarrama Romero (2001), *Las transformaciones en la organización campesina del trabajo*, tesis, Universidad Autónoma del Estado de México, Toluca.

Cornelius, W. y D. Myhre (eds.) (1998), *The Transformation of Rural Mexico: Reforming the Ejido Sector*, Center for U.S.-Mexico Studies, San Diego.

Doolittle, W. (1989), "Arroyos and the Development of Agriculture in Northern Mexico", en *Fragile Lands in Latin America: Strategies for Sustainable Development*, Westview Press, Boulder.

Eakin, H. (2005), "Institutional Change, Climate Risk, and Rural Vulnerability: Cases from Central Mexico", *World Development* vol. 33, núm. 11, Pergamon, Oxford, pp. 1923-1938.

Few, Roger (2003), "Flooding, Vulnerability and Coping Strategies: Local Responses to a Global Threat", *Progress in Development Studies*, núm. 3, Sage Publications, California, pp. 43-58.

Gliessman, S. R. (1991), "Ecological Basis of Traditional Management of Wetlands in Tropical México: Learning from Agroecosystem Models", en M. L. Oldfielf y J. B. Alcorn, *Biodiversity: Culture, Conservation and Ecodevelopment*, Westview Press, Boulder.

Parker, D. J. (ed.) (2000), *Floods*, Routledge, Londres y Nueva York, (Hazards and Disasters Series).

Pelling, Mark (1999), "The Political Ecology of Flood Hazard in Urban Guyana", *Geoforum*, núm. 30, Pergamon, Nueva York, pp. 249-261.

Presidencia Municipal de San Felipe del Progreso (2004), *Plan Municipal de Desarrollo Urbano de San Felipe del Progreso, Estado de México*, Secretaría de Desarrollo Urbano del Estado de México, Toluca.

Pivot, J. M., E. Josien y P. Martin (2002), "Farms Adaptation to Changes in Flood Risk: a Management Approach", *Journal of Hydrology*, núm. 267, Elsevier, Amsterdam, pp. 12-25.

Sagarpa (2003), "Reglas de operación del programa del Fondo para Atender a la Población Afectada por Contingencias Climatológicas (FAPRACC)", en *Diario Oficial de la Federación*, Secretaría de Gobernación, México.

Secretaría de Agua, Obra Pública e Infraestructura para el Desarrollo y Comisión del Agua del Estado de México (2004), *Atlas de inundaciones 10: 10 años previniendo inundaciones*, Gobierno del Estado de México, Naucalpan de Juárez.

SARH (varios años), *Evaluación de daños causados por inundaciones y perturbaciones atmosféricas en la República Mexicana*, Gobierno de México, México.

Sheridan, T. (1988), *Where the Dove Calls*, University of Arizona Press, Tucson.

VIII. LA REINVENCIÓN DE LA COMUNIDAD: CAMBIO SOCIAL Y ESTRATEGIAS DE ADAPTACIÓN EN EL MÉXICO RURAL. UN CASO DE ESTUDIO

Christian Muñoz Aguirre

En los años ochenta el Estado mexicano emprendió una profunda reformulación de sus políticas hacia el campo con el propósito de modernizar el sector. En una síntesis muy apretada puede sostenerse que el cambio en los precios relativos castigó severamente a los productores de granos básicos, favoreció a quienes producían para los mercados internacionales e incentivó el desplazamiento de la fuerza de trabajo hacia otros sectores productivos. Las políticas de modernización, sin embargo, no pudieron barrer con la herencia de profunda heterogeneidad social y productiva que caracterizaba a la sociedad rural mexicana. La aplicación de estas medidas, por el contrario, profundizó la segmentación productiva. Las antiguas líneas de fractura social y regional propias de la estructura agraria de entonces siguieron definiendo quiénes disfrutaban de los beneficios del cambio económico y quiénes quedaban excluidos de ellos.

Las escasas evidencias sugieren que a casi dos décadas de iniciado el proceso de reformas un estrato reducido de productores ha aprovechado las ventajas creadas por las políticas agraria y comercial. Es más, este estrato no sólo consolidó su poder, sino que también amplió la brecha de ingresos respecto al resto de los productores. En cambio, los campesinos del sector ejidal que están en condiciones de asumir un perfil empresarial no han mostrado una disposición significativa a adoptar los patrones de producción propios de las explotaciones comerciales. La venta de tierras no es significativa, salvo en las próximas a las zonas urbanas, donde el precio del suelo rural no puede competir con el urbano, la introducción de nuevos cultivos es poco generalizada y la adopción de técnicas más avanzadas es excepcional. Por último, los campesinos del sector de subsistencia, es decir, aquellos cuya producción es insuficiente para cubrir sus necesidades de alimentación y que por lo tanto están obligados a emplearse fuera de la agricultura, han mostrado un sorprendente apego a sus parcelas (Von Bertrab, 2004).

En este artículo se analizan las respuestas sociales dirigidas a enfrentar las consecuencias locales del cambio en el modelo de desarrollo. El cambio en la estructura de oportunidades afectó de manera desigual a las diversas categorías de productores y agentes sociales vinculados al campo, y debido a eso también fueron distintas las respuestas de los mismos actores. Hemos inscrito el análisis de las decisiones de los actores en el amplio marco de la comunidad y las redes sociales que definen el primero y más cercano ámbito de sociabilidad de los actores. El circunscribir el análisis de las decisiones al ámbito exclusivamente productivo nos hubiera impedido observar la estrecha interrelación que suponemos existe entre las decisiones económicas y los factores sociales y culturales que contribuyen a moldearlas.

El análisis de las respuestas sociales a los cambios en el entorno jurídico, social y económico se sustenta en dos premisas. La primera es la pluralidad de la sociedad rural y la diversidad de recursos al alcance de los distintos actores. El vínculo con la tierra ha perdido importancia como factor determinante de las diferencias sociales, los mercados locales de trabajo y las diferentes modalidades de acceso a la tierra —arrendamientos y contratos—; además ha debilitado la dicotomía tradicional basada en la propiedad o no de la tierra. En sintonía con esto, los atributos de las unidades de producción —tamaño, rendimiento, tecnificación, excedentes, tipo de cultivos— también han dejado de ser mecanismos determinantes de la heterogeneidad rural.

Esto nos conduce a la segunda premisa: las repuestas a los cambios en el entorno esconden tras de sí un complejo entramado social que no sólo involucra al productor en tanto agente económico, sino que se extiende a otras esferas sociales. La noción de recursos permite examinar el problema de la pluralidad social desde una perspectiva dinámica en donde lo contingente adquiere una gran relevancia. Las respuestas sociales de los actores no son el resultado de la posición en una relación social, sino del entrecruzamiento de múltiples ámbitos de estructuración: la unidad de producción, la unidad doméstica y la comunidad.

El objetivo de este texto es analizar los efectos sociales del cambio económico en la sociedad rural contemporánea e identificar los mecanismos que permitieron a los campesinos adaptarse a estas nuevas circunstancias. El funcionamiento de tales mecanismos es capturado ampliamente por la noción de estrategia de subsistencia.[1]

En las zonas rurales estas estrategias tratan de diversificar las actividades generadoras de ingreso o productoras de diversos bienes o servicios con el propósito de asegurar el bienestar y la seguridad económica en contextos sumidos en la incertidumbre (Ellis, 1998). La diversificación implica la inserción de los agentes en múltiples actividades productivas y requiere de una gestión colectiva de los recursos. La unidad doméstica es el espacio natural para este tipo de cooperación. La obtención de ingresos, en una economía local fuertemente dependiente del

---

[1] Estratégica es aquella conducta que opera bajo la condición de que las acciones que va a tomar el sujeto y los beneficios que espera obtener como resultado de la misma están condicionados por las acciones que los demás toman y los beneficios que los demás esperan obtener (Knight, 1992).

mercado, es un objetivo central de las estrategias, pero el alcance de éstas no se agota en el mercado. Las estrategias de diversificación se despliegan en contextos sociales específicos en donde operan instituciones formales e informales que las orientan y les dan forma. Algunas de ellas están relacionadas con el apoyo social (familia, comunidad), otras regulan el acceso a los recursos naturales (tierra, agua, pastos) y otras prescriben pautas de comportamiento (género) que distribuyen a los individuos en las actividades. La esfera es importante porque las políticas sociales —salud y educación— o de desarrollo —por ejemplo Procampo— afectan tanto el bienestar definido en forma general como las posibilidades de obtener ingresos monetarios.

CRITERIOS TEÓRICO-METODOLÓGICOS

Incertidumbre y cooperación

El productor campesino tiene una gran flexibilidad para acomodarse a las cambiantes condiciones de la sociedad moderna. En contra de las percepciones de quienes han subrayado el carácter autárquico de las unidades de producción campesina, las relaciones con el entorno social, económico y político desempeñan un papel fundamental en la reproducción del productor en tanto agente económico y actor social. Estas relaciones están ampliamente diversificadas e incluyen a múltiples actores y ámbitos sociales; especial peso tienen los vínculos con el Estado (sus políticas y agencias públicas) y los mercados en que operan los productores (de trabajo, de bienes, de servicios). La diversificación y multiplicación de estos vínculos es un rasgo distintivo de lo que se ha identificado como *nueva ruralidad* (Kearney, 1996).

Sin embargo los productores ocupan en estas relaciones de intercambio una posición subordinada en donde los términos del intercambio son desfavorables para ellos. Esto ocurre en el plano político cuando el clientelismo es el eje de articulación con el poder político, y también en el mercado cuando los precios de los recursos (productos y fuerza de trabajo) se mantienen constantes o caen, mientras que el precio de los bienes que complementan la subsistencia o los insumos utilizados en la producción sube. El carácter permanente de este rasgo —el intercambio desigual con el entorno—, sumado a otras fuentes de incertidumbre —como los riesgos naturales—, eleva la vulnerabilidad de los productores y las familias.

Éstas son las razones y las condiciones materiales que dan vida a la compleja e intrincada red de relaciones de cooperación e intercambio que anidan en las comunidades rurales. Más allá de las tipologías que se puedan elaborar (si son de corto o largo alcance, si son de carácter defensivo o estratégico, si abarcan sólo lo doméstico o se extienden a los dominios económicos o políticos, etc.), lo importante es que la incertidumbre proveniente del entorno alienta el surgimiento de normas de cooperación y coordinación en las comunidades agrarias.

El marco jurídico del ejido brindó a estas relaciones de cooperación un sustento legal que en gran medida ha sido erosionado por la reforma de los noventa. En los casos en que los problemas de cooperación y coordinación han sido importantes, las comunidades han actualizado una serie de mecanismos informales (normas sociales) dirigidos a regular la inserción de la comunidad en los procesos económicos más amplios. Estas normas continúan vigentes, aunque sustentadas en otros recursos de poder. Las relaciones fundadas sobre estas bases no sólo contribuyen a la reproducción económica de la organización productiva campesina, sino que cumplen un papel decisivo en las estrategias de subsistencia de las unidades domésticas y de la comunidad en sí misma. Aunque la cooperación, la confianza y la reciprocidad constituyen el cemento y el lubricante de estas relaciones, las comunidades campesinas en modo alguno están excluidas de la posibilidad de verse envueltas en conflictos, tensiones y enfrentamientos.

El papel mediador del territorio

El mercado y el Estado no se presentan al productor o a la comunidad como un todo homogéneo e indiferenciado. El entorno regional —el grado de desarrollo local, el marco institucional, la integración con otras regiones, etc.— afecta la dirección y la intensidad de las medidas económicas y políticas nacionales. El contexto regional también es crítico para el análisis de las estrategias sociales porque los diversos recursos locales y regionales constituyen el principal objetivo de las mismas. La dotación de servicios públicos, el acceso a servicios sociales (salud, educación), la situación en los diversos mercados de trabajo y la accesibilidad a los recursos de las regiones circundantes son elementos que dan forma y determinan el alcance de esas estrategias sociales.

La región es entonces una arena en donde se entrecruzan los efectos de los cambios sociales y económicos originados en el plano nacional e incluso en el internacional y las estrategias sociales desplegadas por los actores locales. En ese sentido, unas comunidades rurales con perfiles similares en cuanto a sus capacidades productivas y expuestas a las mismas restricciones económicas y sociales pueden describir trayectorias de desarrollo muy distintas dependiendo de las características de la región en la que están localizadas.

El diseño metodológico del estudio eligió una estrategia complementaria: las localidades La Fuente y Boye están ubicadas en dos contextos regionales marcadamente diferentes en cuanto a la diversificación de oportunidades económicas fuera de la agricultura. Boye está en una zona árida poco apta para la agricultura y su estructura productiva es escasamente diversificada. La Fuente, por el contrario, no sólo cuenta con una agricultura altamente productiva, sino que también tiene un acceso geográfico directo a los dinámicos mercados laborales de San Juan del Río, Tequisquiapan e incluso Querétaro.

La comunidad

La interpretación de los procesos de cambio social en el campo no puede circunscribirse a las unidades de producción. La parcela es sin duda el ámbito donde primero repercuten los cambios en las políticas de desarrollo y la creciente expansión de los mercados, marcando muchas veces claros límites para la viabilidad productiva de las unidades de producción. Sin embargo las respuestas a las presiones económicas del entorno tienen un anclaje social más amplio que el exclusivamente definido por las fronteras de la unidad de producción. Los productores agrícolas al tomar decisiones —abandonar o persistir en la actividad agropecuaria, vender las tierras o arrendarlas— se basan en cuestiones económicas —como el comportamiento de los precios relativos— pero también incluyen otras consideraciones, como su pertenencia a grupos sociales más extensos. En este trabajo utilizamos la noción de *comunidad* para referirnos al grupo social articulado por relaciones de cooperación y conflicto, pero cimentado también por el hecho de compartir un territorio delimitado —la localidad— y una historia común.

Tres elementos distinguen a la comunidad de otras formas de sociabilidad. En primer lugar, se sustenta en un conjunto de relaciones sociales ancladas en el territorio. La pertenencia a la comunidad es también una pertenencia territorial definida, en este caso a la localidad.[2] En segundo lugar, la comunidad se sustenta en una densa red de espacios de interacción social. En La Fuente estos espacios son múltiples, diversificados y jerarquizados, en Boye son escasos y especializados. El apoyo a las necesidades de la escuela, la participación exigida por las políticas sociales (Progresa en ese entonces), las faenas, los grupos organizados en torno a la cuestión productiva, constituyen ejemplos de esos pequeños mundos de sociabilidad sobre la cual se construye la comunidad. En tercer lugar, estos microespacios de interacción intensa se articulan entre ellos para crear un sentido de pertenencia más amplio. El parentesco desempeña un papel articulador decisivo porque contribuye a definir la posición del individuo en el entramado social. Los miembros de la comunidad utilizan explícitamente el recurso del parentesco para

---

[2] Los entrevistados se refieren a su entorno social inmediato como "la comunidad" o "la localidad" intercambiando las nociones. Los entrevistados en las ciudades se refieren a los asentamientos rurales como "las comunidades".

establecer quién pertenece y quién no pertenece a la comunidad. En ese sentido, los principios de consanguinidad y afinidad operan como mecanismos de reclutamiento sobre los cuales posteriormente se construirán las relaciones de confianza y cooperación. El parentesco ofrece un marco para la estructuración de las relaciones a la vez que sirve de recurso cognitivo para identificar los límites del grupo social. Por último, la comunidad es una fuente de recursos de diverso tipo que los individuos pueden movilizar a partir de su condición de miembros del grupo. El acceso a las tierras comunes, el uso de beneficios como el riego y el apoyo social que brindan los distintos espacios de interacción son algunos de los recursos sociales a los que la pertenencia a la comunidad permite acceder bajo el principio de reciprocidad.

Esta propuesta de comunidad nos lleva a plantear que el dinamismo y la vitalidad de la comunidad dependerá de la presencia de problemas de gestión social cuya solución trascienda el esfuerzo de los individuos y por lo tanto requiera de unas formas de cooperación y coordinación de mayor envergadura. Se trata de lo que una vertiente de la teoría social ha llamado "los problemas de la acción colectiva".

En este texto la atención se dirige al papel de la comunidad en las estrategias de reproducción campesina. La respuesta a la pregunta de por qué el campesinado persiste en su empeño, especialmente el que practica una economía de subsistencia, hay que buscarla en el entorno social inmediato del productor y su familia. La importancia de la comunidad proviene en parte de su papel regulador de las relaciones entre la unidad productiva y el mercado y las políticas. A diferencia de lo que sucede en el mercado y en la arena política, la comunidad ofrece recursos sobre los cuales el campesino tiene un control mucho más directo: la comunidad es un escenario propicio para la interacción estratégica.[3]

Unidad de producción, unidad doméstica y comunidad

El principal ámbito de *cooperación* se estructura en torno a los procesos de consumo y producción contenidos en la unidad doméstica y de producción. Las decisiones sobre el consumo, la producción, las estrategias laborales y de residencia

---

[3] Los productores se enfrentan al mercado sin posibilidades de incidir en las condiciones de intercambio; los precios se fijan previamente y no se cuenta con recursos para modificar la posición de desventaja en las redes de intermediación. En el plano político, el clientelismo ha perdido el vigor de otras épocas y con ello la capacidad de incidir en las políticas, al mismo tiempo que no se han construido las mediaciones políticas capaces de expresar el interés de los productores. En un sentido crítico el papel cada vez más preponderante de la comunidad no se funda en una expansión de las capacidades de la misma, sino en la vulnerabilidad creciente del campesino frente al mercado y el Estado.

se toman en estos ámbitos. La existencia de diversas relaciones de cooperación con otros actores sociales, vinculados por parentesco o no, no cancela el hecho de que la unidad doméstica sea el principal escenario para la cooperación. Algo fundamental, la trasmisión de la propiedad, ocurre dentro de los límites definidos por esta unidad. El fracaso de los ejidos colectivos, o sea el intento de fundar un espacio de cooperación extradoméstico con el objetivo de asegurar una mayor escala en la producción agrícola, en gran medida puede adjudicarse a una concepción errónea del papel que desempeña la unidad doméstica.

La comunidad cumple una función de segundo orden en relación con la reproducción social de las unidades domésticas porque permite resolver los *problemas de cooperación y coordinación* que trascienden a la unidad doméstica y que suelen ser fuente de conflicto entre las unidades domésticas. Pero también es un medio que asegura el apego a las normas que los individuos deben observar en su propósito de garantizar la reproducción de la unidad doméstica: restringe, pero no cancela el interés individual. La legislación del ejido en muchos aspectos codificó las normas sociales informales que la "comunidad" sostenía y aplicaba.[4] El parentesco es una red de relaciones que vincula y articula ambos niveles, el de la unidad doméstica y el de la comunidad. El principal uso social del parentesco es establecer un "nosotros" al cual estamos vinculados por lazos de distinta intensidad.

Los casos de estudio: Boye y La Fuente

Este estudio se basa en un trabajo de campo que se llevó a cabo en dos localidades rurales de los municipios de Tequisquiapan y Cadereyta durante los años 2002 y 2003. El trabajo de campo consistió en la realización de numerosas entrevistas con campesinos, residentes y autoridades (municipales, ejidales) de dos localidades: La Fuente en Tequisquiapan y Boye en Cadereyta.

Boye y La Fuente pertenecen a dos microrregiones marcadamente diferentes. Boye es una comunidad rural conformada por minifundistas ejidatarios y propietarios privados conocidos como *colonos*. La aridez y la escasez de suelo apto hacen de la agricultura una actividad con bajo rendimiento. Las parcelas son pequeñas, de dos hectáreas o menos, y el rendimiento del maíz varía entre 200 y 300 kilos por hectárea; consecuentemente la producción anual es insuficiente

---

[4] La formalidad de la legislación ejidal fue utilizada en las relaciones de la comunidad con los actores relevantes del entorno —Estado, empresarios, elites, otros ejidos, etc.—, mientras que la regulación interna continuó basada en las normas informales. El ejido hacía un uso defensivo de los recursos legales. Según un entrevistado, sólo en circunstancias excepcionales se recurre a instancias formales como el Tribunal Agrario o la Procuraduría Agraria para solucionar conflictos internos.

para satisfacer las necesidades de alimentación de la unidad doméstica. Es una economía local claramente deficitaria en este aspecto, lo que ha obligado a los hogares a desplegar variadas estrategias económicas: ganadería ovina, migración internacional y empleo no agrícola en diversas empresas ubicadas en la región. El arrendamiento casi no se practica y tampoco se conocen casos de venta de parcelas.[5] La herencia es entonces el principal mecanismo de circulación de éstas.

Boye se ubica a un kilómetro de la carretera que la comunica hacia el norte con la Sierra Gorda y con San Juan del Río al sur. A pocos minutos se encuentra la ciudad de Cadereyta, lugar de asiento de los principales servicios públicos (hospital, escuelas secundaria y preparatoria y organismos públicos). En Cadereyta y sus alrededores están radicadas las escasas empresas privadas generadoras de empleo, además del comercio: una maquila textil y varias explotaciones de canteras. La carretera une a Boye con los centros económicos más dinámicos: Ezequiel Montes, Tequisquiapan y San Juan del Río. Sin embargo pocos habitantes de Boye se desplazan hacia allá en busca de empleo.

La Fuente tiene una historia diferente. Las parcelas son considerablemente más grandes, todos los ejidatarios cuentan con riego y los rendimientos del maíz son altos. Los productores cultivan además forrajes, chile, sorgo, y en menor escala hortalizas. Las tareas del campo están tecnificadas y algunos productores han introducido innovaciones como el riego por goteo. En el ejido no hay actividad ganadera relevante. Los pobladores de La Fuente que no trabajan en el campo tienen acceso directo a la oferta laboral de Tequisquiapan, San Juan del Río e incluso de la ciudad de Querétaro. El empleo en la industria y los servicios es el más buscado. En La Fuente operan dos maquilas textiles que ocupan principalmente a mujeres jóvenes. En el ciclo que va de marzo a septiembre (de la siembra a la cosecha de maíz) crece la demanda de jornaleros agrícolas. La construcción es también una fuente importante de ocupación en la región.

El ritmo de crecimiento de la población de ambas localidades ha disminuido en los últimos 15 años. En la década de los noventa Boye y La Fuente crecieron 2.6 y 2.9% anual, y en los primeros cinco años de esta década dicho crecimiento se redujo a 1.9% y 1.6%, respectivamente. El centro urbano más importante de la región, San Juan del Río, continúa creciendo a tasas altas (4.9 y 4% en ambos periodos).

Un extendido entramado de carreteras estatales y caminos secundarios integra a ambas localidades a la dinámica regional y los une con los principales centros urbanos. El servicio de transporte, autobuses principalmente, satisface las necesidades de movilidad de la población de manera eficiente. Las cabeceras

---

5 En el trabajo de campo se documentaron algunos casos de unidades domésticas que tenían tanto parcelas bajo el régimen ejidal como parcelas privadas. En algunos casos esto se debía a que los cónyuges habían heredado las parcelas o a una herencia posterior. No se registraron casos de compra y venta.

municipales prestan importantes servicios públicos al entorno rural, pero es en San Juan del Río donde se concentran los servicios de salud y educación más importantes. En la cabecera de este municipio se estableció en los últimos años un número importante de establecimientos de educación media superior y superior que diversificó notablemente la oferta de servicios educativos. La región goza de fuerte dinamismo económico basado en la industria, el comercio, el turismo y la construcción.

Recuadro VIII.1
Descripción de Boye (Cadereyta)*

En Boye hay 166 ejidatarios y un número menor no precisado de propietarios privados llamados "colonos". La tierra ejidal y la privada son resultado de la división de una antigua hacienda. Las parcelas varían entre una y tres hectáreas que son insuficientes para garantizar a los pobladores el suministro de alimentos.

Los productores cultivan maíz, frijol, maguey y algo de forraje. En promedio obtienen 500 kilos de maíz y 100 kilos de frijol, dependiendo del tamaño de las parcelas y las bondades del clima. El forraje y el zacate se destinan al consumo animal. Con el maguey se prepara pulque. La mayoría de las familias posee animales; abundan los chivos, los borregos, algunos bovinos, animales de tiro y aves de corral. El consumo y la venta son los principales destinos del ganado. No hay venta ni arrendamiento de tierras.

La migración internacional es intensa. En los años ochenta y noventa la migración creció y no se ha detenido. Los migrantes, varones en su mayoría, viajan solos y envían remesas en forma regular. El consumo, la vivienda y en menor medida la producción son los principales destinos de las remesas. Las medidas de seguridad en la frontera han elevado el costo de la migración (hasta 1 500 dólares) pero no se observan efectos notorios de disminución. El empleo asalariado en la región es otra fuente importante de ingresos, especialmente para las mujeres. Los subsidios también son significativos: 235 familias de un total de 450 reciben las becas escolares de Progresa según un informante en la comunidad. Los productores también reciben los subsidios de Procampo.

Los espacios tradicionales de organización, como la asamblea ejidal, gozan de poco apoyo. Los colonos acusan a los ejidatarios de ser egoístas y los ejidatarios perciben al ejido como un medio útil sólo para negociar con las instancias públicas. Los ejidatarios tienen dificultades para encontrar quien asuma las responsabilidades de Comisario. Hay problemas por el uso de las tierras comunes. La participación es más relevante en actividades como la fiesta patronal, el apoyo a la escuela y las reuniones a las que convocan los programas sociales. La vida comunitaria tiene espacios de expresión acotados a la cooperación en la escuela y la realización de la fiesta patronal. La realización de faenas por las mujeres es una exigencia de los programas sociales que operan en la localidad.

* Las decripciones se elaboraron con base en las entrevistas realizadas en las comunidades.

Recuadro VIII.2
Descripción de La Fuente (Tequisquiapan)

La Fuente está ubicada 15 minutos al este de Tequisquiapan. Es un ejido compuesto por casi 140 ejidatarios, de los cuales 30 son mujeres. Las parcelas ejidales son de 8 hectáreas y la mayoría tiene riego. Los principales cultivos son el maíz (una parte se destina al autoconsumo), el chile verde, forrajes y algunas hortalizas. Los rendimientos en La Fuente son muy altos, en promedio una hectárea con riego produce entre 9 y 10 toneladas de maíz y entre 11 y 13 toneladas de sorgo. La mayor parte de la producción se destina al mercado. El trabajo está tecnificado y se utilizan sembradoras, tractores y cosechadoras. Algunos productores han invertido en equipos y los rentan a los demás. No se practica la ganadería.

La agricultura exige fuertes inversiones al inicio de la temporada (en semillas, trabajo, insumos diversos, etc.). El financiamiento proviene de los ahorros que hicieron los productores de lo que recibieron por la cosecha previa. También se piden préstamos a las cajas populares. Anteriormente se trabajaba con los bancos, pero ya no. Los productores también obtienen créditos comerciales para las semillas y otros insumos. El gobierno es una fuente adicional de financiamiento para la compra de equipos por medio del programa Alianza para el Campo. Los propietarios de equipos y tractores también ofrecen créditos. Aunque en la localidad hay un importante mercado de renta de tierras sólo se conoció un caso de venta.

La asamblea ejidal y el comisariado son instituciones reconocidas y aceptadas, particularmente relevantes en la gestión de problemas como el uso de tierras comunes, las disputas sobre sucesión de derechos y la utilización de recursos como el agua y los pastos. Los conflictos por la sucesión demuestran cuán codiciadas son las parcelas en La Fuente. La asamblea ejidal interviene, y cuando no puede resolver el problema lo turna a los tribunales. La norma social de herencia establece que la preferencia la tiene el hijo menor; en importancia le siguen la esposa, los demás hijos y otros familiares.

La migración internacional tiene un impacto menor debido a la cercanía de los importantes centros urbanos de San Juan del Río e incluso Querétaro. Gran parte de los residentes en la comunidad no son propietarios ni trabajan en las parcelas.

LAS RESPUESTAS: LA REINVENCIÓN DE LA COMUNIDAD

Herencia, cooperación y comunidad en La Fuente

En el ejido de La Fuente existen tres tipos de propiedad: las parcelas dedicadas al cultivo, las tierras comunes (utilizadas para el pastoreo, la extracción de madera y otro tipo de explotación colectiva), y los llamados "solares urbanos" destinados al uso residencial. El acceso del grupo doméstico al usufructo de estos bienes siempre está mediado por el titular de los derechos ejidatarios.

Las normas de herencia establecen que las parcelas no se dividen entre los herederos, de ahí que un solo miembro de la familia, por regla general el último hijo varón, herede la titularidad de los derechos ejidales. Esta norma suele respetarse, aunque en los hechos hay significativas excepciones. Buen número de mujeres ha llegado a ser titular de derecho principalmente a causa del fallecimiento temprano de su marido, que originalmente era el titular; otras, más jóvenes, recibieron la titularidad de los derechos porque no tenían hermanos o porque éstos habían migrado. Se ha corroborado también que es frecuente que unas mujeres hereden a otras. Existen algunas excepciones a la regla de no dividir las parcelas agrícolas; en algunos casos se transfiere la parte más importante de la parcela al hermano menor pero se reserva una porción (una hectárea o incluso menos) a uno o más de los hermanos restantes. El proceso de trasmisión de los derechos comienza mucho antes de que efectivamente ocurra la transferencia. En ese periodo los actores se posicionan estratégicamente: los padres monitorean la predisposición del futuro heredero a corresponderles con el cuidado y apoyo que creen merecer y el hijo paulatinamente va asumiendo el papel de jefe de hogar. Aunque son múltiples las señales que le indican a los actores cuál será su suerte, en no pocas veces la decisión final recae en una persona no considerada previamente. La herencia de la propiedad ejidal es una de las fuentes más importantes de tensiones y conflictos familiares que suelen tener repercusiones en la comunidad.

Las reglas de trasmisión de la propiedad tienen un efecto estructurante en tanto se trata de un mecanismo de reclutamiento del grupo con mayor poder —los titulares de derecho— y porque sus efectos inciden directamente en el tamaño del grupo social que por medio de las instituciones del ejido ejerce un papel dirigente en la comunidad. Con relación a lo primero conviene subrayar que el criterio de no subdividir las parcelas no tiene un efecto económico, el de garantizar cierta escala de producción mínima, si bien influye en la conformación del grupo con poder al reconocer sólo a un titular de los derechos. El primer efecto estructural entonces consiste en definir quién pertenece y quién no pertenece al grupo que tiene la potestad de tomar decisiones respecto al uso de los bienes comunitarios.

Las reglas de herencia también han influido en los patrones de movilidad territorial de la población. Cuando no se había introducido el riego ni se había desarrollado el polo industrial en San Juan del Río, la respuesta más común de quienes habían quedado excluidos de la herencia familiar era migrar definitivamente a algunos de los centros urbanos. Las normas de residencia establecen que las mujeres al casarse habrán de desplazarse rumbo al hogar paterno del marido, donde vivirán hasta que la pareja haya acumulado los recursos necesarios para construir su propia vivienda y así independizarse.[6] Cuando el marido no contaba

---

[6] Este patrón de formación y desarrollo de las unidades domésticas es característico de la región mesoamericana (Robichaux, 2005).

con parcelas la migración del grupo doméstico era casi la única alternativa. Los hijos varones excluidos de la herencia tampoco tenían opciones fuera de la migración definitiva. La falta de oportunidades en la región y los bajos rendimientos productivos no aseguraban la subsistencia de todo el grupo familiar. Las reglas de trasmisión de la propiedad que operaban bajo estas condiciones económicas y sociales tenían un claro efecto agregado en la conformación social de la localidad rural: la salida de quienes no tenían un vínculo con la tierra contribuía a asegurar un alto grado de homogeneidad social entre los ejidatarios y los miembros de la comunidad sustentado en la identidad.

La introducción del riego y el desarrollo industrial en San Juan del Río, y el crecimiento de otras actividades, como el comercio en Ezequiel Montes y el turismo en Tequisquiapan, rompieron con la inercia económica de la región. El cambio en la estructura de oportunidades modificó el marco de referencia para las estrategias de reproducción de la población. La creciente demanda de fuerza de trabajo abrió espacios para el desarrollo de estrategias laborales ahora afincadas en la región. A ello contribuyeron, entre otros factores, la articulación de las características de la demanda y la oferta de fuerza de trabajo —no calificado—, y la red de comunicaciones internas y externas facilitó el acoplamiento de la oferta y la demanda de trabajo. El riego, introducido a finales de los sesenta, permitió a los campesinos de La Fuente elevar la productividad del suelo a niveles nunca vistos en la región. El aprovechamiento de esta innovación, sin embargo, sólo fue posible cuando en paralelo los productores estrecharon sus vínculos con el mercado de insumos y equipos, cuya utilización permitió incrementar los rendimientos del maíz hasta convertir a La Fuente en un ejido productor de excedentes.

El efecto combinado del cambio económico y las respuestas sociales a éste modificó el valor relativo de los recursos en manos del ejido y de las unidades domésticas: el valor de los lotes para uso residencial reflejó la transformación del escenario. Estos lotes tenían un alto valor, pero era considerablemente inferior al de las parcelas. La relevancia de los mismos estaba asociada con el patrón virilocal de residencia. El contar con un lote suficientemente grande brindaba mejores condiciones para alojar a las nuevas parejas en formación. Sin embargo la corresidencia con los padres del novio era temporal, pues el heredero de las parcelas también recibía la propiedad del solar urbano.

La decisión de una fracción importante de la población de combinar el trabajo en los centros urbanos con la residencia en el ejido aumentó la demanda de esos predios y trastocó el valor relativo de los mismos en comparación con el de otros recursos. Así, el sistema de parentesco, que gobierna la formación de unidades domésticas y la herencia de las propiedades, se encontró con un bien cuyo valor relativo había crecido y era susceptible de ser incorporado a los intercambios basados en la reciprocidad.

El cambio en el "valor relativo" extendió el intercambio basado en la reciprocidad más allá de la tradicional díada formada por el padre y el último hijo varón para incluir a los demás hijos. En el momento en que se realizaba nuestra investigación de campo la asamblea ejidal decidió realizar el loteo de las tierras comunes ubicadas en las cercanías del camino que une al poblado con la principal carretera. El ejido repartió los lotes entre los titulares de derecho con el propósito de que las familias los utilizaran para los fines que consideraran más convenientes. Nótese que esta medida no modificó la conformación del grupo que tiene una posición dominante en la comunidad: los ejidatarios.

La transferencia de estos lotes a los hijos excluidos de la herencia de las parcelas productivas amplió la cooperación más allá de las etapas iniciales de la formación de las nuevas uniones. Los trabajadores no agrícolas en otras condiciones hubieran tenido que migrar y establecer su residencia en los centros urbanos para garantizar su subsistencia, o aceptar condiciones precarias de vida en la localidad compartiendo el lote paterno con los demás hermanos. Los nuevos lotes residenciales permitieron combinar la residencia en la localidad con el empleo en los centros urbanos cercanos.

El vínculo de cooperación entre los padres y los hijos no herederos una vez superada la etapa de convivencia se hubiera debilitado debido al hecho de que las necesidades del hogar paterno pasarían a ser responsabilidad del hijo heredero, y los demás hijos se enfrentarían a la tarea de subsistir sin los recursos de la parcela original. La trasmisión de los lotes residenciales dota a las nuevas uniones de un recurso decisivo para la formación del nuevo hogar: una parcela donde edificar su vivienda, y crea las condiciones para establecer nuevas relaciones de cooperación basadas en la reciprocidad.

En la distribución de los lotes se siguieron las normas que otorgan a los ejidatarios un papel preponderante en el control de los recursos. Conviene volver a subrayar y distinguir los efectos en los espacios doméstico y comunitario. El reclutamiento de nuevos miembros para las redes de intercambio y la incorporación de nuevos bienes y servicios a las relaciones de intercambio fortalecen las redes de apoyo doméstico intergeneracional. Al recibir en herencia un lote para vivienda los hijos mantienen su residencia en la localidad; la proximidad y la cercanía crean condiciones para abrir nuevos canales de cooperación por donde circulan bienes y servicios inéditos para el ámbito rural: los hijos inscriben a sus padres en el seguro social, los ahorros formados fuera de la agricultura contribuyen a financiar la siembra, y el arrendamiento ofrece a los anteriormente excluidos la posibilidad de retornar incluso como productores.

El signo más claro de esta renovada fuente de cooperación intergeneracional puede observarse en el destino que los actores dan a los recursos obtenidos fuera de la agricultura. Primeramente, y circunscribiéndolo a los requerimientos puntuales del ciclo agrícola, su uso está asociado con el financiamiento de las inversiones exigidas en las etapas de preparación del suelo, siembra y cuidado del cultivo; dicho apoyo generalmente es retribuido con una participación en la cosecha. El segundo destino, de carácter más estratégico, tiene que ver con una búsqueda de reinserción en la actividad agrícola. La disponibilidad de ingresos les permite tomar tierras en arrendamiento y combinar así una doble identidad como asalariados y como productores campesinos. La comunidad se convierte así en un mecanismo de articulación social muy complejo que articula procesos que en otras circunstancias estarían claramente escindidos.

Cabe esperar, por último, que las estrategias residenciales y laborales descritas tengan importantes repercusiones en el grado de cohesión e integración social de la comunidad. Una pluralidad de identidades económicas y sociales erosionará las bases de sustentación de una comunidad compuesta por productores campesinos y dirigida por un grupo con gran poder: los ejidatarios propietarios de los derechos. En qué medida la diferenciación social socavará la capacidad de los ejidatarios para imponer soluciones colectivas es una cuestión que no podemos anticipar pero que se perfila como un escenario posible.

Formalidad e informalidad en el gobierno del ejido

La Fuente y Boye tienen problemáticas muy dispares en cuanto a la extensión del fenómeno de venta y arrendamiento de parcelas. Debido a la conformación de Boye —ejidatarios y colonos— las limitaciones jurídicas a la movilidad de la tierra no se aplican a la fracción de los colonos. Ambos grupos, sin embargo, no han mostrado propensión alguna a arrendar o vender sus tierras, ya sea a algún interesado proveniente de afuera o a algún miembro de la comunidad. El reducido tamaño de las explotaciones y su escasa rentabilidad las convierten en poco apetecibles.[7]

En La Fuente, por el contrario, existe una extendida y dinámica práctica del arrendamiento. Los hogares más pobres que no cuentan con recursos para iniciar la siembra cada año suelen entregar sus tierras en arrendamiento a los productores que están en condiciones de realizar las inversiones necesarias. El convenio más usual —siempre de palabra— estipula que el arrendador se queda con 30% de la cosecha más los subsidios de Procampo por un año de arrendamiento. Una segunda modalidad consiste en que el arrendador reciba un pago al inicio de la temporada, el cual en 2002, cuando se hicieron las entrevistas, era de 3 mil pesos

---

[7] El principal mecanismo de circulación de las tierras en Boye es la herencia. El entrecruzamiento de las relaciones de parentesco entre los ejidatarios y los colonos ha creado situaciones particulares como, por ejemplo, el que un hogar pueda tener parcelas bajo el régimen ejidal y privado debido a las herencias recibidas por ambos cónyuges. Las entrevistas no mostraron tensiones o conflictos en torno a que algunos concentren más recursos que otros mediante este medio.

por hectárea más el subsidio. El arrendamiento y el establecimiento de diversos tipos de contratos con agentes no pertenecientes a la comunidad también ocurren con cierta frecuencia.[8]

Aunque el mercado de venta de tierras está permitido por la ley, éste es casi inexistente. Las evidencias obtenidas en el trabajo de campo sugieren que no faltan compradores, entonces, ¿por qué no se ha formado un mercado de compra y venta de tierras en esta comunidad? La reacción del ejido frente a un hecho consumado de venta de parcelas a un agente ajeno a la comunidad ayuda a comprender los obstáculos que enfrenta ese tipo de negociaciones (véase el recuadro VIII.3).

Recuadro VIII. 3
Entrevista con un ejidatario en La Fuente (2002)

Pregunta: ¿Se han vendido muchas tierras acá?

Respuesta: No, lo que se ha tratado de cuidar es el ejido.

P: ¿Cómo se ha tratado de cuidar al ejido?

R: De decirles a los ejidatarios en una asamblea, no está permitido vender, si llegan a vender, qué pasaría, una necesidad muy grande, presentarse el ejidatario a una asamblea, y decir, necesito dinero y necesito vender mi parcela, qué dicen, ¿hay algún compañero ejidatario que me la quiera comprar?, *y si algún compañero ejidatario la compra, adelante*, pero si no, ya se le da opción a otra persona de aquí mismo de La Fuente.

P: ¿No ejidatario?

R: No ejidatario, sí, sí, ya fuera del ejido, se le va a dar entonces la transferencia, y si no lo hay tampoco se le va a dar pus *ora sí que a la persona que guste comprar, pero igual, se la vendería pero no sería ejidatario, sería posesionario,* que quede bien claro que ejidatario no va a ser para que no entre, haga de cuenta, "cuando una vaca ajena llega a su corral a alborotar a todo el ganado", no, no tiene ni voz ni voto en una asamblea de ejidatarios, nada más.

P: ¿Eso es lo que están tratando de cuidar?

R: Ajá, y a la persona que lo haga, porque ya lo hubo, una persona que vendió fuera de consultar al comisariado, lo hizo, vendió una parcela, y le quitaron el uso de regadío.

P: ¿Ah sí, quién se la quitó?

R: El ejido, y como en cada pozo hay 10, o 20, o 30 usuarios del mismo pozo, entonces el que vendió, el que estaba dentro de ese grupo, lo eliminan, ya no tiene derecho al agua. Se podrá rentar y regar si llueve, o comprar al precio doble, pero de otro pozo que le quiera vender. Estamos regando en un pozo y nos están cobrando a $20 la hora, y de su pozo que era usuario ya no le van a vender agua, y del otro pozo que tiene pa' otro lado se la venden a $50, usted quiere regar, y siembra, y eso, adelante, usted la va a pagar a $50, *usted con su dinero, y nosotros con nuestra agua.* Se puede hacer de esta manera.

---

[8] Una ejidataria que trabaja sus tierras comentó que de un total aproximado de 40 mujeres ejidatarias, la mayoría entregaba sus tierras en arrendamiento.

Es interesante subrayar que en este caso los que actuaron no fueron los cuerpos de gobierno del ejido, pues a todas luces carecían de los recursos legales para impedir la venta de las parcelas. Un grupo relativamente informal, el grupo de pozo, que reúne a los ejidatarios usuarios de un pozo de riego, decidió excluir a las parcelas del nuevo productor del beneficio del riego, provocando con ello la devaluación del valor del suelo: al carecer de riego se pierde la posibilidad de obtener los altos rendimientos susceptibles de alcanzarse en esas tierras. La opción es obtener agua de un pozo privado, pero a un precio notablemente superior.

Los ejidatarios no están totalmente en desacuerdo con la venta de tierras, siempre y cuando ésta respete ciertos canales y jerarquías establecidos previamente y de manera informal. La necesidad de vender debe ser expuesta públicamente a la comunidad en la asamblea y allí deben evaluarse las posibilidades: los ejidatarios tienen el derecho de hacer una primera oferta. En el caso de que no se manifieste algún interesado se abre la posibilidad de que otro miembro de la comunidad pueda hacer una oferta. Ahora, si el comprador no es un ejidatario, la compra de la parcela no lo convierte en titular de derechos, es decir, la compra de una parcela no le da atribuciones para participar en la toma de decisiones colectivas en la asamblea de ejidatarios; sólo es un posesionario. En otras palabras, el acto económico de comprar una parcela no lo habilita para formar parte del grupo encargado de tomar las decisiones, y que en los hechos ejerce un amplio control sobre los recursos comunes.

En una primera aproximación al problema podemos concluir que el grupo dirigente actuó en este caso *como si* todavía poseyera las atribuciones que el anterior marco legal le reconocía. Las reformas legales aspiraban, entre otros objetivos, a desmantelar los mecanismos de sujeción que ataban al campesino a relaciones de intercambio desfavorables. Estos mecanismos incluían los aparatos públicos, las organizaciones sociales y el ejido en tanto corporación legal. Las reformas, se argumentó, invertirían la pirámide de distribución del poder para devolver a los productores el control sobre sus recursos productivos.

¿Son las atribuciones legales del comisario ejidal y la asamblea de ejidatarios obstáculos para el florecimiento del espíritu empresario entre los productores? ¿Es la reacción de los cuerpos de gobierno del ejido simplemente atribuible a valores tradicionales que buscan preservar la cohesión del grupo social frente a la amenaza de otros actores sociales y económicos?

Es muy probable que una parte de la respuesta descanse en este tipo de explicación. Frente a la amenaza externa, el grupo apela a recursos informales para impedir que ésta se materialice, operación que se convierte en un mecanismo de disciplinamiento que, una vez que ha mostrado su efectividad, desalienta a los agentes externos y a los propios ejidatarios en sus intentos por comprar y vender las parcelas. Pero, ¿por qué los ejidatarios, todos ellos titulares de derechos, estarían interesados en impedir la venta de parcelas si a ellos mismos podría beneficiarlos en algún momento?[9]

Para explicar las medidas informales que ha tomado el ejido con la intención de bloquear una forma específica de mercantilización —la venta de tierra a agentes económicos ajenos a la comunidad— es necesario distinguir entre los efectos sobre la comunidad y sobre su grupo dirigente. En relación con la primera, la heterogeneidad social y económica de la comunidad ha provocado una suerte de devaluación de la tierra que antaño era vital para la continuidad de la comunidad como cuerpo social. Una fracción más que importante de los pobladores vive de su inserción como trabajadores asalariados en los centros urbanos cercanos y sus vínculos con la tierra son tenues e intermitentes, por lo tanto la llegada de un productor ajeno a la comunidad no constituye una amenaza a sus intereses individuales. Sin embargo la legitimidad de las decisiones informales de los cuerpos de gobierno del ejido se sustenta en la poca propensión de la comunidad a aceptar nuevos integrantes si no hay un vínculo conyugal que una al nuevo miembro con una familia de la comunidad. En ese sentido las instituciones de gobierno del ejido se convierten en una suerte de garante de la identidad del grupo social. Las pautas, rituales y normas sociales que regulan la salida, y especialmente la entrada, de nuevos miembros a la comunidad no pertenecen a la esfera de atribuciones del ejido, pero éste extiende de manera informal su capacidad de regulación a tal dominio.

Esto nos conduce a la segunda faceta implicada en este problema: la posición del grupo dirigente. La venta de tierras constituye también una amenaza para la posición privilegiada que detenta el grupo de ejidatarios en la comunidad. Las medidas informales tomadas para impedir la mercantilización de la tierra buscan preservar un sistema de reglas que otorgan a este grupo un papel preponderante en la comunidad. El criterio de aceptar como comprador a un miembro de la comunidad no ejidatario, pero sin concederle derecho a voto en las instancias de gobierno, en realidad es una muestra de flexibilidad ante la necesidad de vender de algún productor en particular, y de rigidez al no aceptar cambios en la composición del grupo encargado de tomar las decisiones. La reproducción de la cohesión social del grupo está estrechamente articulada con la reproducción de su grupo dirigente.

---

[9] Los ejidatarios ricos podrían tener un interés en cerrar el mercado porque ello haría que bajaran los precios de las parcelas al reducirse la competencia. Sin embargo en las entrevistas se advirtió un amplio consenso en torno a la necesidad de impedir que agentes económicos externos tuvieren la posibilidad de comprar parcelas en el ejido.

Subsistencia, migración y reproducción social: Boye

Boye, a diferencia de La Fuente, descansa sobre una estructura productiva notoriamente más precaria. La producción de granos es deficitaria y, por lo tanto, las familias dependen de distintas fuentes de ingreso para asegurarse la subsistencia. La dependencia del mercado convierte a la liquidez monetaria en un asunto fundamental para el bienestar de las familias. Este rasgo estructural de la comunidad es la base de una compleja diversificación de estrategias laborales y productivas.

El bienestar de los habitantes de Boye descansa en los siguientes pilares: la agricultura de subsistencia, la ganadería, la migración, y el trabajo asalariado. La agricultura brinda a los habitantes dos bienes fundamentales: alimentos —maíz y frijol— y forraje. La baja productividad del suelo hace de la producción de granos una actividad deficitaria. La temporalidad de la agricultura aumenta los riesgos de perder la cosecha debido a la falta de lluvia o la ocurrencia de heladas. La agricultura no requiere de inversión en granos, semillas u otro tipo de implementos.

La ganadería está fuertemente articulada a la agricultura y la mayoría de los productores cuenta con un hato de borregos, chivas o bovinos, cuyo tamaño fluctúa durante el año al ritmo de las necesidades domésticas. Una parte del ingreso que envían los migrantes o aportan los asalariados se destina al cuidado y la alimentación del ganado. La inversión tiene una alta liquidez y brinda seguridad para enfrentar el ciclo anual de ingresos inestables. La venta de ganado sirve para financiar las compras de grano cuando la cosecha se ha acabado; también se utiliza para encarar los gastos de una fiesta, las compras de material escolar o para enfrentar algún evento inesperado que obliga a erogar una cantidad significativa.

La migración internacional es la principal opción laboral para los hombres de Boye. Aunque aún hay evidencias de migrantes que participaron en el Programa Bracero, la migración internacional comenzó a crecer a finales de los años ochenta y principios de los noventa. Los migrantes están distribuidos en una amplia zona geográfica que incluye Texas, Utah y Florida, la principal área de concentración de migrantes de Boye. En cuanto a la inserción laboral, las entrevistas sugieren que los de mayor edad, con experiencia en el campo, optan por el trabajo en la agricultura (el tomate en Florida), mientras que los más jóvenes se emplean en la construcción o en los servicios (limpieza). Los migrantes son varones que ya tienen formado un hogar en la localidad o jóvenes recién salidos de la secundaria. Si el emigrante no cuenta con su propia vivienda es común que su esposa e hijos residan en la vivienda de los padres de éste. La migración de mujeres y niños es poco frecuente. Incluso los que cuentan con papeles de residencia en Estados Unidos prefieren dejar a su familia en Boye y regresar. Los recursos provenientes de la migración se canalizan a tres usos principales: la inversión en la vivienda, el gasto diario y el mantenimiento del ganado.

La importancia de la ganadería ovina y caprina en la economía doméstica queda de manifiesto en la percepción de un funcionario estatal del área de desarrollo rural:

> El ganado es lo que da el estatus social en la comunidad. Si un señor tiene cinco chivos es Panchito, si tiene 20 es Francisco, si tiene 260 o más es Don Francisco. Me refiero al caprino que es más significativo. No producen cabritos para vender si no que lo dejan crecer. Sólo cuando hay un apuro económico en la familia lo venden para solventar sus gastos, es una especie de caja de ahorro en cuatro patas. En ocasiones tienen un semental que en vez de ser vendido en su época sólo es mantenido para aumentar el bulto. El ganado bovino en cambio está en manos de gente un poco más capitalizada.

> Es muy usual en esta zona la combinación de la agricultura con la ganadería, por eso es tan importante que siempre se siembre para sostener los hatos. Es muy importante producir forrajes. El ciclo de la agricultura tiene como impulso importante a la ganadería; eso hace que siempre se cultive

La instalación de algunas empresas en Cadereyta, la cabecera municipal, ha ampliado las oportunidades de inserción laboral para las mujeres. La principal demanda de trabajo proviene de una empresa textil instalada en la región hace varios años. A pesar de la relativa cercanía de centros urbanos muy dinámicos, como San Juan del Río que está a 45 minutos, las mujeres se abstienen de desplazarse hasta esas localidades. Siguen un patrón muy regular de inserción en el mercado de trabajo: es alto durante el periodo que va desde que abandonan la escuela hasta que se casan, se retrae con las responsabilidades domésticas, especialmente la crianza de los hijos, y vuelve a crecer, aunque levemente, una vez que los niños han crecido.

La esfera de los servicios públicos y las políticas sociales constituyen también una fuente importante de recursos hacia los cuales se despliegan distintas estrategias. En Boye hay una escuela primaria y en la cabecera municipal secundaria y preparatoria. En Cadereyta se ubica un importante centro médico público que presta sus servicios a toda la región. Las entrevistas indican que la población suele aprovechar frecuentemente estos servicios. Las dos fuentes principales de subsidio son Procampo y Oportunidades. Los productores reciben aproximadamente mil pesos por hectárea al año y además cuentan con apoyos para la adquisición de implementos agrícolas. En Oportunidades están inscritas 250 familias.

Para lograr subsistir los habitantes de Boye se han visto obligados a construir una intrincada estrategia de diversificación que se extiende a todos los recursos disponibles en la región y fuera de ella. Esta estrategia consiste básicamente en una serie de equilibrios y flujos de recursos entre actividades cuyo fin último es la reproducción social de la unidad doméstica. En la estructuración de estas estrategias de diversificación se observan las huellas de las normas sociales que regulan la formación de los hogares, la asignación de los hombres y las mujeres a distintas actividades, y las normas de reciprocidad en las relaciones de intercambio intergeneracional.

En los relatos recogidos durante el trabajo de campo, sin embargo, el ejido y la comunidad no fueron referidos como elementos decisivos para el despliegue de estas estrategias o para el logro de sus objetivos. A diferencia de lo observado en La Fuente, en Boye la reproducción social descansa en mayor medida en los recursos de las unidades domésticas. El ejido es percibido como fuente de división social, ya que no todos los productores son ejidatarios y la pertenencia al ejido es un criterio determinante para indicar quién puede y quién no puede hacer uso de los bienes comunes, y entre los mismos ejidatarios existen divisiones y conflictos que bloquean las iniciativas del comisario ejidal. La relativa apatía de la comunidad, sin embargo, contrasta con la movilización de energía, trabajo y recursos para las fiestas patronales, acontecimientos culminantes en donde se celebran la unidad y la continuidad de la comunidad.[10]

CONCLUSIONES

La comunidad, tal como la hemos definido, es un recurso de importancia variable en las estrategias sociales desplegadas en ambas localidades. No es un recurso estático y fijo en espera de que los actores hagan uso de sus propiedades. Por el contrario, el análisis de la herencia de las parcelas para uso residencial y del papel de los medios informales utilizados para ejercer un control colectivo sobre la tierra en La Fuente, y el de las estrategias de subsistencia en Boye, muestran que la comunidad es más activa y dinámica allí donde abundan los recursos y los problemas derivados de su gestión. La escasez de los mismos hace innecesarios estos esfuerzos colectivos; las estrategias sociales de subsistencia continúan desplegándose pero sustentadas fundamentalmente en el ámbito de lo doméstico.

La comparación de ambas localidades y los diversos tipos de estrategias sociales que las distinguen nos ofrece elementos para sostener que la comunidad en tanto construcción social es *en parte* el resultado de la interacción estratégica de los actores. La *comunidad* en tanto conjunto de normas y reglas sociales que orientan a los individuos frente a los problemas de coordinación y cooperación establece un marco estable para la construcción de las expectativas que los actores deben hacerse respecto a los demás miembros de ese grupo social.

---

[10] Son dos fiestas patronales del pueblo, en mayo y en septiembre. La fiesta de septiembre es conocida en la región por la abundancia de comida, bebida y celebraciones. En ese mes llegan los migrantes que salieron a principio de año, quienes extienden su estadía por varios meses.

En La Fuente la naturaleza de los problemas de coordinación y cooperación trasciende el ámbito "natural" de la unidad doméstica, mientras que en Boye esta instancia continúa siendo el ámbito privilegiado para enfrentar y resolver tales problemas. Esto nos conduce a una segunda reflexión en torno a la estructuración de la vida social en ambas localidades: la tensión permanente entre la unidad doméstica y la *comunidad*. La estructura de parentesco ofrece la arquitectura que permite articular los procesos que caracterizan a ambos dominios: constituye el mecanismo básico para la formación de unidades domésticas, es un marco de referencia para la aplicación de algunas de las reglas fundamentales, como las que regulan la trasmisión de la propiedad, y es un medio que permite realizar una primera y decisiva distinción entre quién pertenece y quién no pertenece a la comunidad. En este último sentido el parentesco es un mecanismo de reclutamiento para el grupo social mayor.

El papel *articulador* del parentesco entre estos dos niveles de acción, sin embargo, parece ser insuficiente para mitigar las tensiones en ambas localidades. La cohesión social del grupo se ve continuamente amenazada por la posibilidad de que algún ejidatario decida vender sus parcelas a alguien ajeno al grupo, o, como en el caso de Boye, las instancias colectivas de organización, como la asamblea ejidal, son percibidas como un obstáculo para el esfuerzo que realizan las unidades domésticas. La escasez de recursos eleva la competencia sobre los mismos y coloca a los ejidatarios en el dilema de excluir a algunos miembros de la comunidad del usufructo de dichos bienes (recordemos que en La Fuente las medidas de exclusión se imponen a los foráneos) o bien de liberar el acceso a los mismos. En los hechos ha prevalecido la primera alternativa con el consecuente aumento de las tensiones con el resto de la comunidad. Las instituciones ejidales en Boye no cuentan con la legitimidad necesaria para imponer las soluciones coercitivas que rigen en La Fuente. En definitiva, el vínculo filial de padre a hijo, sostén de la trasmisión de la propiedad, parece mucho más firme el vínculo que une a los individuos con el grupo social mayor.

La tensión entre la unidad doméstica y la comunidad abre la puerta a una tercera reflexión que complementa el enfoque sobre los problemas de cooperación y coordinación. El análisis de la cuestión de los lotes para uso residencial y las medidas informales tomadas para impedir la venta de lotes indica la presencia de cierta tensión entre el grupo social que en los hechos ejerce un papel dirigente al asumir el liderazgo en la resolución de los problemas colectivos y quienes no pertenecen a él. Las decisiones de dicho grupo se han dirigido a asegurar la cohesión de la comunidad, al mismo tiempo que han logrado mantener la unidad e integridad de los que toman las decisiones. La *comunidad* es un espacio socialmente heterogéneo cruzado por fuertes y notorias distinciones, de las cuales es la principal la que distingue entre los que tienen un vínculo con la tierra y los que carecen de él.

En ese sentido, las normas de la comunidad antes que expresar el sentido de unidad de sus miembros muestran la capacidad de algunos actores sociales para tomar ventaja de las oportunidades que ofrece el entorno y asegurar su posición dominante en el tiempo (Knight, 1992). La oposición a vender parcelas a personas ajenas a la comunidad no se fundamenta en el apego a supuestos valores antimercantilistas de los campesinos. El hecho de que acepten la venta a algún miembro de la comunidad no ejidatario pero no le reconozcan sus derechos a participar el las decisiones colectivas muestra que el propósito es mantener la cohesión del grupo original.

El caso de Boye ilustra una situación totalmente distinta: la carencia de recursos colectivos desvanece el problema de organizar la apropiación de los beneficios que el usufructo de esos beneficios generaría; de este modo los esfuerzos más notables para garantizar la reproducción social continúan replegados en la esfera doméstica.

La sociedad rural ha tenido una gran capacidad para acomodarse a diversos escenarios sociales y económicos, y en ese proceso también ella ha cambiado profundamente. Es muy probable que tales cambios no siguieran la ruta que esperaban quienes impulsaron las medidas de transformación estructural del campo. El productor rural es un agente económico que responde a los cambios en las condiciones económicas con las particularidades de su actividad productiva (altos riesgos, estacionalidad, ingresos precarios, etc.) y de su inserción social. Su posición ante las nuevas condiciones no es una respuesta simple y directa a los incentivos creados por la nueva estructura de oportunidades ni le resta racionalidad a las decisiones de los productores.

Bibliografía

Ellis, Frank (1998), "Household Strategies and Rural Livelihood Diversification", *The Journal of Development Studies*, vol. 35, núm. 1, F. Cass, Londres.

Kearney, Michael (1996), *Reconceptualizing the Peasantry*, Westview Press, Colorado.

Knight, Jack (1992), *Institutions and Social Conflict,* Cambridge University Press, Nueva York.

Robichaux, David (2005), "Principios patrilineales en un sistema bilateral de parentesco: residencia, herencia y el sistema familiar mesoamericano", en D. Robichaux (comp.), *Familia y parentesco en México y Mesoamérica*, Universidad Iberoamericana, México.

Von Bertrab, Alejandro (2004), "El efecto de la liberalización económica en los pequeños productores de maíz en México", *Revista comercio exterior*, vol. 54, núm. 11, Banco Nacional de Comercio Exterior, México.

IX. ¿EMPODERAMIENTO O APODERAMIENTO? LAS MUJERES ANTE UNA NUEVA REALIDAD RURAL

Kirsten Appendini y Marcelo De Luca[1]

Cuando la agricultura era el eje de la economía familiar la división del trabajo dentro de la familia campesina estaba determinada por roles de género muy definidos. A las mujeres les correspondía el trabajo doméstico y reproductivo así como ciertas tareas vinculadas a la vida campesina, como la labranza de la tierra y el cuidado de los animales de traspatio. Se encontraban subordinadas en el trabajo y la vida cotidiana al padre, al esposo y a los suegros, pues la costumbre era que al casarse pasaran a formar parte, a veces durante muchos años, de la unidad doméstica del cónyuge.

Las mujeres mayores que entrevistamos durante los primeros meses de 2004 recordaron las duras condiciones de vida que soportaron y la pobreza que sufrieron en la época en que comenzaron a constituir sus familias. Tres o cuatro décadas atrás las mujeres rurales debían caminar una larga distancia para acarrear el agua, bajar al río a lavar la ropa y obtener la leña del monte para cocinar. No había electricidad, gas ni agua entubada. Era necesario moler el grano de maíz en el metate para hacer la masa y luego preparar las tortillas. Además tenían que cuidar a los muchos hijos que todas ellas tuvieron; sus enfermedades eran motivo de constante preocupación cuando no había centros de salud en las comunidades.

Pocas tuvieron la oportunidad de asistir a la escuela; en EPG, donde las mujeres mayores de 60 años no manejan bien el idioma español y hablan mejor el mazahua, el analfabetismo es un rasgo común; lo mismo sucede en Boye y BH, donde la escuela llegó recientemente, de ahí que fueran escasas las oportunidades de estudio de las generaciones anteriores.

Las mujeres que hoy día tienen más de 55 años nunca trabajaron fuera de la unidad doméstica; no solían hacerlo a menos que fueran muy pobres y tuvieran que emplearse temporalmente como jornaleras o en el servicio doméstico. Hace tres décadas las oportunidades laborales eran escasas y los hombres empezaron

[1] Este capítulo esta basado en Appendini y De Luca (2006). Se agradece el apoyo de la Dirección de Género y Población de la FAO, en particular el de Zoraida García, para la realización del trabajo con las mujeres en las comunidades de EPG, Boye y BH. Asimismo agradecemos a Gabriela Torres y a Eugenia López su colaboración en las entrevistas y la organización de los talleres de grupo focal.

193

a salir temporalmente a trabajar fuera de la comunidad. En general las comunidades estaban aisladas. Los principales factores de cambio social, como los programas públicos de apoyo a la agricultura, las obras de infraestructura y la educación, llegaron cuando estas mujeres tenían entre 35 y 45 años.

Sus hijas, las pertenecientes a la generación que hoy tiene alrededor de 45 años, vivieron en condiciones muy diferentes. El entorno de la comunidad había cambiado con la introducción de ciertos servicios que modificaron la vida cotidiana, en particular el acceso a la educación y a la salud, así como con la introducción de los transportes, que facilitó el acceso a las ciudades de la región. Para entonces la emigración temporal de los hombres ya formaba parte de las estrategias económicas de los hogares.

Estas mujeres vieron aligeradas las tareas domésticas con la introducción del agua entubada dentro o cerca de las casas, la electrificación, el uso de aparatos electrodomésticos y el gas en la cocina. Tuvieron menos hijos en promedio y no participaron tan frecuentemente como sus madres en las tareas del campo, pues en EPG y BH se habían mecanizado muchas de las faenas agrícolas y en Boye la agricultura de temporal pobre había dejado de ser la actividad principal.

Las mejores condiciones de vida generadas por la introducción de los servicios públicos y por los programas de desarrollo explican la diferenciación de las estrategias de los hogares en cada localidad.

En EPG las mujeres de la generación que hoy tiene 45 años tuvieron acceso a la educación y a los programas de formación de maestros bilingües. En Boye se les presentó la opción de emplearse como obreras en las maquilas que se instalaron en Cadereyta, y sólo la localidad de BH permaneció aislada con pocas oportunidades laborales, a no ser el empleo doméstico fuera de la comunidad.

Así, las estrategias económicas de los hogares se fincaron en actividades agrícolas, ganaderas y actividades no agrícolas. Entre ellas la emigración trasnacional fue cobrando importancia paulatinamente, sobre todo en Boye y BH. Esto presentó un contexto nuevo a las mujeres que se quedaron en la comunidad y se convirtieron en esposas con cónyuges ausentes, asumiendo las responsabilidades del hogar y administrando los dólares que ellos enviaban para la construcción de la casa, el mantenimiento de la parcela y la educación de los hijos.

El cambio económico fundamental en las comunidades referidas es que la agricultura dejó de ser la base de la organización económica de los hogares. Dentro del ámbito de las actividades no agrícolas, las mujeres han adquirido la posibilidad de acceder a otras experiencias laborales. Esto se articula a mejores niveles de educación, menos hijos, la formación de familias nucleares así como un ámbito local comunicado con el mundo exterior.

El objetivo de este capítulo es indagar sobre el significado de los cambios socioeconómicos para las mujeres, tanto en sus hogares como en la comunidad, desde la perspectiva de las relaciones de género. Esto es, si las transformaciones en los modos de vida rural expuestas en la introducción de este libro les están permitiendo o no superar o modificar las estructuras jerárquicas y de subordinación en su entorno familiar y comunitario.

A fin de comprender la manera en que las mujeres perciben los procesos de cambio e introducirnos a la discusión en torno a las consecuencias que éstos implican desde el punto de vista de la equidad de género, comenzamos con una propuesta conceptual.

¿Apoderar o empoderar?

El concepto de *poder* es el punto de partida para adentrarnos en la comprensión de los procesos y prácticas cotidianos que emprenden las mujeres para cambiar sus situaciones de subordinación. Esto es, la manera en que las mujeres se convierten en agentes de cambio para lograr una mayor equidad.

Una forma de pensar en torno al poder es en términos de la capacidad que un individuo tiene para formular y, sobre todo, realizar elecciones; su contraparte es el encontrarse desempoderado, es decir, incapaz de realizarlas. El *desempoderamiento* puede ser entendido como una forma de autopercepción que condiciona al sujeto subordinado y lo posiciona como carente o en franca desigualdad para acceder a las oportunidades que favorecen su bienestar. Es una condición de desventaja social que dificulta o impide su igualdad en términos de relaciones sociales. La noción de *empoderamiento* es inexplicable sin la noción de *desempoderamiento*, y se refiere a los procesos por los cuales todos aquellos a quienes se ha negado la posibilidad de elegir adquieren tal capacidad. El empoderamiento implica un proceso de cambio, de ahí que sea necesario enfocarse en los procesos para observar si hubo cambios y qué dirección siguieron (Kabeer, 2001). *Empoderarse* significa "hacerse de poder", "construir poder" o "practicar formas de construir un poder con la finalidad de transformar la realidad discriminante". Desde este punto de vista, son los sujetos convertidos en agentes quienes construyen y modifican las instituciones que los regulan.

El reto metodológico para entender el proceso de empoderamiento tiene que ver con los términos que utilizamos para comprender los avances hacia la emancipación.[2] En este sentido y para fines de nuestro trabajo es interesante la reflexión de Deere y León (2000: 32):

---

[2] Para un análisis crítico del concepto de *poder* en la literatura feminista, véase De Luca, s.f., basado en las obras de Lukes, 1985; Kabeer, 1997 y 2001; Rowlands, 1997; Deere y León, 2000; León, 1997; Sen y Grown, 1988.

[...] el empoderamiento ocurre cuando se da un cambio en la dominación tradicional de las mujeres por los hombres ya sea con respecto al control de sus opciones de vida, sus bienes económicos, sus opiniones o su sexualidad. Se manifiesta cuando la toma unilateral de decisiones con respecto a asuntos que afectan a todos los miembros de la familia deja ser la norma [...] Las mujeres comienzan a compartir responsabilidades que antes sólo competían a los hombres y a liberar a éstos de estereotipos de género [...] Por consiguiente, el empoderamiento de las mujeres implica no sólo cambios en sus experiencias, sino también en las de sus compañeros y sus familias.

Los ámbitos del quehacer social y la superación del estado de dominación que solían soportar las mujeres en sus hogares no necesariamente implican que se superen las estructuras de dominación de género en otros ámbitos de las relaciones sociales. De ahí que un segundo concepto sea necesario. El reparar en la situación de desempoderamiento, aquella que mantiene o mantuvo a los agentes sujetos a las condiciones que determinan su falta de poder, nos lleva a distinguir entre los conceptos de *empoderamiento* y *apoderamiento*.

Apoderar y *apoderamiento* significan en el caso de las mujeres, que éstas se "limitan a exigir o alcanzar un estatus" que les permite cambiar de situación en la escala de desigualdades socialmente legitimadas y adquirir un poder individual, pero sin que esto implique un cambio social. Por ejemplo, en el contexto de los hogares campesinos "tradicionales" las mujeres mayores, al convertirse en "suegras", adquieren un estatus de poder sobre el trabajo doméstico de las nueras que se integran a un hogar patrivirilocal. Con ello las mujeres logran un sitio "más honorable" en la escala de las desigualdades socialmente legitimadas, pero sin que esto suponga un cambio social.

En los tres ejidos estudiados intentamos entender la realidad que observábamos tratando de indagar qué estrategias o mecanismos pueden estar presentes en algunas prácticas de las distintas mujeres pertenecientes a hogares rurales que están en proceso de adaptación a una realidad rural cambiante. El acercamiento a una problemática tan compleja no deja de ser una experiencia de investigación sugestiva y experimental. Como observan Deere y León (2000: 32):

> El empoderamiento no es un proceso lineal con un comienzo y un fin definitivo que es igual para diferentes mujeres o grupos de mujeres. El empoderamiento es diferente para cada individuo o grupo según sus vidas, su contexto y su historia, y de acuerdo con la situación de subordinación presente en los niveles personales, familiar y comunal, y otros niveles altos de organización de la sociedad.

El enfoque metodológico que nos permitió analizar los cambios y sus efectos en la vida de las mujeres —y las implicaciones para lograr o no, apoderarse o empoderarse— se basó en el uso de instrumentos cualitativos: entrevistas semiestructuradas y talleres de grupos focales por edad.[3]

Se realizaron primero entrevistas en profundidad a fin de captar las trayectorias de la vida de algunas mujeres que tenían alrededor de 60 años y de otras con cerca de 45 años, poniendo especial interés en la situación socioeconómica de los hogares a los que pertenecían y en su vida laboral. Al obtener información sobre los ciclos de vida familiar de dos cohortes diferentes fue posible comparar sus dinámicas familiares atendiendo a la situación de sus miembros desde la perspectiva de la esposa del jefe o de la jefa del hogar, si ya había quedado como cabeza de la unidad doméstica. Con este método nos proponemos comparar algunos de los rasgos y situaciones de las unidades domésticas imperantes a finales de los ochenta, que hoy cuentan con cónyuges de jefe de familia o jefaturas femeninas de alrededor de 60 años de edad, con las unidades domésticas que actualmente poseen cónyuges de jefes o jefaturas femeninas de alrededor de 45 años de edad. Así se aprecia la situación de las mujeres "antes" y "después" de la "modernización" que trajo la primera ola de programas públicos, y los cambios que posteriormente vivieron, sobre todo las de 45 años, tras las reformas estructurales de los años noventa.

En cada comunidad se realizaron dos talleres focales: uno para las mujeres de 40 a 45 años y otro para las casadas de 20 a 35 años. Con ello fue posible comparar los cambios de vida en la segunda generación respecto a lo que hacían 15 años antes los hijos e hijas de la cohorte de edades mayores (alrededor de 60) en relación con lo que están viviendo actualmente los hijos e hijas de la cohorte de las que hoy tienen 45 años. El objetivo de los talleres fue identificar los discursos más comunes en torno al lugar de las mujeres en la comunidad, la familia y la actividad agrícola y al mismo tiempo obtener información sobre las expectativas y necesidades de las mujeres en su cotidianidad sobre los temas tratados.

Las entrevistas fueron un instrumento útil para comprender cabalmente los cambios en el tiempo; las preguntas implícitas en la discusión de los grupos focales estuvieron dirigidas a la situación de poder de las mujeres respecto a los cambios en las actividades económicas, las conductas y perspectivas de los hogares, y el entorno local. Los temas que se abordaron fueron:

- *La agricultura y la tierra*. ¿Han mejorado el bienestar material y la autoestima de las mujeres que se han hecho cargo de las labores productivas en la agricultura respecto a una situación anterior, cuando el cónyuge realizaba estos trabajos? ¿Les ha conferido el acceso a la tierra —en el caso dado— un mejor estatus o mayor poder de negociación?

---

3 Para mayor detalle sobre la metodología, véase Appendini y De Luca, 2005.

- *El trabajo remunerado.* ¿Han logrado las mujeres que han salido a trabajar fuera de sus hogares o de la comunidad un mayor control en la toma de decisiones en el interior de sus hogares?
- *La emigración.* ¿Han logrado las mujeres que se quedan al frente del hogar cuando sus esposos emigran un mayor control sobre los recursos y la toma de decisiones, así como una mayor autonomía?
- El poder que han otorgado las instituciones formales a las mujeres, por ejemplo el derecho a ser ejidatarias, ¿ha sido un cambio meramente formal o han asumido estos derechos ejerciéndolos?

A fin de comprender estos procesos complejos, clasificamos empíricamente las alternativas que posibilitan obtener poder y a estar desposeído de él. Esto nos permitió identificar las estrategias que adoptan las mujeres y las situaciones pertenecientes a las unidades de análisis observadas que soportan. Además consideramos necesario identificar los niveles en que los mecanismos provocan la desposesión, como el ámbito doméstico (micro) y el ámbito de las relaciones sociales (macro). Con base en estas consideraciones proponemos un marco analítico conceptual que facilite la identificación de los mecanismos que coadyuvan a la obtención de poder (*empoderamiento*) o, al contrario, llevan a la desposesión, y lo relacionamos con las situaciones concretas que enfrentan las mujeres rurales en relación con los temas relativos a los cambios en los modos de vida (véase el recuadro IX.A en el anexo).

LA AGRICULTURA Y LA TIERRA

Las mujeres de alrededor de 45 años aseguraron que la agricultura ha perdido rentabilidad y que en los últimos años el trabajo en la parcela ya no rinde. No sólo insistieron en que la agricultura ya no es rentable económicamente, sino que además afirmaron que se trata de una actividad con alto riesgo productivo debido a la dependencia del temporal, la pobreza de la tierra y el riesgo permanente de que la cosecha no se dé, de ahí que el maíz cubra sólo una parte del abastecimiento familiar de tortillas (en el caso de EPG) o esté integrado en una estrategia que se combina con el cuidado del ganado, que se alimenta con el rastrojo de maíz y sorgo (caso de BH).

En general las mujeres de EPG reconocieron que ahora se ocupaban más de las parcelas, ya fuera supervisando los trabajos o alquilándose como jornaleras, ya que como la agricultura no es una actividad productiva muchos hombres salen a trabajar fuera de la comunidad: "Los hombres son los que aportan más al ingreso y las mujeres se quedan con la agricultura", expusieron las del grupo focal de 45 años; y "el hombre ya le perdió la esperanza", fue el comentario del grupo focal joven. En este sentido, las mujeres se ocupan del trabajo que no es remunerado y la agricultura se considera una extensión de las labores domésticas propias de las que atienden la parcela.

Respecto a la participación comunitaria en las decisiones sobre la actividad agropecuaria, las mujeres de EPG manifestaron que en las asambleas ejidales participan algunas jóvenes que han heredado la tierra, pero en la mayoría de las ocasiones preguntan a su familia qué hacer en lugar de tomar las decisiones personalmente. Aun siendo ejidatarias, llegan a tener más poder de decisión con la edad.

En Boye las mujeres que se encargan de las parcelas mientras sus esposos están fuera pertenecen al grupo de alrededor de 45 años. Coinciden en que si bien administran los gastos y los trabajos, consultan las decisiones con el esposo o sus familiares. Además consideran que el esfuerzo no se ve recompensado por un mayor reconocimiento, aunque sí les acarrea una mayor carga de responsabilidades.

Si bien pueden asistir a las asambleas, sienten que no se les toma en cuenta:

Nos dan oportunidad de opinar pero no podemos decidir.

Lo que pasa es que si nuestro esposo no fue a la reunión nada más a lo que te conviene. Yo acabo de tener un problema bien fuerte. Llegó el momento de secar el potrero, y vas a la reunión y lo primero que te dicen "¡Ah no! Es tu esposo el que tiene que venir porque tú no puedes decidir nada". (Taller grupo focal, Boye, mujeres de 45 años.)

En Boye las mujeres de 20 a 35 años casadas manifestaron poco interés por el tema de la agricultura, y si acaso se referían a lo que hacían los padres y los abuelos, pues ni ellas ni el cónyuge poseían tierras, aunque pertenecieran a una unidad doméstica de la generación anterior.

En BH las mujeres no suelen participar en las labores del campo. No obstante, en el taller focal del grupo de las jóvenes se comentó que ellas van eventualmente con el esposo cuando éste no consigue peones. Opinaron que es más fácil trabajar el campo si se cuenta con hijos varones. Los dos grupos focales de BH coincidieron con las otras comunidades en que las mujeres participan poco en las decisiones productivas porque son competencia de los hombres; asimismo son ellos quienes controlan las decisiones en el ejido.

La tierra se conserva en todas las comunidades pero en ningún caso hubo en los grupos focales alguna mujer que fuera titular de ésta. Como parte de un hogar con tierra, el consenso de estas mujeres es que ya no se trata de un recurso importante para la producción agrícola y por tanto no tienen interés en acceder a ella como recurso productivo. Esto a pesar de que esas mujeres de 45 años y sus esposos hayan esperado a veces muchos años para heredar la tierra de los padres.

Aunque la agricultura hoy día no es rentable y la valoración de la tierra como recurso productivo ha disminuido, para las mujeres entrevistadas ésta ha adquirido otro significado y se valora de múltiples modos. Es un recurso para fincar la casa, lugar de encuentro familiar, refugio para la tercera edad y un activo que brinda la posibilidad de reclamar ciertos pagos de transferencia como Procampo y otros que generan expectativas a futuro, como el pago de jubilación a los campesinos y el acceso a crédito.

Las modificaciones en los patrones de herencia van adquiriendo importancia en las decisiones dentro de los hogares y están favoreciendo a las mujeres, algo que merece mayor interés entre las de 45 años. En las entrevistas se documentó que varios matrimonios han tomado conjuntamente decisiones sobre su intención de heredar por partes iguales a los hijos, o dejar un terreno a las hijas para fincar una casa. Si bien la herencia no es un asunto resuelto, las tendencias están cambiando.

A diferencia de las mujeres mayores, el tema de la herencia no provocó una discusión entre las mujeres "jóvenes". En EPG manifestaron que la costumbre de que el hijo menor herede la tierra continúa, pero en Boye y BH percibían que este patrón ya no era el predominante.

El trabajo remunerado

El hecho de que el trabajo femenino remunerado sea hoy día más frecuente fue identificado como uno de los cambios más importantes que han experimentado las mujeres en las últimas décadas.

Las que participaron en los talleres en las tres comunidades, excepto las de 45 años en Boye, coincidieron al asegurar que es conveniente el trabajo remunerado que complementa el gasto de hogar, cada vez más elevado. El ingreso que obtienen les confiere cierta libertad para tomar decisiones sobre el gasto, respecto a la escuela de los hijos y a su arreglo personal.

Las mujeres de alrededor de 45 años

En EPG las mujeres del grupo de 45 años hicieron mucho énfasis en la posibilidad de mejorar su arreglo personal con un ingreso propio. Esto dio lugar a una discusión sobre el cambio en la vestimenta y el arreglo que marcaba la diferencia entre la usanza mazahua y "lo moderno", no sin un sesgo generacional. La forma en que tales cambios se manifiestan queda clara en la descripción del cambio de las mujeres cuando comenzaron a obtener un dinero propio por su trabajo:

Pues sí, su manera de vestir, y hasta a lo mejor su manera de comer, ya se quieren ver delgaditas con buen cuerpo, ya se van a clases de aerobics [...] a las clases de karate, las muchachas, las esposas de maestros, policías, ya se quieren ver bonitas, ya se están cultivando. Ya cambiaron las enaguas por los pantalones, tal vez porque son más cómodos (Taller grupo focal, EPG, mujeres de 45 años).

Para las integrantes de los talleres del grupo focal de 45 años fue importante la relación entre las labores remuneradas, la carga de trabajo doméstico y la dominación masculina.

En todos los casos se reconoció que el trabajo fuera del hogar significa una doble jornada, y que los esposos ayudan poco o nada en los quehaceres domésticos. Esto se relacionó con la autonomía para trabajar. Algunas decían que sus esposos no querían que ellas trabajaran; esto fue evidente entre las de Boye y BH, mientras que en EPG no se marcó tal situación. En Boye se percibió que aun en los pocos casos en que las mujeres realizan algún trabajo extradoméstico, se percibe el fuerte control de los hombres.

En Boye quedó claro que los cónyuges varones no han cambiado su actitud: para ellos el trabajo de las mujeres fuera del hogar es negativo y reprobable. Esto se subrayó incluso en los casos en que los cónyuges se encuentran ausentes, como se verá más adelante.

En BH dos de las mujeres de 45 años ven su labor como adicional a sus obligaciones domésticas. En EPG algunas se mostraron satisfechas por trabajar, aunque se quejaron de la falta de colaboración de sus cónyuges y de la familia en el trabajo doméstico.

En BH y EPG la discusión concluyó al referir las percepciones de los hombres sobre el trabajo femenino y la actitud machista que aún prevalece: "Que se les quite lo macho y que dejen que sus mujeres trabajen", expresaron en el grupo de BH. Aseguran que los hombres no les dan a sus mujeres permiso de trabajar porque desconfían de ellas, son muy orgullosos y no quieren que les ayuden con el sustento del hogar. En esta comunidad se reconoció claramente que son las inseguridades de los hombres las que condicionan este comportamiento y no las conductas de las mujeres fuera de sus casas. En BH hay entre las mujeres disposición a intercambiar opiniones y experiencias y a reconocer los rasgos de la dominación masculina.

Las mujeres entre 20 y 35 años casadas

El tema del trabajo remunerado de las mujeres suscitó una discusión mucho más amplia entre las casadas de 20 a 35 años. Es pues evidente que resulta más significativo para ellas.

Aparentemente en EPG el trabajo de las mujeres ya era aceptado. Por ejemplo, la respuesta de la abogada a la pregunta de si notaba que las personas la trataban de manera distinta porque trabajaba fue: "Con respecto a lo que preguntaba que si me han respetado más, pues no me han respetado, lo he exigido, porque igual, como que llegas ante cualquier persona y así como que por ser mayor que tú, como que te va a pisotear o como que les valen tus derechos ¿no?"

Cabe mencionar que en EPG la discusión fue algo especial debido a las características de las integrantes del grupo —entre ellas una maestra, una abogada y una colaboradora de un partido político—. Se refirieron al trabajo de las mujeres en relación con la posición de los hombres de una manera muy protagónica que no reflejaba la situación general de sus congéneres en la comunidad.

A pesar de que el control de los hombres no les preocupa, una de ellas manifestó que al ejercer su profesión y ayudar económicamente a sus padres se generaron tensiones y cambió su relación con ellos y con sus hermanos. Comentó: "Ha habido mucha separación, no hay mucha comunicación, yo estoy segura de que si me vieran descalza estarían muy felices".

En cambio una participante que no estudió y atiende una pollería en su casa opinó que había cambiado su relación hacia una mayor equidad: "Pues sí, me ha ayudado mucho porque él trabaja también, y entonces yo también, ahora ya me siento más importante, como quien dice, porque no me hace de menos, yo siento que soy capaz de ganar por mí misma, sí me ha ayudado".

Lo contrario ocurrió en Boye. Todas las participantes eran esposas de emigrantes y se dedicaban al hogar, con excepción de una, que vendía ropa y enseres domésticos por catálogo. Muchas tenían experiencia laboral pero dejaron de trabajar al casarse. Manifestaron que les gustaba trabajar y tener un ingreso para gastar en lo que quisieran. Con el matrimonio esa situación cambió, y lo justifican diciendo que actualmente enfrentan otras responsabilidades, como administrar los bienes y educar a los hijos.

No fue posible avanzar más allá de si los esposos las dejarían trabajar o no, cómo se sentirían ellas si trabajaran y qué sucedería con su papel de madres. Asumían como determinante la opinión de los esposos sobre su trabajo fuera del hogar: no querían que ellas trabajasen. También asumían su papel de madres, argumentando que para los hijos nada hay mejor que los cuidados de su madre.

En BH las participantes declararon que allí hay varias mujeres que desempeñan un trabajo remunerado. Aunque los hombres no veían bien que sus esposas trabajasen, ellas opinaban que era necesario darse más libertad para tomar decisiones sobre el tema. No obstante notamos cierta ambigüedad en las opiniones respecto a combinar el trabajo remunerado con el cuidado de los hijos pequeños. Expresaron que el trabajo remunerado es satisfactorio para las mujeres, pero a la vez enfrentan los problemas del ámbito familiar:

Con el trabajo se gana. La cuestión de la moral, eso ya lo dejé. Yo estoy trabajando y yo vuelvo a la casa, el gasto me lo da mi marido, no me alcanza, ¿y yo quiero esto? Me quedo con las ganas, pero si yo trabajo me siento más superior que él. Y compro lo que puedo. Ya la mujer empieza a cambiar. Ya empieza a sentirse valorada por el hombre. En cuestión de que trabaja, se compra lo que ella desea, vestirse bien. Pero más que nada descuidan a sus hijos, su hogar, hay más problemas. (Taller grupo focal BH, mujeres de 20 a 35 años.)

Una manera de resolver la tensión entre el trabajo remunerado y el cuidado de los hijos era realizar una actividad remunerada en el hogar, por ejemplo armar piezas de aretes y pulseras de joyería de fantasía, mejor opción que trabajar en el taller de costura de ropa, que en BH es la otra fuente de trabajo más usual para ellas. En cualquier caso la labor de las mujeres se sobreexplota; en el primer caso ganaban entre 150 y 200 pesos por armar 2 mil aretes, en el segundo entre 300 y 500 pesos a la semana (de 30 a 50 dólares).

LA EMIGRACIÓN

La emigración trasnacional ha traído consigo un cambio radical en las estrategias de vida de las familias, ya que el espacio rural tiende a convertirse en un lugar de residencia donde los hogares se configuran como unidades de consumo y reproducción. Esto se observó sobre todo en Boye, pues con la recepción de remesas las mujeres han quedado como jefas de hogar, en el mejor de los casos sin apremios económicos y sin incentivos para ejercer una actividad productiva.

Las opiniones recogidas en el grupo focal en Boye entre mujeres de alrededor de 45 años muestran cierta ambivalencia respecto a su situación como esposas de hombres emigrantes. Económicamente hay una mejoría notable gracias a que ellos están en Estados Unidos y envían dinero, sin embargo el precio que tienen que pagar es muy alto. Por una parte experimentan cierta libertad, pero por otra soportan una mayor carga de responsabilidades y de actividades cotidianas. Además, la ausencia del cónyuge no les da una completa libertad, pues los hombres suelen estar al tanto de los movimientos de las mujeres a través de la comunicación telefónica con ellas y los rumores que circulan entre familiares y vecinos.

El relato de las mujeres jóvenes dejó ver patrones nuevos en las estrategias familiares: muchos matrimonios ocurren cuando el hombre ya se ha insertado en el flujo migratorio; son numerosas las jóvenes que quedan a cargo de los suegros. En la medida en que ellas reciben y ahorran los dólares pueden constituir su propia casa y no tienen que esperar muchos años para iniciar una vida apartadas de los hogares de sus progenitores. Cuando los hijos llegan a la edad de trabajar (alrededor de 16 años) comienzan a irse con el padre, hasta que finalmente lo remplazan y pasan a ser los responsables del envío de dólares en la medida en que lo requieren las unidades domésticas y en la que ellos pueden hacerlo. Es entonces cuando un matrimonio puede iniciar una vida de convivencia permanente. El ciclo familiar se ha cerrado.

Entre estas jóvenes que se habían casado con un hombre ya emigrante se constató que ellas habrían preferido contar con la presencia del esposo. Quedaban en espera de sus visitas esporádicas mientras soportaban todo el peso de la responsabilidad de criar a los hijos y encargarse de la administración económica del hogar y de la tierra, en caso de tenerla. Al mismo tiempo tales responsabilidades no les brindaban mayor autonomía, pues era evidente el control sobre sus actividades y movimientos. Un ejemplo, quizás extremo, es que los hombres no permitan que sus esposas aprendan a conducir los vehículos que ellos traen de Estados Unidos, aun en caso de necesidad.

No obstante, las jóvenes reconocieron que habrían preferido contar con la presencia del esposo, compartir las responsabilidades y tomar las decisiones en conjunto, como lo hacían cuando él llegaba de visita. Su ausencia acarreaba una carencia afectiva para ellas y para sus hijos. El sentir de las mujeres jóvenes se expresa en la siguiente conversación:

Pregunta: ¿Sus esposos están aquí o todos están en Estados Unidos?
　Respuesta: *Están allá.*
　P: ¿Entonces por eso piensan que si salen solas van a algún lado?
　R_1: *Así es, sí, hay gente que dice qué hacemos. Los chismes corren. Pero gracias a Dios tenemos unos maridos que tienen confianza en nosotras y nunca salimos a nada malo, sólo a lo más necesario.*
　P: Me llama la atención porque en el taller de las mujeres mayores alguna decía tener mucha libertad gracias a que su esposo estaba en Estados Unidos.
　R_1: *Bueno, es que no estamos bien encerradas, sí salimos, pero si la gente nos ve salir solas diario, la gente luego piensa mal.*
　R_2: *No, yo lo más necesario salgo, no porque me regañen, sino porque así soy.*
　P: ¿Quién toma las decisiones en tu casa?
　R_1: *También los dos, pero ahorita que estoy sola pues las tomo sola. Pero cuando estamos los dos, opinamos los dos.*
　R_2: *Y todo tengo que decidir yo.*
　P: ¿Te sientes agobiada?
　R_1: *Pues no, pero siempre hace falta la decisión del marido.*
　R_2: *Pues sí, nos dejan mucha responsabilidad a nosotras, porque tanto la hacemos de mamá como de papá, y luego también lo que pasa es que los hijos van creciendo y tienen más confianza aunque sea hombre con las mamás que con sus papás. Y es lo que pasa conmigo.*

R_3: *También es eso que piden permiso primero a la mamá, pues porque todo el tiempo está uno solo, claro que los niños se van acostumbrando a que todo el tiempo están nada más con la mamá. El papá sí llega, pero se va de nuevo a trabajar. Y la mayor parte del tiempo está una con ellos.*

P: ¿Por qué dices que te sientes mal cuando los niños te piden permiso a ti?

R_1: *Pues porque no lo están tomando en cuenta, bueno sí lo toman en cuenta al papá. Pero bajita la mano lo hacen menos.* (Taller grupo focal Boye, mujeres de 20 a 35 años.)

En BH las mujeres se expresan con menos ambivalencia sobre la ausencia de los hombres; quisieran que no se fueran, que "luchen aquí en la comunidad para salir adelante", que hubiera oportunidades para ellos en la comunidad, que no tuvieran que irse. Expresan su sentir en frases como: "Ya 12 años por allá. Se va y casi no conoce a mis hijos", "va para cuatro años... siempre la ausencia".

En suma, la vida de las mujeres como esposas de emigrantes inserta un nuevo elemento en la problemática de las relaciones de género. Soportan la dualidad de tener una libertad relativa que no pueden asumir porque la coartan la dominación a distancia, la vigilancia de la familia e incluso la de la propia comunidad. El hecho es que se trata de una situación impuesta y no elegida por ellas.

LA PARTICIPACIÓN DE LAS MUJERES EN LAS INSTITUCIONES LOCALES

Respecto al desempeño de las mujeres en la esfera pública referido a su participación en la asamblea ejidal, la junta de pobladores y diversas organizaciones locales, hubo distintas reacciones.

En los talleres focales de las mujeres de 45 años de EPG se reportó que su participación en las asambleas ejidales era baja aunque sí se expresaban en las reuniones de orden comunal. En BH la participación era alta en ambos casos, a diferencia de Boye, donde las mujeres asistían a las asambleas pero no hablaban.

Sólo en BH se reportó la experiencia de organización de las mujeres en proyectos productivos locales. En BH y Boye había algunos proyectos de tipo educativo y cultural, pero las mujeres sentían que eran impuestos, pues los gestores provenientes de las entidades públicas no tomaban en cuenta la opinión de ellas sobre el contenido de los mismos. Por ejemplo, estaban obligadas a asistir a las reuniones de Oportunidades para recibir el pago.

El tema de la participación en las instituciones de la comunidad suscitó mayor discusión entre las jóvenes que asistieron a los talleres del grupo focal. En EPG percibían que había una baja participación de las mujeres en la vida pública de la comunidad, ya que intervenían en las asambleas, no contaban con experiencia en la organización de proyectos productivos, ni recibían apoyo para ello. Si el gobierno otorgaba algún apoyo, ya estaba comprometido con ciertas personas, que siempre eran las mismas, pues la organización comunitaria estaba viciada.

Las jóvenes de Boye consideran que la participación de las mujeres en la política local es baja, si bien es alta la asistencia a las asambleas; contra lo que dijeron las mujeres mayores, aseguran que sí se expresan en las asambleas. También perciben que es escasa su experiencia en cuanto a organización de proyectos. Expresaron su interés por participar en proyectos, pero no han tomado acciones al respecto; también desearían contar con mayor orientación sobre los problemas que enfrentan en su vida cotidiana "para defenderse", lo cual puede interpretarse como el deseo de salir del estado de desempoderamiento.

En BH las mujeres fueron más optimistas en cuanto a su participación en la política local y en las asambleas, y en sus posibilidades de expresarse. También tenían experiencia en organizarse, si bien consideraron que faltaba el apoyo del gobierno para emprender proyectos. Ésta fue la única petición que expresaron respecto a lo que desearían para la comunidad.

Piensan que esa participación más activa en las actividades de la comunidad está asociada a tres factores: que muchos hombres se han ido a Estados Unidos y las mujeres han ocupado su representación; que las ayudantes están promoviendo su participación; y que están llegando programas oficiales enfocados a las mujeres. Ellas han gestionado algunos proyectos productivos como el taller de costura y ahora la cría de borregos. Aunque no quisieron profundizar sobre el primero, explicaron que fue muy difícil establecer la cría de borregos, y pasó mucho tiempo antes de que lo lograran, al grado de que cuando ya pensaban que ya no les iban a dar nada, les trajeron los papeles para que los firmaran.

Como se expuso, hay diferencias en la participación de las mujeres en el ámbito público, como en las asambleas y las reuniones de la comunidad. Las jóvenes en BH manifestaron mayor empoderamiento como participantes y activas. Ellas mismas atribuían el haber ganado espacio a que una mujer estaba frente a la ayudantía.

> Antes había cualquier junta, cualquier programa y acudían los hombres, las mujeres en su casa.
> Casi no nos tomaban en cuenta. No te dejaba salir tu marido. Y ahora no.
> Porque ahorita la ayudanta apoya mucho a la mujer más que nada.
> Desde antes que ella se lanzara para ayudanta, la mujer ya cambió mucho, por lo mismo que llegan muchos programas para las mujeres. (Taller grupo focal, BH, mujeres entre 20 y 35 años.)

¿Hacia un mayor poder de las mujeres?

El tránsito de una vida campesina dependiente de la agricultura hacia estrategias basadas en combinaciones más o menos complejas de actividades se manifiesta en el quebrantamiento de los patrones hegemónicos en que se sustentaban las relaciones de género que tradicionalmente se practicaban en la vida campesina. Si bien los cambios son complejos, ambiguos y muy lentos, la discusión de las mujeres en los grupos focales da indicios de que los perciben y los asumen.

A fin de concluir sobre las consecuencias de los cambios socioeconómicos en la subordinación femenina que observamos en el mundo rural, volvemos sobre las preguntas que planteamos al inicio del capítulo. Para ello, y con base en la información obtenida en los talleres de grupo focal, intentaremos identificar algunos de los mecanismos de *desempoderamiento* y *empoderamiento* que se perciben. A manera de síntesis, se presenta el recuadro IX.1.

Es evidente que la labor de las mujeres en la agricultura —sobre todo ante la ausencia de los hombres— no ha modificado su situación en lo relativo a poder de decisión, autonomía y generación de ingresos. La agricultura ya no es una actividad rentable; para ellas no es fuente de poder, como tampoco lo fuera en el pasado, pues las que ahora tienen 60 años, quienes sí trabajaron en el campo, lo hicieron sometidas a la autoridad de sus esposos. Una excepción se dio en EPG: Lupe, de 60 años, al quedar viuda con ocho hijos pequeños trabajó la tierra y logró acumular recursos para invertirlos en otras actividades. Fue la única mujer mayor entrevistada que logró un apoderamiento (véase el capítulo III). En Boye y BH la responsabilidad de la parcela de los esposos emigrantes es una carga adicional para las mujeres. Aunque ellas participan en las asambleas del ejido, reconocen que son discriminadas y que no se les escucha; sin embargo no se oponen a ello porque perciben que dicha actividad es decadente. Hoy día la participación en las labores agrícolas —aun como administradoras— no confiere poder.

Consecuentemente, no es la economía agropecuaria lo que da valor a la tierra; ésta cobra nuevos significados y se maneja como un recurso múltiple, lo cual ya está incidiendo en los patrones de herencia. La asignación de un lote para las hijas es cada vez más frecuente, así como la subdivisión de la tierra entre todos los hijos. Así, el acceso a la *tierra para fines no agrícolas* es cada vez más frecuente para las mujeres jóvenes y podría significar una condición para lograr mayor equidad y alcanzar una mejor situación frente a los hombres.

Fueron el trabajo remunerado de las mujeres y la emigración los temas que más provocaron la reflexión sobre las prácticas, explícitas o no, que pudieran conducir a una igualdad de género.

Los mecanismos que conducen al *desempoderamiento* siguen teniendo amplia presencia en las comunidades, tanto en lo particular como en lo general.

Recuadro IX.1
Percepción de las relaciones de poder de las mujeres en EPG, Boye y BH*

Mecanismos de desempoderamiento	EPG		Boye		Barranca Honda	
	45 años	20-35	45 años	20-35	45 años	20-35
Presencia de machismo (macro/micro)	Alta	Alta	Alta	Alta	Alta	Alta
Control masculino sobre el trabajo de las mujeres (micro)	N	N	Alto	Alto	Alto	Alto
Desempoderamiento por control del cónyuge (micro)	N	N	N	Alto	N	Alto
Desempoderamiento por control familiar (micro)	N	Alto	N	Alto	N	Alto
Desempoderamiento por control de la comunidad (macro)	N	N	Alto	Alto	N	Alto
Irresponsabilidad percibida por el trabajo de las mujeres (macro/micro)	N	N	I	Alto	Media	Alto
Mecanismos de apoderamiento						
Incremento de la autoestima por el trabajo (micro)	Alta	Alta	N	Alta	Alta	Alta
Apoderamiento doméstico por la edad (micro/macro)	N	Alta	N	Baja	N	N
Apoderamiento por emigración del cónyuge (micro)	N	N	Bajo	Bajo	Bajo	N
Mecanismos de empoderamiento						
Empoderamiento por trabajo en la agricultura (micro/macro)	Baja	I	Bajo	N	N	Bajo
Participación activa en asuntos de la comunidad (macro)	Media	Baja	Media	Media	Alta	Alta

N: No se trató el tema.
I: Insuficientemente tratado para evaluar.
* Calificación propia de los autores.

En los talleres de grupo focal se habló extensamente sobre el control que ejercía el esposo, el cual resultaba evidente cuando la mujer desempeñaba trabajo remunerado fuera del hogar. Hubo consenso en que el trabajo extradoméstico aportaba un complemento importante al ingreso del hogar y daba a las mujeres cierto poder al decidir sobre el uso del dinero, lo cual representaba un factor de *autoestima* para ellas. En la mayoría de los casos dependen de que sus cónyuges y muchas veces la familia acepten que realicen un trabajo remunerado. Las mujeres de 45 años y las jóvenes perciben que es constante el cuestionamiento de los esposos sobre su participación laboral. Esto fue reconocido en BH. En EPG, las profesionistas consideran que son mujeres "apoderadas". Trabajan con el consentimiento de sus esposos, quienes incluso en la división de las tareas domésticas comparten la toma de decisiones del hogar. Sobre todo en BH hay una fuerte oposición a aceptar su decisión de trabajar. En Boye las mujeres se daban cuenta de la oposición masculina pero no la cuestionaban, sobre todo las jóvenes.

En general la conciencia sobre la dominación masculina fue más evidente en Boye. La ausencia de los hombres emigrantes puede otorgar cierto poder a las mujeres para tomar decisiones dentro del hogar y en relación con los hijos, pues lo hacen cotidianamente; pero esta autonomía muchas veces resulta ambigua, y entre las jóvenes de Boye ha contribuido al desempoderamiento, ya que al estar solas no cuentan con la posibilidad de compartir las responsabilidades con sus cónyuges en lo relativo a la educación de los hijos y frente a los múltiples sucesos en la vida doméstica.

Las mujeres de emigrantes se hacen cargo de nuevas responsabilidades que aparentemente podrían reforzar su autonomía. Sin embargo esto casi nunca ocurre, pues generalmente se encuentran en una situación de dependencia y subordinación al ser vigiladas y controladas por los esposos ausentes y los familiares. Además, esas responsabilidades también las conducen a padecer mayor vulnerabilidad social y afectiva.

Las mujeres de 45 años en Boye parecen haber aceptado este papel, y siempre dependen de las remesas que los esposos envían y de conservar la "buena imagen" paterna frente a los hijos. Son administradoras pero no "apoderadas" ni "empoderadas".

En BH son más autónomas, pero no es posible atribuir esta actitud directamente a la ausencia de los hombres, si bien ellas reconocen que esto las ha empujado a participar más en las decisiones comunitarias. También habrá una conciencia clara de su desigualdad frente a los hombres, e insistían en que las propias mujeres podrían y deberían asumir una posición fuerte que les permitiera poner límites y defender sus opiniones por medio de la comunicación.

En suma, la dominación masculina es un factor de *desempoderamiento* ante el cual las mujeres mostraron una variedad de actitudes. Desde el enfrentamiento con la pareja y la familia adoptado por las mujeres jóvenes profesionistas en

EPG, hasta el repliegue al hogar y la sumisión a la dependencia de los dólares de los migrantes entre las de todas las edades en Boye. Además, muchas asumen la ideología de género hegemónica con sentimientos ambiguos sobre los efectos del trabajo extradoméstico en el cuidado de los hijos y del hogar.

En términos generales se percibe la persistencia de un ambiente de desempoderamiento que emerge cuando las mujeres acuden a las asambleas o juntas, o en relación con los pequeños proyectos productivos, sea porque están ausentes (como en Boye) o porque no se toman en cuenta las opiniones y necesidades de las participantes. Por otra parte, las instituciones públicas de educación y salud han contribuido a aminorar la desigualdad de género y las mujeres se han beneficiado de estos servicios. Ahora las jóvenes pueden planificar sus familias, lo que incide en la salud y la carga de trabajo doméstico. No obstante, la ideología dominante a veces las inhibe e impide que acudan a las instancias institucionales. Por ejemplo, las profesionistas de EPG que laboran en las oficinas del municipio de San Felipe del Progreso se dan cuenta de que algunas sufren un trato violento por parte de sus parejas; sin embargo el ciclo de violencia no se ha podido romper porque las víctimas siguen justificando a sus maridos y se quedan con ellos sin querer denunciarlos.

Hay estrategias que llevan el *empoderamiento* a lo general, y un ejemplo de ello está en BH, donde actualmente una mujer encabeza la ayudantía de la comunidad. Las mujeres perciben esto como la expresión final de una serie de cambios que han venido presentándose desde hace unos 15 años, pues el hecho de que una mujer lanzara su candidatura mostraba en sí mismo cambios. Ahora las mujeres estudian, no son tan ignorantes, y hay programas de gobierno que las apoyan; hoy saben negociar mejor con los esposos respecto a los problemas que surgen cuando ellas salen a realizar un trabajo extradoméstico.

En Boye el hecho de que muchas mujeres se queden solas en la comunidad cuando los hombres emigran permea también la forma de relacionarse con la comunidad e influye en la toma de decisiones en el ámbito público.

Como resultado de las expresiones vertidas en los talleres del grupo focal, la comparación de las tendencias de las tres comunidades mostró que existen actitudes diversas ante la dominación masculina: un discurso de enfrentamiento predomina en EPG, actitudes de sumisión ambigua en Boye, y una disposición a la comunicación y el diálogo en BH. Estas tendencias son resultado de los contextos históricos particulares de cada localidad, que se interrelacionaron con los recursos, actitudes y oportunidades individuales de las familias y las personas.

En EPG, una comunidad indígena, es un cambio generacional importante en los roles tradicionales de género el que ya no se acostumbren los matrimonios arreglados. La educación ha sido un factor esencial en tales cambios, gracias a los cuales varias mujeres han sobresalido como maestras y profesionistas. La inseguridad de las mujeres de 60 años al hablar español delata su lengua indígena materna —algo que incluso usaron como pretexto algunos de sus cónyuges para no permitir que las entrevistáramos—, sus hijas, las mujeres de 45 años, siendo muy jóvenes tuvieron la oportunidad de formarse como maestras en el programa de educación bilingüe, fueron las primeras profesionistas de la comunidad, y trasmitieron a sus hijos su aprecio por la educación. Estas mujeres han enfrentado a sus parejas al abordar temas como la distribución del trabajo doméstico y la educación de los hijos, pero de ninguna manera se puede generalizar su actitud a toda la comunidad, donde las profesionistas destacan como mujeres *apoderadas*.

La posibilidad de tener acceso a la tierra como recurso para fincar la residencia representa también un cambio para las mujeres que puede ser entendido en términos de *empoderamiento*, ya que en la comunidad se percibe como una tendencia. Si bien se debe por un lado a que es menor la importancia de la agricultura, también tiene que ver con el hecho de que los mayores reconocen que ellas contribuyen al ingreso del hogar y al cuidado de los padres.

En Boye la situación fue muy diferente. En esta localidad tradicionalmente campesina y mestiza, hombres y mujeres tuvieron acceso como asalariados a los mercados laborales durante cierto periodo, sin embargo esto no alteró las relaciones de subordinación de las mujeres, quienes al casarse se integraron como esposas a los hogares campesinos. Esto quizás se explique por la falta de oportunidades educativas y por la propia emigración de los hombres, que las sujetó a la vigilancia familiar. En esta comunidad las mujeres han logrado *apoderarse* relativamente por la vía de la edad, factor asociado a una sociedad tradicional campesina.

Un caso distinto fue el de BH, donde las mujeres eran mucho más conscientes de los cambios que estaban experimentando al enfrentar los contextos limitantes para ser más autónomas frente a sus parejas. Aquí no se encontró que el factor educación fuera el impulsor de estas tendencias aunque sí operaba la migración masculina que, según nuestra tesis, es la causa del no-empoderamiento femenino en Boye. Una hipótesis es que la comunidad de BH nunca se consolidó como una sociedad campesina en el pasado. Fue conformada por inmigrantes que vinieron de otras partes (Guerrero) y que desde el inicio del ejido se dedicaron a ser jornaleros a la vez que atendían sus propias parcelas ejidales. Las instituciones ejidales también fueron más débiles, no hubo lucha por ampliaciones ni programas públicos importantes para desarrollar las actividades agropecuarias, como en el caso de EPG. Quizá esto apunte a que las mujeres, como miembros de hogares semiproletarizados, no estuvieran inmersas en las estructuras rígidas de los hogares campesinos. En BH se observa un proceso de *empoderamiento*.

En conclusión, las nuevas generaciones de mujeres rurales enfrentan contextos muy distintos de los de sus madres y abuelas. Ciertamente, la dependencia de ingresos externos y sobre todo la emigración han creado una nueva vulnerabilidad, muy distinta a la pobreza y precariedad que relataron las mujeres de 60 años, cuyas vidas se fincaron en las labores del campo. Entonces la precariedad de las condiciones de vida, dada la falta de infraestructura, de servicios y de educación, la carga de trabajo doméstico y agrícola, así como la dependencia de una agricultura de temporal, y en el peor de los casos la carencia de tierra, así como las enfermedades, significaban vulnerabilidad ante la pobreza y hasta el hambre. Hoy la vulnerabilidad se refiere a otras cuestiones, como la fragmentación de la vida familiar y comunitaria, que hace a las mujeres vulnerables al no poder compartir las responsabilidades y las decisiones cotidianas con sus parejas emigrantes, y carecer de relaciones afectivas. Podemos afirmar sin embargo que las nuevas generaciones de mujeres están mejor dotadas que sus predecesoras de capacidades para atenuar la dominación masculina. Tienen mejores condiciones de salud y educación, y sus cargas de trabajo en el campo y domésticas se han aligerado. Estas condiciones básicas les han brindado nuevas potencialidades para desempeñarse en su entorno familiar y en la comunidad. Aún soportan la dominación masculina en estos ámbitos, pero a raíz de las nuevas experiencias que viven están tomando conciencia de sus propias capacidades y restricciones, ya que han comenzado a cuestionar su falta de autonomía y a reconocer el excesivo control masculino dentro y fuera del hogar.

BIBLIOGRAFÍA

Appendini, Kirsten y Marcelo De Luca (2005), "Cambios agrarios, estrategias de sobrevivencia y género en zonas rurales del centro de México: notas metodológicas", *Estudios sociológicos*, vol. 23, núm. 3, septiembre-diciembre, El Colegio de México, México, pp. 913-930.

_____ (2006), *Estrategias rurales en el nuevo contexto agrícola mexicano*, FAO, Roma, (Serie Género y Trabajo).

De Luca, Marcelo (s.f.), *Empoderamiento, condiciones de vida y salud reproductiva en mujeres rurales de una pequeña localidad en Morelos*, tesis de doctorado en estudios de población (en proceso), El Colegio de México, México.

Deere, Carmen Diana y Magdalena León (2000), *Género, propiedad y empodermiento: tierra, Estado y mercado en América Latina*, TM Editores/UN-Facultad de Ciencias Humanas, Bogotá.

Kabeer, Naila (2001), "Resources, Agency, Achievements: Reflections on the Measurement of Women's Empowerment", en *Discussing Women's Empowerment, Sida Studies,* núm. 3, Swedish International Development Cooperation Agency, Estocolmo.

_____ (1997), "El empoderamiento desde abajo: ¿qué podemos aprender de las organizaciones de base?", en Magdalena León (comp.), *Poder y empoderamiento de las mujeres*, Tercer Mundo Editores/Universidad Nacional, Facultad de Ciencias Humanas, Bogotá.

León, Magdalena (1997), "El empoderamiento en la teoría y práctica del feminismo", en Magdalena León (comp.), *Poder y empoderamiento de las mujeres*, Tercer Mundo Editores/Universidad Nacional, Facultad de Ciencias Humanas, Bogotá.

Lukes, S. (1985), *El poder, un enfoque radical*, Siglo XXI, México.

Rowlands, Jo (1997), *Questioning Empowerment. Working with Women in Honduras*, Oxfam, Honduras.

Sen, G. y K. Grown (1988), *Desarrollo, crisis y enfoques alternativos: perspectivas de la mujer en el Tercer Mundo*, El Colegio de México, México.

Anexo IX.A

Recuadro Anexo. IX.1.A
Mecanismos que conducen a cambios

Mecanismos que conducen a:	A nivel micro	A nivel macro
El desempoderamiento	Estrategias familiares de inculcación, control y castigo para preservar la subordinación: lo "femenino" al servicio de lo "masculino"	Mecanismos sociales de control e imposición que actúan básicamente en la esfera pública. Instituciones y discursos que promueven los privilegios de los hombres.
El apoderamiento	Estrategias de las mujeres en las relaciones de parentesco y pareja para ganar ciertos espacios de mando y autonomía con la edad, las responsabilidades, etcétera	La presencia de mujeres en el ámbito público: cargos políticos, en empresas, y otras, lo cual no garantiza la eliminación de la desigualdad de género, sólo un mejor estatus para algunas mujeres.
El empoderamiento	Se elimina la dominación tradicional de los hombres sobre las mujeres con el control de sus opciones de vida, sus bienes, sus capacidades productivas, sus opiniones, su cuerpo, etcétera	Algunas prácticas son: informarse, reflexionar, capacitarse; elaborar proyectos de cambio en conjunto, denunciar prácticas que promueven la discriminación y la violencia, etcétera.

X. CUANDO LOS HOMBRES EMIGRAN, ¿QUÉ GANAN Y QUÉ PIERDEN LAS MUJERES MAZAHUAS CON EL PROGRAMA OPORTUNIDADES?

Ivonne Vizcarra Bordi y Xóchitl Guadarrama Romero

Ni la migración ni la pobreza de la población mazahua de la región noroeste del Estado de México son fenómenos recientes.[1] Sin embargo en las últimas dos décadas los hogares mazahuas no sólo han visto reducidas sus posibilidades de mejorar sus condiciones de vida, sino que además sus organizaciones sociales tradicionales, como la lengua, las fiestas, el sistema de cargos, y la división sexual del trabajo se han venido deteriorando.

El debilitamiento de las condiciones para la subsistencia indígena es, sin duda, una de las consecuencias más graves de la aplicación del modelo neoliberal para el desarrollo económico que adoptó el gobierno mexicano como parte del proceso de globalización. Ante la falta de apoyo gubernamental para subsanar las crisis de las economías de subsistencia campesinas, y con el constante incremento de la presión demográfica sobre los recursos disponibles, en años recientes los hogares mazahuas se han visto obligados a combinar sus estrategias de subsistencia con dos opciones: convertirse en inmigrantes trasnacionales, o definirse como "pobres extremos", lo que les da derecho a recibir pagos de transferencia como una parte de los programas de combate a la pobreza. Así, por una parte, muchos varones mazahuas están explorando los mercados de trabajo fuera del país, principalmente de forma ilegal en Estados Unidos y bajo contrato en Canadá; por otra parte, dados sus altos índices de marginación de acuerdo con los datos de Consejo Nacional de Población (Conapo) (2000), los hogares mazahuas son parte de la población objetivo de programas diseñados para combatir la pobreza extrema, como Oportunidades (antes Progresa).

El objetivo de este capítulo es reflexionar sobre los alcances del programa Oportunidades y de su antecedente, Progresa (denominados en adelante P-O), en la redefinición de los modos de vida de los hogares mazahuas dentro de los

---

[1] Hay claras evidencias de que desde la época colonial (1527-1810) algunos mazahuas eran desplazados de sus lugares de origen e integrados como peones en las haciendas. Otros tenían que salir de sus comunidades en busca de medios para subsistir y mantener a sus hogares (véase Vizcarra, 2002a). Frente a su empobrecimiento y atraídos por el centralismo urbano, desde los años setenta los mazahuas han emigrado hacia las ciudades del país para insertarse en el mercado de trabajo en busca de ingresos extraagrícolas. (Arizpe, 1975).

contextos actuales de pobreza y migración masculina trasnacional. En particular nos interesa centrar el análisis en las mujeres, quienes en ausencia de sus esposos o hijos adquieren nuevas responsabilidades con el gobierno cuando aceptan participar como beneficiarias del programa, sea Progresa u Oportunidades. El pertenecer a la población objetivo en estas circunstancias les acarrea nuevas obligaciones dentro de sus hogares que influyen en su asignación de prioridades, principalmente respecto al trabajo y uso del tiempo.

La reflexión parte de nuestras experiencias de trabajo de campo en cinco comunidades de la región mazahua del Estado de México (de 1998 a 2006).[2] Con base en los datos etnográficos recogidos analizaremos en qué comunidades tiene presencia el programa P-O, qué tipo de hogares lo reciben, cuáles son las características de las mujeres beneficiarias y cuáles las instancias de gobierno que intervienen. El análisis cualitativo se basó en la metodología de la etnografía institucional.

Recientemente se ha abordado la etnografía institucional partiendo de la práctica etnográfica (Ferguson, 1991; Escobar, 1995; Lewis, 2001; Pineda et al., 2006).[3] Es un enfoque metodológico que resulta útil para el análisis de la gobernabilidad en la medida en que es una herramienta que facilita la comprensión de las formas en que los discursos construyen los problemas sociales y permite cierto tipo de intervención de las autoridades (políticas o no) que desarrollan estrategias específicas para resolverlos (Moore, 1996). Pone el acento en el análisis de los discursos y prácticas dominantes como medios de control social y construcción del poder (Escobar, 1995).

La etnografía institucional nos permite observar las relaciones que se establecen entre los programas de intervención gubernamental creados *ex profeso* para

---

[2] Hemos conjugado el trabajo de campo de cuatro proyectos de investigación realizados en la región, a saber: *1)* "Impactos socioambientales sobre las dinámicas domésticas mazahuas", que fue financiado por el Conacyt y llevado a cabo de abril de 1997 a noviembre de 2000 por Ivonne Vizcarra Bordi; *2)* "Estudio de las políticas foxistas en materia de seguridad alimentaria en comunidades mazahuas, desde una perspectiva de género. Fase I (del diseño e instrumentación)", con clave Conacyt 36040, realizado de noviembre de 2001 a noviembre de 2003 por Ivonne Vizcarra Bordi; *3)* "La transformación de los modos de vida rural", coordinado por Kirsten Appendini de El Colegio de Mexico, financiado por Conacyt; y *4)* "La seguridad alimentaria y la equidad de género en condiciones de migración masculina en el medio rural mexiquense: el papel de las Instituciones", con clave Conacyt-Inmujeres: C01-10356/A-1, que comenzó a realizarse a partir de marzo de 2004, se encuentra en su tercera y última etapa (enero-septiembre de 2006), y la responsable es Ivonne Vizcarra Bordi.

[3] James Ferguson (1991) fue uno de los primeros antropólogos que desarrolló la etnografía institucional; su estudio en Lesotho demuestra que la justificación de intervención en un proyecto de desarrollo rural no necesariamente corresponde a las demandas sociales reales de una localidad o un grupo y más bien se apoya en la necesidad de contar con agencias de desarrollo que intervienen en la vida social y económica de la población "beneficiada" del proyecto" (Pineda et al., 2006: 3).

atender una demanda social (en este caso la reducción de la pobreza extrema) y a la población con demandas reales y locales. Favorece también la observación de la concordancia o no de los programas ofrecidos y la demanda social, que no necesariamente se corresponden. Pese a las discrepancias, la demanda construida por las agencias institucionales justifica ampliamente su intervención en la vida social y económica de la población "beneficiada". Por otro lado, como la etnografía institucional da cabida a la perspectiva de género como eje transversal del análisis de dichas relaciones, decidimos basar nuestras reflexiones en las experiencias de 45 mujeres mazahuas pertenecientes a diferentes tipos de hogares.

Entender desde dónde y de qué manera se definen los problemas sociales resulta de crucial importancia para el estudio de las políticas sociales que promueven el desarrollo rural, ya que es a partir del reconocimiento de ciertos problemas y necesidades sociales que los diseñadores de políticas plantean las soluciones y las formas de intervención institucional más conveniente para resolverlos. Conviene mencionar que la etnografía institucional no es un instrumento de evaluación, pues no pretende evaluar la efectividad y eficiencia de las políticas públicas y los programas de desarrollo. Los datos etnográficos ayudan a comprender cómo se instrumentan y ejecutan los programas, pero sobre todo, a conocer las repercusiones del intervencionismo institucional sobre los destinatarios de los programas (Ferguson, 1991; Prats, 2003).

La finalidad de este capítulo es mostrar, precisamente desde el enfoque de la etnografía institucional, cómo el programa Progresa-Oportunidades trata de solucionar desde la institucionalidad del buen gobierno los problemas de la pobreza: malnutrición, enfermedad y bajos niveles de escolaridad, incluyendo el analfabetismo y la discriminación hacia las mujeres. El interés del presente estudio es resaltar las relaciones y los arreglos sociales que se generan con estas intervenciones en un contexto de migración trasnacional.

Nuestra interrogante de investigación surge de las nuevas formas de sujeción que los hogares han experimentado al formar parte de la población beneficiaria del programa Progresa-Oportunidades. Se trata de indagar qué ganan y qué pierden los hogares mazahuas con el P-O.

Debido a que no todos los hogares mazahuas son beneficiarios del P-O, ni todos cuentan con al menos un familiar masculino que haya emigrado fuera del país o que reciba remesas, se les diferenció según sean:

- Con P-O y con remesas y al menos un hombre emigrante (fuera del país).
- Con P-O y con remesas (hijas fuera del país).
- Con P-O y sin remesas pero con un hombre emigrante (fuera del país).
- Sin P-O y con remesas y al menos un hombre emigrante (fuera del país).
- Sin P-O y sin un emigrante fuera del país.

A partir del análisis de esta información se intenta responder a la pregunta inicial. Esto es, si existen ganadores o perdedores en términos de beneficios o desventajas individuales, colectivas e institucionales en cada uno de los cuatro ejes estratégicos que el Progresa instrumentó y el programa Oportunidades refrendó en su propuesta social "Contigo", con el fin de aumentar las capacidades de desarrollo humano (Arteaga, 2003). Es decir:

• Un enfoque *focalizador* que pretende integrar a un amplio sector de la sociedad marginada y empobrecida.
• La *participación* ciudadana que busca incentivar la participación social en la solución de problemas.
• La *corresponsabilidad* compartida entre el Estado —por medio de sus instituciones— y las familias beneficiadas de los programas.
• La *incorporación de las mujeres* al desarrollo, definiéndolas como beneficiarias directas de los programas.

LAS COMUNIDADES MAZAHUAS COMO SUJETOS DE PROGRAMAS PÚBLICOS

La mayoría de la población mazahua del país vive en 12 municipios del noroeste del Estado de México (86.2%). Las cinco comunidades seleccionadas para esta investigación se ubican en tres de estos municipios: del municipio de San Felipe del Progreso: San Miguel la Labor (SML), Emilio Portes Gil (EPG) y San Lucas Ocotepec (SLO); del municipio El Oro: Santa Rosa de Lima (SRL); y del municipio de Temascalcingo, San Francisco Tepeolulco (SFT).

Como se observa en el cuadro X.1, los municipios seleccionados tienen en común una alta incidencia de marginalidad y una importante presencia de población que habla la lengua indígena mazahua (HLIM); además presentan una feminización de los hogares y están viviendo una reciente migración trasnacional. En el cuadro X.2 se muestran algunas de sus características demográficas.

En 1998 la migración masculina hacia el extranjero y las remesas como fuentes de ingresos de los hogares eran fenómenos aislados en las comunidades de estudio. A partir de entonces se han incrementado los flujos migratorios de los varones de manera ilegal hacia Estados Unidos, y alrededor de 100 varones de la comunidad de SFP se han incorporado al Programa de Jornaleros Agrícolas Temporales en Canadá. Es difícil confirmar estadísticamente este fenómeno, pero durante nuestro trabajo de campo observamos la ausencia de hombres entre 16 y 45 años de edad.

En los hogares de emigrantes varones la mayoría de las mujeres considera miembros y jefes del hogar a sus esposos, o en caso de ser viudas o separadas, a sus hijos, pese a que éstos se encuentran en Estados Unidos o en Canadá. Una de las razones que manifestaron fue que se sentían obligadas a respetar el lugar jerárquico que ellos ocupan dentro del hogar; de ahí la importancia de tomar cierta distancia respecto a las cifras censales. Sin descalificar la relevancia de la cuantificación para dimensionar el fenómeno de la migración en estas comunidades, resulta imprescindible hacer uso de la metodología cualitativa basada en las experiencias individuales de estos hogares.

Cuadro X.1
Distribución porcentual de hablantes de lengua indígena mazahua en el Estado de México por sexo e índice de marginalidad municipal

Municipio	Índice de marginalidad[1]	Total HLIM[2]	Porcentaje HLIM de la población	Hombres	Mujeres
Temascalcingo	Alto	13 097	39.5	6 304	6 793
San Felipe del Progreso*	Alto	40 773	28.2	18 589	22 184
Donato Guerra	Alto	5 497	24.2	2 605	2 892
Ixtlahuaca	Alto	19 799	20.4	9 094	10 705
Atlacomulco	Alto	11 109	17.8	5 081	6 028
El Oro	Medio	3 754	15.5	1 641	2 113
Villa Victoria	Muy Alto	3 686	8.3	1 686	2 000
Villa de Allende	Alto	2 422	4	1 062	1 360
Jocotitlán	Medio	1 625	3.7	675	950
Ixtapan del Oro	Alto	136	2.7	62	74
Valle de Bravo	Bajo	615	1.2	287	328
Almoloya de Juárez	Alto	666	0.7	275	291

* El municipio de San Felipe del Progreso fue fragmentado en el año 2002 por razones de administración pública, dando origen a un nuevo municipio: San José del Rincón, donde casi la mitad de la población es indígena mazahua.
Fuentes: [1] Consejo Nacional de Población, 2000; [2] Sistema Nacional de Información Municipal, 2003.

Cuadro X.2
Indicadores demográficos de las comunidades de estudio

Comunidades	Población total	Hombres (%)	Mujeres (%)	Total viviendas	Promedio miembros por hogar	PEA	PEA en sector primario (%)
SML	4 133	49.4	50.64	634	6.5	904	15.7
EPG	3 076	48.3	51.7	590	5.2	777	7.3
SLO	3 361	48.2	51.8	586	5.7	544	19.3
SRL	1 512	48.7	51.3	360	4.2	279	55.2
SFT	6 535	50.1	49.9	1128	5.8	786	11.0

Fuente: Sistema Nacional de Información Municipal, 2000.

Se puede sostener que hay una clara tendencia a la feminización de los hogares en estas comunidades, así como una alta composición infantil. Esto se debe no sólo al elevado promedio de hijos por mujer: 4.8 —la cifra más alta de la entidad, pues la estatal es de 2.6 y la nacional de 2.4—, sino también a que los jóvenes de ambos sexos mayores de 15 años se ausentan del hogar al contraer nupcias o emigrar en busca de trabajo dentro o fuera del país.

Entre otros rasgos étnicos mazahuas de estas comunidades destaca el apego a las arraigadas costumbres relacionadas con el patriarcado (Pineda, Vizcarra y Lutz, 2006: 7). Las desigualdades entre los géneros se aprecian con claridad en el cuadro X.3.

Cuadro X.3
Indicadores de género en la población hablante
de lengua indígena mazahua del Estado de México

	Total HLI Estado de México (proporción estatal total)	Total mazahua	Hombres mazahuas (% estatal HLI)	Mujeres mazahuas (% estatal HLI)
Población HLI	466 112 (3.6)	31.3	41.1 (48.6)	58.9 (51.4)
Paridad HLI*	3.7 hijos (2.6)	4.8 hijos		
Masculinidad**	91.6 (105.6)	82.2		
Alfabetismo HLI***	71.3 (93.5)	59.4	78.5 (85.2)	43.5 (58.3)
Tasa de ocupación	51.4 (52.4)	41.6	67.7 (77.7)	20.4 (27.4)

Fuente: INEGI, XII Censo General de la Población y Vivienda, 2000.
*Paridad media de las mujeres de 15 a 59 años de edad (de hijos nacidos vivos).
** Por cada 100 mujeres el porcentaje que se presenta es de hombres.
*** Tasa de alfabetismo en mayores de 15 años + porcentaje de población ocupada en actividad económica mayor de 15 años.

Debido a sus antecedentes culturales, caracterizados por su agricultura de subsistencia basada en el monocultivo del maíz y por sus altos índices de marginación y pobreza, estas comunidades han desarrollado una estrecha relación tutelar con el Estado al ser el objetivo de algunos programas gubernamentales de desarrollo rural y de corte asistencial tanto federales como estatales.[4]

[4] Además, desde los años ochenta importantes fundaciones filantrópicas y religiosas han desarrollado una serie de programas de ayuda a estas poblaciones, como Promazahua, Visión Mundial,

En la actualidad uno de los programas federales dirigidos a los hogares que viven en extrema pobreza y que cobra mayor relevancia a medida que amplía su cobertura en las comunidades de estudio es el programa P-O. En la región, alrededor de 50% de los hogares mazahuas fue beneficiado por el programa Progresa a partir de 1998. Con su continuación en el programa Oportunidades en 2002, la cobertura se ha extendido a aproximadamente 70% del total de hogares de la región (cuadro X.4.)

Cuadro X.4
Distribución social de los hogares beneficiados con el P-O de 2000 y 2005

Municipios	Comunidades	Total de hogares en 2000*	Hogares con P-O 2000**	Hogares (%)	Hogares con P-O nov. 2005**
San Felipe del Progreso***		29394	19400	66.0	17 750**
	EPG	628	575	91.6	
	SML	532	526	98.9	
	SLO	563	407	72.3	
El Oro		35 087	2 700	57.0	4 399
	SRL	324	300	92.6	
Temascalcingo		9 516	5 519	58.0	9 206
	SFT	1 152	1 032	89.6	

Fuente: * INEGI-SNIM, 2000; ** <www. sedesol.gob.mx>.
*** El municipio de San Felipe del Progreso se dividió en dos en 2002 y surgió el municipio de San José del Rincón, lo que explica el descenso de familias con Oportunidades en el municipio respecto al año 2000.

Misión Mazahua, Un kilo de Ayuda, Fundación Televisa, Grupo Salinas, Proyectos Productivos, Organización ToKs-Gigante, Fundación Rigoberta Menchú, entre otros tantos.

La focalización

La focalización que innovó el programa P-O consiste en diseñar una política dirigida exclusivamente a las personas que viven en extrema pobreza. Se fundamenta en detectar a la población que entra dentro de la categoría de "pobre". Para lograrlo se requirió utilizar una compleja metodología estadística que tomó como base de datos los índices de marginalidad producidos por Conapo y la información recabada en tres grandes encuestas nacionales que aplicó la Secretaría de Desarrollo Social (Sedesol) a los hogares. Estas encuestas fueron respondidas por las mujeres encargadas de los menores del hogar, quienes serían titulares y corresponsables al ser beneficiarias (Arzate, 2005).

A principios de 1998 se levantó el primer censo para identificar a las familias más pobres con menores de 18 años de edad en las comunidades estudiadas. Para agosto de este mismo año las mujeres beneficiarias (*mujeres progresa*) recibieron su holograma, con el que se les identificaba para otorgarles los apoyos directos que ofrecía Progresa. Desde entonces las familias de comunidades vecinas que no tenían dentro de su demarcación política un centro de salud, y que no fueron seleccionadas en el primer censo, se han venido adhiriendo al programa cada vez que se abren o convocan nuevos registros. Actualmente en las comunidades de estudio prácticamente más de 90% de los hogares participa en el P-O (cuadro X.4).

Desconociendo los mecanismos de selección, las primeras familias seleccionadas por el P-O que recibieron su holograma se sentían privilegiadas por el hecho de haber sido elegidas y esperaban ansiosas el primer pago, dispuestas a cumplir con las obligaciones contraídas con el programa.

Los hogares que no fueron seleccionados en la primera promoción lo atribuían a una cuestión de suerte o a la ignorancia de las mujeres que fueron censadas:

"No salí en el censo". "No respondí bien las preguntas o no supe contestar." "No me encontraba cuando vinieron a censar." "Porque vivía en casa de los suegros." "No sé por qué, si soy más pobre que la vecina y a ella sí se lo dieron." "Ella trabaja y yo no." "Ella ya recibe dólares, no entiendo por qué aún sigue en el P-O." "No le caigo bien a los médicos o no soy amiga de la promotora, etcétera."

Mi suegra y yo no recibimos lo de Progresa, no nos toman en cuenta, dicen que la doctora o enfermera de la clínica es la que dice a quién sí le den o a quién no, y ella ha de haber dicho que a nosotras no nos hace falta. Pero sí nos hace falta, ya creen que porque arreglamos la casa, no tenemos necesidades, siempre las hay cuando hay niños chiquitos, y siempre hay gasto de la escuela, de su ropa, de lo que les encargan en la escuela, y esa ayuda sería buena, para que tengan sus cositas mis hijos… Una vez fui a la plática de la clínica, que porque fuéramos para ver si nos daban la beca, pero se la pasó regañándonos la enfermera, que si somos cochinos, que si comemos puras porquerías, que si somos borrachos, que si estamos gordos, y que se cansan unas señoras y que se paran y que se van, diciendo que si a eso íbamos, que para regañadas e insultos ni en nuestra casa, y que nos salimos... a la mejor por eso no nos dieron la beca, porque no nos dejamos. (R. 35 años, sml, 27 de junio de 2001.)

Tanto las mujeres seleccionadas como las que no lo fueron percibieron que el p-o era injusto al excluir a ciertos hogares pobres y aceptar a otros, que bajo la mira de la comunidad no eran pobres o tan pobres. La suspensión de los apoyos fue también motivo de conflicto. Por ejemplo el extraviar el holograma significaba la pérdida de cualquier posibilidad de obtener los apoyos. La única forma de recuperar *su pobreza* era entonces volver a gestionar en las oficinas de Sedesol en Toluca la recuperación del holograma, lo cual implicaba, además del regaño institucional, una inversión de tiempo y un gasto no previsto por el hogar, en el desplazamiento de las mujeres, quienes en muchas ocasiones nunca han salido de su comunidad.

Otra de las razones por las cuales las mujeres y sus familias pueden pertenecer al p-o o dejar de hacerlo es la suspensión de éste por el incumplimiento de cualquiera de las obligaciones contraídas. Pese a que en ocasiones la falta no haya sido de las mujeres, ellas reciben la sanción, algo que les provoca un sentimiento de injusticia:

Luego también a una señora le quitaron su beneficio por su marido y eso también no veo bien, bueno sí, por el esposo, pero a quien perjudicaron fue a la señora... Es que ella recibió su pago y compraba lo que necesitaban sus hijos: zapatos, comida, ropa que necesitaba, y llegó su esposo que trabaja en la obra en México y vio que ya tenían dinero que les daban, y se encajó, y ya no se fue a trabajar, no, ya no se fue para México a la obra, que le dijo a la señora que si se iba era para traer dinero para sus hijos y que ya se los daban, que para qué se iba a pasar penas y trabajos, y le quitaba su dinero a la señora de ella y sus hijos, y se lo tomaba en puro pulque, sí, si hasta la acompañaba a las pláticas, y la esperaba afuera de la clínica y cuando salía con su beneficio se lo quitaba y lo veías que se iba a la tienda que está por allá abajo, por la escuela, ahí venden pulque y desde temprano ahí estaba, y pasabas en la nochecita por tu pan y lo veías que seguía tomando... Luego lo acusaron y las promotoras dieron queja y les quitaron el beneficio... y encima el esposo se enojó con ella... (R. 44 años, srl, 12 de febrero de 2005).

El p-o ha reforzado las estructuras sociales fundadas en el sistema patriarcal de estas comunidades. Al igual que diferentes comunidades marginadas e indígenas con migración masculina reciente, los miembros de los hogares de las comunidades de estudio se sienten privilegiados por ser beneficiarios del p-o, ya que eso les ayuda a solventar algunos gastos del hogar mientras los varones que emigran cruzan, trabajan, pagan sus deudas y envían las primeras remesas a sus familias (Martínez, 2005):

> [...] mis hijos están en Nueva York, trabajan en las yardas, llevan cinco años, es difícil para ellos, y para mí, pero sí me ayudan, me mandan algo de dinero para los gastos de la casa, ropa y comida, pero no es seguido, a veces se tardan en mandarme hasta tres meses o más. Para la escuela de sus hermanos también mandan, pero el más chiquito y yo tenemos Oportunidades [desde 1999 son beneficiarios], con eso compramos uniformes y útiles para la escuela, nos ayudamos con esto que da el gobierno... es poco pero sí nos sirve (G. 45 años, SLO, 11 de septiembre de 2005).

La incomprensión generalizada sobre quién es o no pobre genera un resentimiento social y con ello contribuye a la fractura de las redes sociales y la organización comunitaria, indispensables para las estrategias de subsistencia de los hogares mazahuas:

> Antes todos cooperábamos para los trabajos de la escuela, los caminos, ansí también pa la iglesia. Pero ya hay otras [religiones]... ya los que tienen más dinero, pues cooperan más y nos dicen que nosotros no lo cooperamos. Así ya se tienen puras broncas. Hasta pa la fiesta del pueblo ya no nos ponemos de acuerdo. Luego nos peleamos las mujeres porque ya hay más presumidas. Una tiene de todo, Oportunidades, dólares y tienda y otras no. Ya está refeo aquí, hasta da miedo andar por ahí... ya ni confianza hay entre compadres, imagínese qué se va hacer... Aquí ya cada quien pa' su santo (A. 58 años, SML, 20 de abril, 2003).

Para estas poblaciones, ser pobres no es sólo una calificación obtenida en un registro burocrático, sino es una cuestión de su condición étnica y por lo tanto histórica, de justicia y hasta de mérito. Pese a su conocimiento, los comentarios de las mujeres entrevistadas apuntan a que por la falta de información sobre los criterios de inclusión al programa (focalización) muchas de ellas quedaron excluidas en la primera "promoción".

PARTICIPACIÓN CIUDADANA O COMITÉS DE VIGILANCIA

De acuerdo con el diseño del programa, la participación ciudadana es un eje del mismo, ya que así se generan los incentivos para que las beneficiarias se comprometan a cumplir y a hacer que cumplan las demás participantes, así como a dar solución a los problemas relacionados con éstas que se presentan en la comunidad. En otras palabras, se trata de un mecanismo en el que al compartir las tareas de vigilancia entre el gobierno y las beneficiarias teóricamente se deberían disminuir los costos de supervisión (Díaz *et al.*, 2001).

La instrumentación de este planteamiento en las comunidades muestra una realidad muy distinta. Primeramente, los comités de promoción comunitarios por lo general no son electos conforme a las reglas de operación del P-O, las cuales establecen que las promotoras deberán ser nombradas en una asamblea comunitaria constituida por las beneficiarias. Estos comités están integrados por tres vocales: una vocalía correspondiente a salud, otra a educación y otra a vigilancia, pero contraviniendo las reglas, en los casos estudiados observamos que los comités fueron asignados por el delegado municipal o por el médico del centro de salud, recreando de esta manera un modelo autoritario y generando un gran descontento entre las beneficiarias. En las cinco comunidades de estudio encontramos que las vocales pertenecían al mismo partido político que el delegado, pese a que en los discursos de P-O se reitera el carácter apartidista del programa:

> Yo recibo el dinero que da Progresa, desde hace cinco años que llegó aquí a la comunidad, ora verás, fue en el año de 1997, lo tengo claro, porque mi esposo le gusta eso de andar de delegado y ayudar a la comunidad y esas cosas, como vio que su papá también le hacía a eso, pues se enseñó y le gusta, y me dijo que iban a dar apoyo a las mujeres y los niños, que el gobierno iba a venir a ver si estábamos necesitados, porque me dijo que era sólo para gentes pobres, con necesidad de que le ayuden... (D. 33 años, EPG, 4 de marzo de 2005).

Si bien las vocales promotoras no reciben remuneración alguna por desempeñar la vocalía, la mayoría de las beneficiarias percibe que gozan de más privilegios. Esta percepción se justifica en el hecho de que algunos alimentos, como la leche fortificada y la papilla para menores de dos años, son distribuidos de manera discrecional, y coincidentemente las promotoras son las primeras en favorecerse, y otras beneficiarias "ni siquiera" se enteran de los alimentos y su distribución. Entre otros privilegios que perciben las beneficiarias está el poder que los funcionarios (médicos) transfieren a las promotoras, quienes así pueden influir sobre la inclusión o expulsión de algunas mujeres en el programa. Cabe mencionar que debido a que estos "puestos" comunitarios que adquieren las mujeres son nuevos, existe una percepción generalizada de que es una representación femenina, y no a todas les gustaría ser promotoras porque este puesto implica trabajo.

Las promotoras o vocales ven esta asignación como una oportunidad para integrarse al desarrollo comunitario:

> Tengo una niña, mi pareja se fue a los Estados Unidos, me dijo que se iba a ganar dinero y a trabajar para nosotras, pero a los seis meses me enteré que ya tenía otra

señora, así que ya no lo esperé y me puse a estudiar y a meterme en la política con las porristas. Así conocí a la encargada de Oportunidades y me metió; con eso nos ayudamos, además soy tesorera de la asociación de padres de familia de la escuela y soy parte de un partido político; a veces nos ayudan con despensas (M. 22 años, SFT, 7 de agosto de 2005).

Al promover la participación ciudadana de las mujeres mediante mecanismos de vigilancia, más que fomentar una participación equitativa e incentivos para proponer soluciones a problemas diversos, es una estrategia que fortalece las relaciones de poder asimétricas entre el Estado y las mujeres indígenas. En este sentido el Estado hace responsables a las mismas mujeres beneficiadas del fracaso o éxito del programa. Por un lado, si las mujeres no salen de su pobreza es porque no son capaces de aprovechar los recursos que les transfiere el Estado por medio de las instituciones que operan el P-O. Por otro lado, el Estado oculta su papel de controlador al comprometer a las mismas mujeres en tareas de vigilancia. Además de fungir como vínculo de comunicación entre los funcionarios y las beneficiarias, ellas deben reportar a las autoridades médicas del programa qué mujeres no usan los recursos recibidos para mejorar las oportunidades sociales de su familia, o no realizan los trabajos acordados para beneficiar a la comunidad, o no asisten a las pláticas obligatorias:

Aquí en San Miguel apenas hubo un problema con las promotoras, y es que dieron su plática y no vino muchas mujeres y se enojaron, y agarraron su lista y que nos dicen que las que no vinieron se iban a quedar sin su pago… Quién sabe qué fue lo que pasó, por qué no vinieron las mujeres ese día; ¡y por qué no les llega su pago! ¡Y unas familias sí están bien necesitadas! Y que les dicen que para que les dieran otra vez su pago tenían que comprar un rosal cada una y llevarlo a la clínica y plantarlo para que la clínica se viera más bonita, y sí lo hicieron, pero salió caro, fíjate, cada rosal chiquito 50 y 60 pesos, y uno sin dinero pa comer! (T. 42 años, SML 5 de abril de 2002).

En efecto, esta responsabilidad de vigilancia se ha convertido en un instrumento para denunciar a quienes no merecen ser beneficiarias por no ser pobres o por razones de envidia o conflictos entre las familias. Tales problemas se resolvían antes con otros mecanismos de cohesión social, de acuerdo con la cultura mazahua (Vizcarra, 2002a).

Del Progresa me dan a mí y a mis hijos Raúl y Luis, que son los que me quedan en la escuela… tardaron en darle la beca, pues las promotoras no me tomaron en cuenta; me cansé de rogarles y nomás nada, tardé como un año y medio en que me llegara. Dicen que es para ayudar a los pobres y nosotros lo somos, luego ves que hay promotoras que tienen su casa bien, digo, al menos tienen techo bueno, y reciben su dinero del Progresa, y en cambio nosotros, ve mi casa de cartón y lámina y no me daban la beca; yo lo necesito más que esas gentes, es injusto... y eso antes no se veía por aquí (F. 50 años, slo, 4 de mayo de 2005).

A partir de 2004 se puso en marcha otro mecanismo para promover este tipo de participación ciudadana en el p-o. Se trata de un número de teléfono gratuito que está disponible para hacer denuncias, y del buzón de quejas ciudadanas, colocado a la entrada de cada palacio municipal de manera que sea visible para todo el público pero a la vez esté resguardado dentro del recinto municipal. Allí, tanto las promotoras como el resto de las beneficiarias pueden hacer denuncias de manera anónima sobre las irregularidades que observan en la operación del programa, incluyendo el abuso de poder de las autoridades de salud y de las escolares. Sin embargo lo que se recibe con mayor frecuencia son precisamente denuncias sobre las mujeres:

...ya no tiene hijos en la escuela; ...tiene una tienda; ...su esposo se lo quita y se lo bebe; ...su esposo y sus hijos están en el otro lado; ... recibe muchos dólares; ...sus hijos son unos vagos.

El señor que viene, de las oficinas de Oportunidades y trae el dinero de Toluca, a veces también nos dice que le cooperemos para su gasolina, para regresarse, y pues le damos dinero, los 5 pesos, los 10 pesos, o a veces nos piden que les llevemos un taco de algo, porque se vienen temprano y no comen nada, y luego nos piden las promotoras que les llevemos cazuela de mole o de arroz o de tortillas; yo no les llevo, luego se enojan, pero si no tengo para comer yo, y con penas ando viendo que coman mis hijos, me dicen que luego por eso no llega mi dinero de la beca de Oportunidades. De eso que me dices del buzón, de eso sí me quejaría (A. 30 años, srl, 30 de octubre de 2005).

Los comités de promoción comunitarios deberían contribuir a establecer una mejor vinculación entre las titulares beneficiarias y el personal de los servicios de salud, de educación y de la coordinación nacional, pero se observa que la participación ciudadana en las comunidades ha traído consigo el divisionismo, el individualismo y la desconfianza entre las mujeres. Fractura las fortalezas de la identidad de los indígenas o de la pertenencia a lo colectivo y a la comunidad, y debilita una de las premisas para consolidar la equidad de género, la *sororidad o afidamiento*.[5]

---

[5] Lagarde (2001) atribuye al género la *sororidad* como un paradigma feminista. Es uno de los cinco principios de la equidad de género. La *sororidad* o *afidamiento* parte de que en los encuentros de la diversidad de mujeres (etnias, razas, clases, edades y religiones) convergen sus intereses en un pacto ético para desconstruir todas las formas y prácticas de dominio, desigualdad, opresión y represión sobre ellas. En esta diversidad cultural y de diferencias sexuales se promueve en el ámbito

La carencia de información es sin duda una limitante para que las mujeres puedan reclamar su derecho a la participación y se vean sujetas a las decisiones de los gestores locales. La intervención de las promotoras, médicos y enfermeras y el poder que sobre ellas tienen son percibidos claramente por las mujeres. Las arbitrariedades que cometen, su falta de respeto por las personas y por su tiempo son fuente de resentimiento social. Éste se manifiesta en los comentarios sobre sus experiencias individuales y respecto a otras mujeres de la comunidad.

Corresponsabilidad y descentralización con obligaciones y "derechos"

La corresponsabilidad es un principio rector del P-O tendiente a dirigir las acciones del programa como un acto de buen gobierno enfocado a romper los ciclos de trasmisión intergeneracional de la pobreza.[6] Las titulares son las responsables de la efectividad y eficiencia del programa, ya que se comprometen con el Estado a cumplir con una serie de reglas para recibir los beneficios directos del P-O.

Una vez que las mujeres son beneficiarias del programa deben cumplir continuamente con las siguientes corresponsabilidades: destinar los apoyos monetarios al mejoramiento para el bienestar familiar, esto es, a la alimentación de los hijos; apoyar a los becarios en su educación básica y media superior para que asistan a la escuela y mejoren su aprovechamiento, así como para que asistan a sesiones de educación para la salud dirigidas a los jóvenes; la titular debe asistir mensualmente a las sesiones de educación para la salud; todos los integrantes de la familia deben acudir a sus citas programadas en los servicios de salud. Además, nuevas obligaciones son impuestas por los médicos valiéndose de las promotoras, como la limpieza de la clínica, la preparación de alimentos para los médicos y la reparación de las aulas y los patios escolares, entre otros.

A cambio del buen desempeño de sus obligaciones y corresponsabilidades, las mujeres tienen derecho a recibir oportunamente los apoyos y los servicios del "paquete básico" del servicio de salud (constituido por 13 acciones)[7] y a decidir si participan o no en las actividades acordadas por la comunidad:

---

político una igualdad social a partir de un pacto de alianza entre las mujeres. Este pacto es político y analítico a la vez porque su fin es terminar con la misoginia y el androcentrismo para crear nuevos espacios sociales que den lugar a la igualdad y la convivencia humanas. Para ello se requiere de un clima de paz entre mujeres y varones, el cual se puede generar gracias a "la capacidad de incidencia, negociación y avance colectivo entre mujeres" (Lagarde, 2001: 21-22).

6 <www.sedesol.gob.mx/oportunidades>

7 Acciones básicas de servicios de salud: saneamiento en el ámbito familiar; planificación familiar; atención prenatal, del parto, del puerperio y del recién nacido; nutrición y vigilancia

Si mi trabajo tengo que hacer para recibir el dinero del Progresa, ya tengo que ir yo y mis niños a la clínica, para que nos den plática o vacunas, eso de la papilla sólo a los chiquitos de brazos, a uno de grande o mis hijos grandecitos pos no..., a luego hay que ir a ser limpieza de la clínica, o lo que disponga ahí... yo estoy a gusto con lo de Progresa, ya mis niños tienen sus cositas y yo tengo dinerito para algún gasto que tenga (D. 32 años, SML, 15 de agosto de 2001).

Las obligaciones forman parte de un mecanismo de control sobre las beneficiarias. No sólo los servidores públicos —como los médicos de las comunidades y las enfermeras— toman notas escritas del incumplimiento de estas mujeres, cuando faltan tres veces consecutivas a las pláticas o a las citas de salud, o los maestros reportan la inasistencia injustificada de los niños inscritos en el P-O, sino que también, como ya lo mencionamos, los comités formados por las propias mujeres de la comunidad pueden denunciar ante las autoridades del programa dichos incumplimientos:

Las juntas que hace la enfermera tiene uno que ir, es obligación; ya tienes que ir a que te pesen y te den tu plática de diabetes o de nutrición; es que aquí en Emilio Portes Gil hay mucha diabetes, si es que nos dicen que comemos mal y puro dulce, refresco y chicharrones, y que por eso nos enfermamos, o nos dicen que nos cuidemos para no tener muchos hijos, o que si el esposo es tomador. Veo bien esas pláticas, lo que no veo bien es que la enfermera ayuda mucho a sus conocidas y luego les hace favores y luego a otras nos trae de encargo, es muy regañona, y te dice que si no haces lo que te dice te van a dejar de dar tu dinero, y sí, sí lo cumple (E. 40 años, EPG, 9 de julio de 2002).

Las obligaciones de la corresponsabilidad obligan a las mujeres a ajustar constantemente sus actividades cotidianas para cumplir con ellas, incluyendo las condiciones que imponen los gestores locales del programa. Esto tiene consecuencias sobre la asignación de prioridades dentro del hogar, sobre todo en el uso del tiempo, y por tanto plantea fricciones y hasta conflictos. Por ejemplo: "Aunque a veces me desespero porque tengo que ir a pláticas, yo no digo que no sirva, pero descuido cosas de mi casa... no puedo ni trabajar y vivo sola con mis chiquitos" (C. 27 años, SRL, 30 de octubre de 2005).

El P-O no ha tomado en cuenta que cada vez son más las mujeres con hijos menores que se quedan solas en el campo mexicano porque sus esposos, padres,

---

del crecimiento infantil; inmunizaciones; manejo de casos de diarrea en el hogar; tratamiento antiparasitario a las familias; manejo de infecciones respiratorias agudas; prevención y control de la tuberculosis pulmonar; prevención y control de la hipertensión arterial y la diabetes mellitus; prevención de accidentes y manejo inicial de lesiones; capacitación comunitaria para el cuidado de la salud; prevención y detención del cáncer cérvicouterino.

hijos mayores y algunas mujeres jóvenes emigran, lo cual las obliga a reordenar sus tiempos para hacer frente a estas nuevas responsabilidades sociales:

> Los hombres se van de 5 a 7 años, algunos ya llevan 10 o 15 años, pero por lo regular vienen cada 2 o 3 años los que tienen familia... La gente ya se ha acostumbrado, ahora ya no hay distinción, hombres y mujeres se van parejo. Ahora se toma más en cuenta a las mujeres, no hay hombres en la comunidad, pero sí es bastante difícil. Las mujeres solas enfrentan la distribución del Progresa. En las reuniones de las escuelas van puras mujeres, a las faenas también vamos las mujeres. Ahora las mujeres desempeñan dos papeles a la vez (J. 38 años, SFT, 16 de noviembre de 2004).

Los responsables de la ejecución del P-O también tienen quejas. La adhesión de otras acciones al programa, como la ampliación del padrón, la incorporación del seguro popular, el acceso preferente de sus beneficiarios a proyectos de empleo temporal, y el acceso de las familias al Sistema de Ahorro y Crédito Popular, han traído como consecuencia una sobrecarga de funciones administrativas en el personal de salud, sin que por ello aumente su número, o mejoren los equipos médicos, o se amplíen las escuelas, o se creen nuevas plazas de maestros. Estas disposiciones impuestas por el gobierno federal provocaron la inconformidad del personal del sector salud y del educativo del gobierno estatal, ya que ambos sectores funcionan con presupuesto estatal y éste no ha aumentado en los últimos seis años: "Ya ni podemos dar consulta personal, cada vez nos piden más papeleo y seguimos siendo las mismas sin ganar más. La gente se va a desilusionar cuando vean que no hay medicinas, ni médicos para atenderlos, ahora que tienen seguro popular" (Responsable de un Centro de Salud, anónimo).

Para subsanar las demandas reales de educación algunos directores de escuela piden a las madres titulares que entreguen una cuota obligatoria para construir y equipar nuevas aulas. Las que reciben remesas son por lo general las primeras en cooperar; las que no las reciben aceptan hacerlo con muchas dificultades y renuencia, y las que no reciben remesas ni apoyos de P-O resultan las más afectadas, pues en ocasiones se ven obligadas a sacar a sus hijos de la escuela, algo que acarrea nuevos resentimientos sociales:

> No pues esas señoras son las que ponen el desorden, porque pagan rápido la cooperación, pues sus maridos les mandan en dólares. Ya nos pidieron los directores desde hace seis meses para dos salones más y no vemos nada, por eso las que no tenemos ni Oportunidades no cooperamos, a ver si no sacan a mi niña de la escuela (F. 25 años, SFT, 11 de junio de 2005).

Los apoyos en efectivo son diferenciados y no llegan bimestrales con regularidad, pues en ocasiones transcurren hasta seis meses sin que se reciban las becas, y esa falta de claridad institucional sobre el sentido de la corresponsabilidad afecta a las titulares. Ellas responden con sinceridad que sólo cumplen sus compromisos con el programa para no perderlo. La mayor parte del tiempo viven atemorizadas por esa amenaza y sufriendo incertidumbre, pues el incumplimiento de los compromisos contraídos con el programa puede acarrearles la baja temporal o definitiva. A esto se le suma el maltrato que reciben ellas y sus familias aun cuando cumplan. Tales situaciones generan un descontento individual generalizado, que no se traduce en protesta colectiva por temor a la sanción. Conforme a esta percepción los mecanismos de control se hacen efectivos:

> Luego tenemos que ir a Santa Ana Nichi para que nos den nuestro dinero y nos formamos desde temprano, porque se hace la cola grandísima; quién sabe por qué no traen hasta San Miguel el dinero; nos cobran 20 pesos por darnos nuestro dinero, es que dicen que porque ellos nos cambian los cheques y ya no sufrimos en ir hasta Atlacomulco a cambiarlo... este dinero ya no llegaba desde hace varios meses... ya pensábamos que nos habíamos portado mal... pero no se sabe qué pasó, que dicen que por el delegado y otros que porque somos flojas, ya ni se sabe, pero aquí nos ve todas formadas desde temprano (T. 42 años, SML, 5 de abril de 2002).

> Mira de antes a ora, te digo que sí pienso que es el mismo sufrimiento, pero no son las mismas cosas que se viven, pus ahora ya mis hijos van a la escuela y les dan su ayuda de Progresa o ese Oportunidades, pero en mis tiempos ni escuela ni ayuda; ya recibo cada tres meses mil pesos, otras veces 1500 pesos, a según venga el pago mío y de mis hijos... lo malo es que nunca se sabe cuánto llega y cuánto viene. Pero eso sí, si no limpias la clínica o tus hijos se enferman y no van a la escuela, ya te dicen que te lo van a quitar, por eso es el mismo sufrimiento (A. 30 años, SRL, 30 de octubre de 2005).

Desde la perspectiva política, el P-O también crea incertidumbre entre las beneficiarias pese a que reitera mediante mensajes publicitarios y otras formas de comunicación social que sus fines no son electorales: "Oportunidades no se vende ni se cambia por votos; tu voto es libre; en Oportunidades nadie debe de presionarte para votar por quien tú no quieras: ¡Repórtalo!; Oportunidades no pertenece a ningún partido político".[8] Dicha percepción se torna a favor del gobierno federal, ya que el temor de la desaparición del programa está relacionado estrechamente con los posibles cambios del gobierno:

> Sí, sí tengo eso del Progresa, pero es una pequeña ayuda, no te vayas a creer que es mucho el dinero que nos dan... sí, sé que eso del gobierno viene la ayuda, no, no sé

---

[8] Véanse las leyendas del calendario del 2005-2006 que repartió el programa a cada una de las beneficiarias.

de parte de quién, pero dicen que viene del gobierno y así ha de ser... y sí lo agradezco, como no, pus así ya tengo pa los zapatos de los hijos, pa sus cositas que le piden en la escuela, el profesor, sí, sí es buena la ayuda... sí, sí sé que si no van pos no recibo la ayuda... pero quién sabe con eso del cambio, si todavía ese gobierno nos va ayudar (J. 45 años de edad, SML, 17 de noviembre de 2001).

La corresponsabilidad acarrea una carga de trabajo adicional sobre las beneficiarias y los agentes locales que participan en el Programa. Las mujeres la percibieron como un mecanismo de control, pues ni se plantean ni tienen la oportunidad de modificar las relaciones con las autoridades locales, sean médicos, promotoras o delegados municipales; como en el caso de la focalización y la participación ciudadana, la falta de información y de capacidad real (empoderamiento) para desempeñar un papel realmente participativo en la supervisión y resolución de problemas en cooperación con las autoridades desemboca en un sentimiento de incertidumbre, y a veces de abusos en cuanto a su situación como beneficiarias, siempre amagadas con la amenaza de que se suspenda el programa.

Por otra parte, la participación en el programa afecta la distribución del tiempo de las mujeres. Aunque para ellas las obligaciones son una carga de trabajo adicional, realizan este trabajo en demérito de otras actividades para permanecer con el programa.

EL PROGRAMA PROGRESA-OPORTUNIDADES EN EL CONTEXTO DE LA MIGRACIÓN: CONSIDERACIONES SOBRE LA INEQUIDAD DE GÉNERO

La migración de los hombres adultos impone nuevas responsabilidades a las mujeres, quienes se hacen cargo de la casa, la parcela, la crianza y educación de los hijos, la participación en las actividades comunitarias, etc. Tras sumar el tiempo que dedican a las actividades, responsabilidades y compromisos que adquieren las beneficiarias del programa, más los días que dedican al cobro de los apoyos directos, podemos decir que el promedio que destinan al P-O es de 16 horas al mes. Para las titulares que tienen a sus esposos fuera del país, sus cargas de trabajo en la casa y en la parcela son más amplias:

Tengo dos hijos en Estados Unidos, no sé en dónde están, ni en qué trabajan, pero sí me mandan mi dinerito para sembrar un cachito que tengo y para los gastos de la casa...,También me dan para ahorrar y construir su casa, a mí me dan el dinero porque el señor se dedica a la tomadera. Yo siempre he sido padre y madre para mis hijos, me ayudo también con mis costuras, aunque me da tristeza venderlas; tengo Oportunidades por un muchacho que estudia, pero todo es para su escuela, ni va bien, sólo está esperando salir de aquí para irse con sus hermanos (L. 53 años, SRL, 7 de agosto de 2005).

Una pregunta subyacente es si el Programa contribuye a disminuir la brecha en la inequidad de género mediante el acceso a recursos monetarios, la participación y la corresponsabilidad. En una vertiente paralela convendría saber si las mujeres adquieren mayor autonomía en las decisiones cotidianas con la ausencia de los hombres.

Respecto a lo primero cabe recordar que el carácter focalizador del P-O supone que la desigualdad entre hombres y mujeres no está ligada a la subordinación de género, sino a la pobreza, de ahí que se haya centrado todo el esfuerzo institucional en orientar sus estrategias hacia la población pobre, preferentemente a las mujeres responsables del cuidado de los niños. No busca el cambio en los roles genéricos, más bien los acentúa. En todo caso será en las próximas generaciones cuando se pueda disminuir la inequidad, ya que el Programa ofrece incentivos a la educación y la salud de las niñas.

Si bien en el país estas transferencias condicionadas de efectivo se han traducido en políticas eficientes, como se corrobora al observar los elevados índices de matriculación en los niveles básico y medio superior (Parker, Behrman y Todd, 2004), en el ámbito local, o por lo menos en las comunidades de estudio, la calidad de la educación se ha deteriorado al aumentar la matrícula.

Para los hogares que viven un proceso de migración masculina esta situación puede tener dos aristas: o bien se abandona a su suerte a las mujeres y los niños, con deplorables consecuencias en el rendimiento escolar y en sus conductas desafiantes ante la falta de la autoridad paterna, o se crea una nueva relación de dependencia de las mujeres, que aparentemente tienen mayor grado de autonomía, pero que se encuentran sujetas al envío de remesas de sus maridos e hijos y al cumplimiento de responsabilidades con el P-O, limitando así su propio desarrollo humano en cuanto a educación, empleo y otras capacidades que las acercarían a una igualdad de oportunidades.

En la mayoría de los casos el controlar el tiempo de las mujeres pobres que viven condiciones de migración masculina puede incidir negativamente en las dinámicas domésticas de los hogares (Vizcarra, 2002b). Puesto que ellas y sus hijos menores no tienen posibilidad de dejar sus comunidades para buscar otras opciones de subsistencia o ingresos, en espera de las primeras remesas del emigrante y una vez cubiertas las deudas contraídas para lograr el viaje, su único ingreso proviene del P-O.

Las transferencias monetarias que han recibido las titulares por lo general no han contribuido a su fortalecimiento en términos de libertad y empoderamiento. Cuando los hombres no emigran suele presentarse la violencia intrafamiliar, como expuso Roberta, de 44 años, de la comunidad de SRL. Al excluir a los jefes de hogar de la participación y de la corresponsabilidad con el p-o se les ha colocado en una posición de desventaja y de vulnerabilidad respecto a las titulares, y esto da origen a más violencia contra ellas (Arzate, 2005).

CONSIDERACIONES FINALES

El aumento del flujo migratorio de los varones hacia Estados Unidos y recientemente a Canadá coincide con la llegada del p-o a la región noroeste del Estado de México. El abandono de las políticas de desarrollo agropecuario que favorecían a los campesinos ha dejado pocas opciones productivas en las comunidades, de ahí que las transferencias se hayan convertido en un ingreso fundamental de los hogares rurales. Las titulares las utilizan para solventar los gastos de la familia y en ocasiones para pagar el viaje de los emigrantes. Las mujeres adquieren un nuevo rol en el hogar al ser las receptoras del pago p-o y de las remesas de los emigrantes. Sin embargo ese apoyo al ingreso y al consumo no genera productividad de empleo entre sus receptores, de ahí que no produzca abatimiento real de la pobreza y sólo la fomente, ya que lo que menos desea la mayoría de las titulares es salir del programa. Estas transferencias han provocado, sin duda, pasividad y dependencia de las familias beneficiarias (Cemapem, 2006). Por otra parte, el programa ha generado conflictos y no ha logrado abolir las prácticas clientelares, que ocasionan fragmentación entre los hogares de las comunidades. La corresponsabilidad en condiciones de falta de información, control y vigilancia no se ve como un incentivo o una participación activa y propositiva, sino como una imposición que de no cumplirse tiene una sanción siempre presente. A esto se añade la carga de trabajo adicional para las que participan en el p-o. Otro efecto secundario es la falta de respeto a los derechos de las mujeres que se encuentran bajo la relación tutelar del Estado; en particular la falta de respeto a su tiempo y su persona. A partir del p-o se han visto obligadas a combinar las actividades colectivas e individuales propias de los modos de vida mazahuas con las contraídas con el programa. La mayoría de ellas manifiesta que ha descuidado su hogar; el problema se acentúa cuando los hombres regresan temporalmente, ya que la atención a los maridos no les permite cumplir con responsabilidad sus obligaciones con el p-o. Tampoco pueden trabajar en otras tareas productivas que les generen ingresos por temor a perder los apoyos del p-o.

Podemos concluir que el p-o no propicia una mayor autonomía a las mujeres; más bien se orienta a inducir un cambio en ciertos comportamientos sociales, como el control de la natalidad y la disminución de la emigración (Vizcarra, 2002b). De esta manera el discurso del combate a la pobreza se ha construido a partir de las instituciones públicas apoyadas en las agencias internacionales de desarrollo, y justifica la intervención en la vida económica y social de la población. En el caso de las mujeres entrevistadas en las comunidades mazahuas, es evidente que la instrumentación del programa p-o está lejos de atender las necesidades reales de las beneficiadas, y que, al contrario, les impone un costo en cuanto a su libertad de decisión y la distribución de su tiempo.

Bibliografía

Arizpe, Lourdes (1975), *La migración en los mazahuas*, SEP/INI, México.

Arteaga, Nelson (2003), "El abatimiento de la pobreza en México (2000-2006)", en Gobierno del Estado de México, *Pobreza urbana. Perspectivas globales, nacionales y locales*, Gobierno del Estado de México/Cemapem/Miguel Ángel Porrúa, Toluca.

Arzate Salgado, Jorge (2005), "Elementos para construir una teoría de la equidad de géneros. El caso de la política de lucha contra la pobreza extrema en México", en Ivonne V. Bordi (comp.), *Género y poder: diferentes experiencias, mismas preocupaciones*, UAEM, México, pp. 205-222.

Centro de Estudios de la Marginación y la Pobreza del Estado de México (Cemapem) (2006), "Notas para la evaluación del programa Oportunidades en el Estado de México", Cemapem, México, mimeo.

Conapo (2000), "Índices de marginación", en <http://www.e-*local.gob.mx/wb2/ELOCAL/ELOC_Indices_de_Marginacion_2000_Conapo*>.

Díaz, Daniela, Helena Hofbauer, Gabriel Lara y Briseida Lavielle (2001), *El combate a la pobreza: una cuestión de gobernabilidad en México*, Fundar, Centro de Análisis e Investigación, México, <http://www.fundar.org.mx/doc-pobreza2001.pdf>.

Escobar, Arturo (1995), *Encountering Development. The Making and the Unmaking of the Third World*, Princeton University Press, Princeton.

Ferguson, James (1991), *The Anti-politics Machine: "Development", Depoliticization and Bureaucratic Power in Lesotho*, Cambridge University Press, Cambridge.

INEGI (1998), "Tabuladores básicos ejidales por municipio, Programa de Certificación de Derechos Ejidales y Titulación de Solares Urbanos (Procede 1992-1997)", INEGI, México.

_____ (2000), *Censo de población y vivienda*, INEGI, México.

Lagarde, Marcela (2001), "Claves éticas para el feminismo en el umbral del milenio", *OMNIA, Estudios de género*, núm. 41, Dirección General de Posgrado, UNAM, México, pp. 11-24.

Lewis, David (2001), "La cooperación como proceso. Construcción de la etnografía institucional en Bangladesh", *Economía, sociedad y territorio*, vol. 3, núm. 10, El Colegio Mexiquense, Zinacantepec, Estado de México, pp. 355-377.

Martínez Curiel, Enrique (2005), "Emigrar por desesperación: el programa Oportunidades y la migración interna e internacional en comunidades rurales de alta marginación y en extrema pobreza", Quinto Congreso de la Asociación Mexicana de Estudios Rurales, Oaxaca.

Moore, B. (1996), "Evaluating Research Methodology", *Notes on Anthropology and Intercultural Community Work*, núm. 12, SIL Publications, Dallas, pp. 15-17.

Parker, Susan W., Jere R. Behrman y Petra E. Todd (2004), "Educación", en Bernardo Hernández Prado y Mauricio Hernández Ávila (eds.), *Evaluación externa de impacto del Programa Oportunidades*, t. I, Sedesol, México.

Pineda R., Siboney, Ivonne Vizcarra y Bruno Lutz (2006), *Gobernabilidad y pobreza: proyectos productivos para mujeres indígenas mazahuas del Estado de México*, México, mimeo.

Prats, O. (2003), "El concepto y análisis de gobernabilidad", *Revista instituciones y desarrollo*, núm. 14-15, Institut Internacional de Governabilitat de Catalunya, Barcelona, pp. 239-269.

Vizcarra B., Ivonne (2002a), *Entre el taco mazahua y el mundo: la comida de las relaciones de poder, resistencia e identidades*, Gobierno del Estado de México/UAEM, México.

_____ (2002b), "Social Welfare in the 1990s in Mexico: The Case of 'Marginal' Families in the Mazahua Region", *Anthropologica*, vol. 44, pp. 209-221, Wilfrid Laurier University Press, Canadá.

XI. TRANSFORMACIÓN IDENTITARIA EN UN EJIDO RURAL DEL CENTRO DE MÉXICO. REFLEXIONES EN TORNO A LOS CAMBIOS CULTURALES EN EL NUEVO CONTEXTO RURAL

Gabriela Torres-Mazuera

Hoy día el campo mexicano es heterogéneo. Es un cruce de proyectos de modernización y de imaginarios de modernidad que no corresponde a la visión que habitualmente tenemos de lo rural. Tras retirarse el Estado del ámbito de desarrollo agrícola, ¿qué contenidos culturales y políticos conlleva la modernización en el campo mexicano?, ¿cómo se representan y se identifican los habitantes rurales hoy día?

Para adentrarnos en el proceso identitario que en el medio rural ha desembocado en una variedad de imaginarios modernos tomaremos dos puntos de vista que dan cuenta de la complejidad del fenómeno. Por un lado la perspectiva del Estado, que nos permite comprender la dinámica de diferenciación social asociada a las categorías de identificación social introducidas por éste. Por otro lado nos interesa observar la manera en que los habitantes rurales se representan a sí mismos e imaginan su entorno. Para ello tomaremos el punto de vista de algunos miembros de la clase media rural (esto es, de los ejidatarios y sus hijos) que representan un modelo a seguir para buena parte de la población de Emilio Portes Gil. Nuestro análisis se basa en un conjunto de entrevistas semiestructuradas dirigidas a hombres y mujeres de entre 24 y 80 años de edad. A este material se añade un conjunto de cuatro historias de vida que ofrece una mayor aproximación a las experiencias de vida en el medio rural; asimismo los comentarios que expusieron 10 mujeres en dos reuniones donde se discutieron temas relativos al cambio del rol femenino en la comunidad.[1] Por supuesto, las observaciones que registramos a lo largo de cuatro años de trabajo de campo enriquecen la perspectiva de análisis.

---

[1] Una parte del material que utilizo en el presente texto es resultado del trabajo de campo que realicé entre 2003 y 2005 para mi tesis de doctorado, así como del trabajo colectivo en que colaboré entre 2001 y 2002 como parte del proyecto "La transformación de la ruralidad mexicana: modos de vida y respuesta locales y regionales" (véase el capítulo I). Agradezco a Adriana Larralde que compartiera conmigo una parte de su material de campo, del cual he tomado información y extraído algunas conclusiones.

DE CAMPESINOS MARGINALES A POBRES SEMI-URBANOS:
SOBRE LA EMERGENCIA DE NUEVAS IDENTIDADES RURALES

Conforme al planteamiento de algunos autores que se han interesado en el tema (Elias, 1991; Dumont, 1991; Kauffman, 2004), la identidad es un proceso marcado históricamente y vinculado a la modernidad. El individuo integrado a la comunidad tradicional no se plantea los problemas identitarios como los entendemos hoy día; el surgimiento de la pregunta por la identidad viene de la desestructuración de las comunidades y el proceso de individualización de la sociedad. De ahí que el proceso identitario esté ligado al surgimiento del Estado moderno, que requiere justamente de sujetos individualizados y "atomizados" para conformar la sociedad (Trouillot, 2001; Gauchet, 1985; Foucault, 2004). El Estado moderno no sólo desestructura la comunidad para producir individuos, sino que crea nuevos órdenes sociales por medio de categorías con las que identifica a los sujetos gobernados. En el caso mexicano observamos que el Estado posrevolucionario se encargó de producir nuevas categorías sociales de nuevo contenido ideológico que tendrían gran importancia a lo largo de todo el siglo XX. En el mundo rural estas "categorías identitarias" son la de *ejidatario* y la del *campesino*, vinculadas a un imaginario de desarrollo y modernidad. Durante la primera mitad del siglo XX e incluso dos décadas después los campesinos fueron considerados en el discurso agrario del gobierno como uno de los motores del desarrollo económico del país, cuya misión era proveer a la ciudad de alimentos y mano de obra barata. En los años subsiguientes las políticas gubernamentales dirigidas al desarrollo rural comenzaron a crear distinciones entre sus beneficiarios. Desde el punto de vista del Estado el mundo rural cobra complejidad en la medida en que las diferencias económicas,[2] étnicas, de edad y de sexo comienzan a ser tomadas en cuenta en la elaboración de políticas. Las nuevas categorías de identificación social que utiliza el gobierno producen distinciones al interior de la comunidad y en algunos casos generan nuevas subjetividades transformando los roles y la forma de relación de diferentes grupos sociales. A continuación describiremos brevemente este proceso tomando como ejemplo el ejido Emilio Portes Gil (EPG).

Como otras tantas localidades rurales en México, EPG nació como núcleo agrario tras el reparto que se llevó a cabo en los años treinta, cuando los peones de la hacienda de Tepetitlán se convirtieron en "ejidatarios". Los recién nombrados ejidatarios, que hasta entonces habían sido trabajadores asalariados y nunca habían tenido autonomía ni independencia frente a la hacienda, debieron asumir su nueva identidad, lo que implicaba establecer una relación con el recién

---

[2] Es entonces cuando surge la categoría de zonas marginales y la categoría social de marginados y pobres; véase por ejemplo Vizcarra, 2002.

creado Estado posrevolucionario interactuando cotidianamente con los representantes de las instituciones estatales encargadas de los asuntos agrarios, como los ingenieros provenientes de la Secretaría de la Reforma Agraria, y más tarde los agrónomos que promovían los programas de desarrollo rural en la región. La asistencia mensual a la asamblea ejidal fue también una práctica esencial en la toma de conciencia de dicha identidad. Entre 1930 y 1970 se estableció un vínculo imaginario entre el presidente del país y los habitantes rurales, quienes, en tanto ejidatarios, se consideraban un elemento indispensable del proyecto modernizador estatal (Aboites, 2003). Paralelamente a la categoría de "ejidatario" se consolidó la noción de "campesino", que enfatizaba el carácter clasista de la identidad rural y auguraba una futura incorporación de dicho grupo social al proceso modernizador, que según se esperaba en algún momento desembocaría en la urbanización y proletarización de los habitantes rurales. Ambas categorías cobraron importancia en las décadas siguientes, sobre todo con la llegada de la revolución verde y la consecuente tecnificación de la agricultura.

En el municipio de San Felipe del Progreso y en particular en EPG los programas de desarrollo rural promovidos de 1970 a 1980 incluyeron la asesoría técnica, los créditos a la producción agropecuaria (de maíz y de puercos), los subsidios a los agroquímicos y la introducción de semillas mejoradas y de maquinaria. Para solicitar los nuevos paquetes productivos, los productores debían hacerlo en tanto ejidatarios o campesinos, reafirmando con ello su identidad de productores y adscribiéndose a las organizaciones campesinas que tenían presencia en la región: primero la Confederación Nacional Campesina (CNC) y tiempo después la Confederación Campesina Independiente (CCI). La categoría de campesino, como la de ejidatario, considera únicamente a los productores de género masculino y excluyó por esos años de los programas de desarrollo rural otras posibles categorías sociales que en ese tiempo eran poco reconocidas por el Estado. Conviene mencionar que aunque a una misma persona se le puede identificar con ambas categorías, éstas no son equivalentes en términos conceptuales. Mientras la noción de ejidatario remite al discurso nacionalista posrevolucionario que sitúa a los ejidatarios como pilares de la identidad nacional, los campesinos cobran sentido como categoría social en la narración de la teoría de modernización que postula una irremediable oposición entre el campo y la ciudad.[3] La de campesino es una categoría útil para describir una situación existencial transitoria; el lugar que ocupa en la sociedad es reivindicado en la medida en que haya una posibilidad de transformación: los campesinos deberán "modernizarse" y convertirse en proletarios o granjeros (productores agrícolas comerciales). El énfasis que el Estado pone sobre los ejidatarios y campesinos

---

[3] Sobre la "invención" de los campesinos por el Estado mexicano moderno véase por ejemplo Roger Bartra, 1987.

entre 1930 y 1960 promueve una imagen social homogénea donde únicamente son visibles ciertos actores, esto es, los hombres mayores de edad y con título de ejidatarios. A esto se añade la categoría de "mestizo", fuertemente reivindicada por el Estado posrevolucionario que consolida la imagen de un mundo rural culturalmente homogéneo.

Esta imagen del mundo rural se transforma a principios de los ochenta cuando el gobierno cancela los subsidios al campo. El cambio en la política agropecuaria tiene que ver con la exclusión del sector campesino del proyecto de desarrollo nacional, ya no sólo *de facto*, sino también en el discurso.[4] Como parte de las recomendaciones internacionales para amortiguar la liberalización de la agricultura se conciben nuevas políticas de tipo asistencial y gran parte del mundo rural comienza a ser vista como un espacio marginal. Los habitantes rurales reciben apoyo del gobierno con nuevas categorías de identificación: migrantes, pobres, mujeres, indígenas, jóvenes o adultos mayores. La transformación de la política de desarrollo rural productivista hacia una política de desarrollo social de tipo asistencial ha contribuido a fragmentar las categorías de identificación social utilizadas por el Estado para dirigirse a los habitantes rurales, lo cual implica el reconocimiento de cierto tipo de heterogeneidad social en el ámbito rural. Ciertos colectivos cobran visibilidad para las políticas estatales, como los indígenas y las mujeres. La adscripción étnica vuelve relevantes o visibles a ciertos grupos sociales que hasta entonces habían sido prácticamente ignorados por las políticas de desarrollo social; es el caso de los mazahuas y otomíes habitantes de la región, que comienzan a recibir apoyos y el respaldo de ciertos programas de desarrollo social y rural provenientes de instituciones como el Instituto Nacional Indigenista y el Cedipiem (dependencia encargada en promover el desarrollo social de las comunidades indígenas en el Estado de México). Otro ejemplo es el de las mujeres campesinas, que hasta entonces habían sido vistas en tanto miembros importantes de la unidad doméstica, es decir, en su papel de esposas o madres, pero nunca en su carácter exclusivo de mujeres. Vizcarra, en su trabajo sobre las políticas agrícolas y alimentarias en el Estado de México (2001), muestra cómo la ideología desarrollista vigente durante la revolución verde promovió el control masculino de ciertos ámbitos decisivos de la vida campesina (acceso a la información, a la tecnología y sobre todo a los recursos) y cómo la mujer campesina fue excluida de tales programas e imaginada por dichas políticas sociales como administradora del hogar, reforzando en muchos casos su posición subordinada y dependiente en el ámbito doméstico y en consecuencia en el comunitario. Sin

---

[4] Aunque en todo momento el Estado mantiene un discurso de reivindicaciones agrarias, podemos rastrear la exclusión del sector campesino del modelo de desarrollo nacional desde los años cincuenta, durante el mandato de Miguel Alemán, quien promueve una política que apoya a los sectores empresariales en detrimento de los populares, entre ellos los campesinos.

embargo este enfoque cambia en la década de los noventa con la introducción de nuevos programas (como el Progresa-Oportunidades), dirigidos al desarrollo social e insertos en un nuevo paradigma de política social que pone el acento en la inversión en el capital humano. Los nuevos programas están diseñados dentro de las nuevas reglas de la economía mundial, como por ejemplo la aceptación de subsidios no vinculados a la producción para los agricultores y la distinción entre los productores "ineficientes" o "no competitivos", que reciben los programas de alivio a la pobreza, y los productores competitivos (Appendini, 2003; Bey, 2006; Pepin-Lehalleur, 2003).

LOS NUEVOS ACTORES SOCIALES: LOS PROFESIONISTAS RURALES, LAS MUJERES Y LA FAMILIA NUCLEAR

La transformación de los ejidatarios-campesinos en tanto identidad

La emergencia de las nuevas categorías identitarias que los mismos actores se apropian para convertirlas en subjetividades y que incluso pueden ser usadas en contra del mismo Estado se da en un contexto de cambio social que contribuye a consolidarlas.[5] Es así que a partir de los años ochenta la categoría de "campesino ejidatario" se construye en Emilio Portes Gil en contraposición a la categoría de "profesionista". El criterio de diferenciación consiste en haber estudiado formalmente en la escuela, de ahí que quien se reconoce como campesino es aquel que vive en la comunidad, no tiene estudios formales y cultiva la tierra. Podemos asociar la identidad de ejidatario campesino a un grupo de edad particular: las generaciones nacidas entre 1930 y 1950 que en su mayoría no tuvieron acceso a la educación primaria completa.[6] Ser ejidatarios en EPG no implica sin embargo que quienes se identifican como tales se dediquen exclusiva o prioritariamente a la agricultura. Esta categoría incluye a quienes tienen título de propiedad, que bien pueden dedicarse al comercio informal, a la albañilería, o que son o fueron obreros de tiempo completo en la ciudad de México o en la región. De ahí que la categoría de ejidatario ya no es un criterio de diferenciación social desde el punto de vista de la actividad económica, aunque sí lo es en términos de edad, de clase social, y control sobre el ejido, sobre todo porque la posesión de un título de propiedad da voz y voto en la asamblea ejidal. Los ejidatarios son en gran parte mayores de 45 años y representan la clase media rural de la comunidad. En la

---

[5] Véase el estudio de David Nugent (1997), donde se refiere al surgimiento de nuevas subjetividades y la resistencia al Estado en el caso de Perú.

[6] Hasta los años sesenta la escuela primaria de la localidad incluía solamente tres grados de primaria.

actualidad la categoría de campesino en EPG tiene una connotación ambivalente. Por un lado se valora en forma negativa al asociarla al analfabetismo, la ignorancia y la pobreza. Por otro, existe una apreciación positiva vinculada con la dignidad del campesino. Para algunos informantes los campesinos son un ejemplo para la comunidad y tienen una misión que cumplir (discurso nacionalista):

Debemos trabajar [la tierra] porque si no ¿de qué vamos a mantener a su familia? (Informante 1, 63 años).

Pues sí, hay que seguirle... porque también, vuelvo a repetir, nos da pena dejar los terrenos en baldío, y también qué dirán los hijos, no seas flojo, ¿no?, porque si su padre es flojo, lógicamente que los hijos van a ser flojos, sí... la verdad hay que echarle ganas (Informante 3, 43 años).

La gente no debe dejar de cultivar porque si lo hace los capitalistas van a venir por las tierras (Informante 2, 68 años).

Esta posición nos recuerda que la categoría de campesino que hoy día se asocia al tradicionalismo y al subdesarrollo desempeñó alguna vez un papel importante en el proyecto de desarrollo nacional: abastecer a la población urbana de alimentos. Quizás la reminiscencia de este discurso quede aún plasmada en la categoría de campesino ejidatario. Sin embargo esta posición ya no está presente en la generación joven, que no se identifica con los campesinos.

La categoría de profesionista encarna la integración exitosa de los pobladores del ejido al proyecto modernizador. Según lo que se cuenta en la localidad y en otros poblados de la región, los habitantes de EPG se caracterizan por su voluntad de estudio y formación profesional, de ahí que sea un orgullo decir que es "un pueblo de profesionistas". Dentro de la categoría de profesionista entran todos aquellos que cursaron un nivel superior a secundaria; muchos de ellos se capacitaron en el sistema de educación bilingüe y hoy trabajan en el magisterio, en el gobierno (como enfermeras, policías y empleados del ayuntamiento) o en la iniciativa privada (la industria de la zona ofrece empleos a ingenieros y contadores).

La categoría de profesionista no está reñida con la actividad agrícola; muchos profesionistas gustan del campo y lo campesino, aunque lo aprecian y valoran con parámetros diferentes de los de sus padres y abuelos. Para los profesionistas que contratan peones para cultivar la tierra es importante tener maíz de "buena calidad"[7] para el consumo de su hogar, además de que la cosecha es una buena oportunidad para reunir a la familia los fines de semana. Los profesionistas representan un modelo a seguir para muchos, pues son los nuevos emprendedores

---

7 Esto es, tortillas de maíz hechas a mano con masa nixtamalizada preparada con maíz criollo y no tortillas hechas en tortillería con la masa industrializada de la marca Maseca.

rurales que promueven la transformación de la actividad agrícola, ponen negocios en la localidad, emigran a Estados Unidos, o comienzan a ocupar puestos en el gobierno municipal que ha extendido sus funciones.

Los nuevos actores rurales en el campo

En lo que sigue presentaremos cuatro historias de vida de *profesionistas* que son representativas de la primera generación que tuvo acceso, en tanto grupo, a posibilidades de desarrollo personal que hasta entonces eran excepcionales en el ejido, siendo los representantes de una nueva forma de vida, más individualizada. Son también un ejemplo a seguir para las generaciones más jóvenes del ejido, de ahí nuestro afán de ilustrar con una descripción detallada sus aspiraciones, trayectorias laborales y espacios de sociabilidad, que muestran las nuevas maneras de concebir el mundo rural.

Paula: una mujer de la ruralidad urbana[8]

Paula, de 37 años, está casada y tiene tres hijas pequeñas. Ella e Isidro, su esposo, pertenecen a una de las primeras generaciones que tuvieron acceso a la secundaria y a nuevas opciones de desarrollo personal en EPG. En la actualidad es profesora de inglés en una preparatoria particular en la ciudad cercana de Atlacomulco, a la que acude diariamente;[9] Isidro es contador en una empresa en Toluca. Aunque viven en una localidad rural, su estilo de vida es urbano. La historia de vida de Paula ilustra algunas de las nuevas posibilidades existenciales a que aspiran los habitantes de EPG. Después de terminar la escuela secundaria a los 16 años, ella se trasladó a la ciudad de México; gracias a su educación secundaria pudo trabajar como vendedora en una tienda de ropa y continuar sus estudios de preparatoria en la escuela abierta. Considera que un gran aprendizaje en este periodo fue el lograr desempeñarse como vendedora y, sobre todo, "vestirse" y desenvolverse con la clientela. Esto es, haber incorporado ciertos códigos culturales de tipo urbano visibles en la vestimenta que, desde su punto de vista, marcan una diferencia entre la "gente de la ciudad" y la "gente del campo". A diferencia de su prima, que trabaja como doméstica en la ciudad, es capaz de incorporar en su propia apariencia un conjunto de valores modernos que hasta entonces eran inaccesibles para muchos de los inmigrantes rurales. La gente del poblado reconoce en la

---

[8] A fin de conservar el anonimato de los informantes hemos cambiado el nombre de los entrevistados.

[9] Atlacomulco se encuentra a unos 40 kilómetros de EPG.

manera de vestir el grado de integración de un individuo a la cultura moderna; en este sentido la estancia de Paula en la ciudad significa una ruptura con su identidad rural. Por otro lado al estudiar en la ciudad de México también pudo establecer relaciones simétricas con los capitalinos que eran sus condiscípulos; la ciudad significa para ella no sólo un espacio de trabajo, como lo fue para las generaciones anteriores, sino también un espacio de esparcimiento. Al finalizar la preparatoria se instaló en una localidad en el municipio de Valle de Bravo, Estado de México, donde encontró una plaza de profesora en el sistema de educación bilingüe del Instituto Nacional Indigenista (INI). Sin embargo el bajo salario y la distancia que debía recorrer diariamente para llegar a la comunidad que le asignaron la desmotivaron. Fue entonces cuando decidió viajar a la ciudad de Los Ángeles donde tiene una tía. Su objetivo era aprender inglés y trabajar, tal como ha hecho durante 4 años. La enfermedad de un familiar la obligó a regresar a EPG, y fue entonces cuando reencontró a Isidro, a quien conocía desde la secundaria y con quien contrajo matrimonio poco tiempo después. Ya casados Paula y su esposo se instalaron en el ejido, donde construyeron una pequeña casa en un pedazo del solar urbano herencia de sus suegros. Gracias a sus estudios en Estados Unidos logró terminar un diplomado en inglés en la Universidad Nacional Autónoma de México. Desde entonces trabaja como profesora de inglés en Atlacomulco adonde se desplaza diariamente en su propio vehículo. Vive con su familia en una casa de estilo urbano que llama la atención al observador foráneo por lo inesperado de su apariencia. Rodeada por una barda que la protege y aísla de la mirada externa, es de dos pisos, con un balcón, grandes ventanales de vidrio polarizado y un garaje para dos automóviles; en sus espacios y materiales es del todo urbana, representa una nueva forma de habitar en el medio rural que va consolidándose en el poblado y materializa lo deseable para muchos de los habitantes de EPG. Es la casa de una familia nuclear en la que no interviene la familia extensa; en este sentido es sintomática la barda que la rodea y que traza una frontera material entre el espacio público y el privado, lo cual representa también una innovación en el ejido. Si hasta hace pocos años las puertas de las casas estaban siempre abiertas, hoy día la idea de inseguridad, pero sobre todo la de independencia respecto a la familia extensa, guía las tendencias arquitectónicas y se traduce en límites materiales que transforman la urbanización del ejido. Desde el punto de vista de algunas mujeres entrevistadas, la casa propia, es decir el espacio de residencia de la familia nuclear, significa mayor capacidad de decisión y negociación frente al cónyuge, de ahí que Paula y otra informante dijeran que "se cierra la puerta y no sabes lo que pasa adentro [...] aquí nadie se mete [refiriéndose a la toma de decisiones en el hogar]" (Grupo focal de mujeres, Participante de 28 años).

El orgullo de Paula está en su casa, que materializa su punto de vista en la construcción del hogar. Sin tierra que cultivar, ella y su marido son indiferentes a los asuntos agrarios o relativos a la agricultura, y aunque habitan en el núcleo urbano de origen ejidal, no tienen derecho a participar en la asamblea ejidal. Para ellos, que van y vienen todos los días a Atlacomulco, está justificado residir en el pueblo si se tienen parientes que colaboran en el cuidado de los hijos, sobre todo cuando la mujer también trabaja. Sin embargo, la vida allí les parece aburrida: "En EPG no hay a quién visitar, ni siquiera para tomarse un café [...] no hay con quién platicar [...] porque la gente aquí no platica, no sale". Sin embargo "la gente es noble y se puede confiar en ella".

Para ella tiene la ventaja de ser un lugar "seguro" donde se puede fincar, lo cual le permite tener un nivel de vida relativamente alto dado su salario urbano: "El campo es un lugar para vivir pero no para sembrar". Es decir, para Paula y su familia el ejido es un lugar de residencia, de ahí que su propósito sea "traerse la ciudad al campo".

Mario: el nuevo gestor político local

Mario Garcés tiene 38 años, es originario de EPG, está casado y tiene dos niñas. Hace siete años que regresó, después de contraer matrimonio con Rosario, también originaria del ejido. Estudió en la escuela secundaria del poblado y como otros tantos jóvenes de su generación emigró a la ciudad de México para comenzar a trabajar y continuar con sus estudios de preparatoria. Sabiendo leer y escribir consiguió empleo como obrero en una fábrica de la zona industrial. Según recuerda, la opción de ser ayudante de albañil en la construcción ya no era la única con que contaba la gente de su generación, como lo fuera para la mayoría de los inmigrantes rurales de la zona mazahua en los sesenta y setenta. Gracias a su formación escolar consiguió trabajar en la industria como obrero, lo cual le garantizó un conjunto de prestaciones sociales y un salario fijo. A finales de los ochenta comenzó a participar activamente en el movimiento urbano de "La Nueva Tenochtitlán"; su objetivo era ser propietario del departamento que rentaba, y lo logró a principios de los noventa. Estudió durante casi seis semestres en la Facultad de Derecho de la UNAM, pero antes de finalizar su carrera decidió casarse y regresar a EPG para establecerse con su esposa. Interesado en la política y con cierta experiencia en la organización social, al regresar al ejido se incorporó a un grupo de "intelectuales y profesionistas" del municipio que se reunían cada semana y tenían como líder a quien sería el futuro presidente municipal en el año 1994. A diferencia del habitual candidato del PRI, de origen mestizo y originario de la cabecera del municipio, el líder de dicho grupo político nació en una localidad mazahua cercana a EPG. Mario, que apoyaba al movimiento, obtuvo un puesto en la Presidencia municipal como inspector de obras públicas. A su término trabajó para la dependencia encargada del desarrollo rural estatal, la Sedagro. En las últimas elecciones municipales trabajó en la campaña política del PAN.

A Mario le gusta vivir en EPG porque ahí puede desempeñarse como líder comunitario gracias a su prestigio social, proveniente entre otras razones de sus estudios en Derecho, su desempeño en la política local y su tienda de abarrotes, que se ha convertido en lugar de encuentro y acceso a crédito para muchos. Aunque cuenta con una parcela, él ya no siembra, pues no considera que el cultivo de maíz sea redituable; desde su punto de vista la única opción para el campo es la ganadería, que sin embargo no le interesa. Su interés en la actualidad está en la participación y organización política local, que ha cobrado mayor importancia a raíz de la política de descentralización del gobierno federal. Le parece importante participar en todos los festejos del poblado, en las mayordomías, así como en ciertos grupos políticos y comités que promueven la construcción de obra pública en EPG (por ejemplo, forma parte del comité para la construcción de la preparatoria), que es el principal objetivo de su gestión política. Se desplaza cada semana a la ciudad de Toluca para abastecer su tienda de abarrotes y tramitar, cuando se requiere, programas de desarrollo rural en alguna dependencia del gobierno estatal (Sedagro, principalmente). También se traslada diariamente a la cabecera municipal, donde sus hijas van a la escuela y donde mantiene relaciones con otros líderes políticos del municipio. Mario representa una manera nueva de hacer política; está mucho más vinculado con las redes locales que antes y es capaz de generar recursos a partir de esta actividad. La política se ha convertido en una fuente de ingresos para muchos de los habitantes educados del municipio, que actúan como pequeños intermediarios entre sus comunidades y la presidencia municipal o las dependencias estatales.

Lilia: la pluriactividad urbana

Lilia tiene 45 años, es maestra de primaria y está divorciada. Desde hace 20 años vive en la casa de su madre junto con su hija menor. Estudió la primaria en la ciudad de México, pues a los siete años, tras la muerte de su padre, la mandaron a vivir con una tía que ahí residía. A los 16 años y con la primaria terminada obtuvo una plaza como maestra de preescolar en el sistema de educación bilingüe del INI en Puebla. El programa le permitió seguir estudiando la secundaria durante los fines de semana, al mismo tiempo que se formaba como profesora de preescolar. Continuó sus estudios en un internado de educación indígena en Oaxaca, donde se especializó en dos años más. Al término de su estancia regresó a Toluca y poco tiempo después a EPG. Desde entonces ha sido maestra de preescolar en varias escuelas del municipio. Es una de los tantos que se beneficiaron del programa del INI y obtuvieron un empleo asalariado al finalizar la primaria, de ahí que ejemplifique esa nueva trayectoria de vida que fue promovida por el Estado desde mediados de los setenta y que creó un nuevo grupo social con características inéditas en el ejido, como el contar con estabilidad económica (salario y prestaciones) y gozar de un prestigio social basado en la educación. Hoy día los más de 300 profesores de educación bilingüe que viven en EPG conforman un sector privilegiado.

Los maestros bilingües formados en el sistema de educación indígena son uno de los principales grupos sociales promotores de la modernidad en EPG. Teniendo como misión la alfabetización y la castellanización en la región mazahua han introducido nuevos hábitos, valores y disciplinas en la vida de los estudiantes rurales. Como grupo social han sido primeros en vestirse con un estilo urbano, y en la actualidad algunas de las maestras venden ropa y zapatos por catálogo, en tanto que otros tienen negocios como papelerías, cafés internet y tiendas de abarrotes. A los maestros se les reconoce por sus casas de estilo urbano, que han logrado construir a lo largo de los años. Agentes de la modernización, los maestros son también quienes en muchos casos siguen cultivando el maíz. Por otro lado, como grupo, fueron quienes primero salieron de la comunidad para estudiar y luego para trabajar. La mayor parte de ellos son profesores en otras comunidades e incluso en otros municipios. La movilidad espacial que les fue impuesta en los primeros años de formación les ha permitido establecer vínculos con personas de otros estados de la República. Por primera vez es posible que las mujeres del ejido se casen con hombres provenientes de otros estados, como era el caso de Lilia, que se casó con uno de sus compañeros del internado proveniente de Puebla.

Llama la atención el interés de Lilia y otras mujeres de EPG por el aseo y la presentación personal, que implica no sólo estar limpio, sino "arreglado", lo cual para una mujer es estar maquillada, bien peinada y vestida en forma impecable; incluso cuando hace frío y debe emprender largas caminatas para llegar a la escuela rural, Lilia utiliza zapatos de tacón alto. Se ve a sí misma como una mujer moderna que gana un salario y decide sobre las principales cuestiones del hogar. Ella, como muchas otras maestras en EPG, es la jefa del hogar ante la ausencia del cónyuge. Según algunos informantes, muchas de las maestras de EPG son madres solteras, divorciadas o separadas, lo cual puede ser interpretado como un síntoma del contexto machista en que se desenvuelven estas mujeres profesionistas e independientes.

Debido a que el salario de maestro siempre ha sido bajo, Lilia ha buscado otras formas de obtener ingresos para mantener a sus tres hijos. Además de maestra ha sido estilista (peinando y cortando el pelo a domicilio), enfermera (trabajando los sábados, domingos y días festivos), y ha tejido suéteres y carpetas para vender. En la actualidad tiene una papelería que administra junto con su hija menor. Para ella la educación de sus hijos ha sido primordial: su hija mayor, de 27 años, estudió dos años para abogada, antes de casarse, y en la actualidad estudia la carrera de pedagogía al mismo tiempo que trabaja como profesora de preescolar. Su hijo de 25 años terminó la carrera de contaduría y trabaja ejerciendo su profesión en una fábrica en Atlacomulco. Sin embargo la posibilidad de movilidad social que significó el sistema de educación bilingüe y que benefició a Lilia y a su familia se ha restringido; con menos plazas y más candidatos con estudios superiores y deseos de entrar al sistema educativo, el magisterio es una opción competida, limitada y en muchos casos corrompida. En la actualidad para lograr una plaza en el sistema de educación bilingüe es necesario estudiar la escuela normal e incluso la carrera de pedagogía, lo cual tampoco garantiza la plaza de maestro. Los jóvenes de EPG buscan otras alternativas de ingreso; para las mujeres son la enfermería (aunque también se está volviendo más difícil ya que hay una exigencia de mayor preparación), la academia de policía (donde sólo piden la secundaria), el comercio formal e informal, o el sector servicios, en donde sobresale la tarea de estilista. La vieja opción de irse a la ciudad para trabajar como doméstica o como obrera sigue vigente, así como el trabajo agrícola, aunque no ofrecen la posibilidad de movilidad social a la que aspiran las jóvenes de la localidad.

Edmundo: la alternativa migratoria

Tiene 38 años, es casado y con dos hijos: el mayor, Duay, de 10 y Roger Wailen, de 4 años. Edmundo y su familia viven en el barrio de Tungareo, situado en las tierras de cultivo del EPG que desde hace 25 años comenzaron a urbanizarse. Su padre le heredó un pedazo de terreno donde fincó su casa hace más de 10 años. Aunque no es ejidatario, siembra en dos parcelas que renta. En la actualidad sus ingresos provienen de la actividad agropecuaria y de ciertos trabajos "extra" que realiza como transportista de material con uno de sus *jeeps* (tiene dos) o del trabajo de albañilería que ejecuta en el área. Estudió hasta el segundo año de secundaria, pero nunca le gustó la escuela, por eso a los 13 años se fue junto con algunos amigos a la ciudad de México, donde comenzó a trabajar en la construcción. A los 15 años ingresó al ejército y allí pasó seis años de su vida. Deseoso de "experiencias" nuevas y cansado de la vida en el ejército regresó a EPG con el objetivo de ahorrar dinero para irse a Estados Unidos. En los siguientes cuatro años trabajó en diversas actividades en la región y en la ciudad de México: como obrero en una fábrica instalada a las afueras de México y luego como albañil en los alrededores de la localidad. La primera vez que intentó cruzar la frontera de Estados Unidos fue deportado, y pasaron tres años antes de que volviera a intentarlo; durante ese tiempo desempeñó diversos trabajos en la región. En 1999 por fin llegó a Estados Unidos, donde trabajó durante un año en un campo de cultivo en el estado de Washington y envió dinero a su familia (en los primeros meses tras de su partida su esposa se hizo cargo de los gastos del hogar). Aunque regresó a EPG en 2000, volvió a cruzar la frontera en 2001. Critica a los mexicanos que en su estancia en Estados Unidos no aceptan la nueva comida, la música o la lengua. También critica a los que sólo van a trabajar y no disfrutan o aprovechan su experiencia en ese país. Para él la migración a este país significa no sólo trabajo, sino aventura y nuevas experiencias. Según explica, su motivo para irse no es la precariedad económica que se vive en EPG:

> Aquí sí tengo trabajo, pero [...] cómo le diré, es que ya se hace costumbre [...] a mí me gusta la acción porque a mí me gusta meterme de ilegal, lo disfruto, me gusta que me correteen". Sin embargo siempre regresa: "Nunca me han dado ganas de quedarme, no me llama la atención, siento nostalgia por esta tierra, por lo que es México, por lo que son los mexicanos [...] ver a los amigos.

A Edmundo le gusta el campo y desde su punto de vista "claro que da para vivir". En la actualidad se dedica a engordar toros y además tiene dos sementales que cruza por lo menos una vez a la semana. "El maíz no tiene futuro", por eso él siempre ha sembrado pastura, "si se cambia la mentalidad, el campo funciona". Para ganar dinero "hay que moverse más, trabajar más [...] no como el macho mexicano que se queda ahí echadote viendo la tele y luego se queja de no tener dinero". Vestido con botas tejanas, sombrero y jeans se define como un hombre del campo: "yo soy 100% country... me gusta montar caballos, domar toros... lo campirano". Su visión se refleja en la casa donde vive con su familia y que ha construido en los últimos 10 años: situada en una parcela del ejido distante del núcleo urbano, de tres pisos y construida con madera rústica, la casa rompe con cualquier estilo existente en EPG: "El adobe es bonito, como el barro es caliente, también la madera". En la fachada están dibujados el mapa de Texas, la silueta del cráneo de una vaca y un letrero donde se lee *Lonley Star*. Prefiere que su casa esté en las tierras ejidales "porque hay espacio"; no le gusta vivir en el núcleo urbano porque no está cerca de los animales: "aquí se ve la tierra, la naturaleza... se ve el horizonte". No frecuenta mucho a sus vecinos, prefiere el trabajo arduo y la vida con la familia nuclear. Su imaginario del campo está concebido en torno a las ideas de independencia, movilidad y trabajo con las manos.

TRAYECTORIAS DE MODERNIDAD EN EL MEDIO RURAL

En las cuatro historias de vida que hemos presentado observamos ciertos rasgos comunes. En primer lugar que se les abrieron nuevas y variadas posibilidades de desarrollo personal gracias a los años de estudio en la secundaria. A diferencia de la generación anterior, con pocas alternativas laborales remuneradas (para los hombres el comercio ambulante y la albañilería y para las mujeres el trabajo doméstico), los entrevistados de la generación que hoy tiene entre 35 y 45 años muestran una gran complejidad en sus perfiles laborales. Buscar trabajo en la ciudad de México es una tarea mucho más sencilla y con mejores posibilidades de éxito en la medida en que los entrevistados afirman tener más seguridad en sí mismos, mayor apertura y desenvolvimiento en la ciudad. De ahí que los trabajos a los que acceden sean mejor remunerados y cuenten con un prestigio social más alto. Para los jóvenes que cuentan con algún capital la posibilidad de desarrollo consiste en comprar un taxi, poner una tienda de abarrotes, comprar ganado, e incluso emigrar rumbo a Estados Unidos. La opción del comercio de jarcería, tan frecuente entre 1960 y 1980, sigue estando vigente, aunque con menor popularidad dada la competencia. La posibilidad de entrar a trabajar como obrero en alguna fábrica de la región o como albañil en Toluca o México también persiste, aunque es poco apetecida por los jóvenes. El crecimiento del poblado y la derrama económica proveniente de los ingresos remunerados de trabajos externos a la comunidad han favorecido la expansión del comercio (estéticas, panaderías, papelerías, tortillerías), donde se generan puestos de trabajo, sobre todo para las mujeres jóvenes.

Como observamos en las historias de vida, la llegada de la secundaria dio a los habitantes de Emilio Portes Gil la posibilidad de prolongar sus estudios. Para ellos la educación escolar tiene un gran valor y es concebida como una vía de movilidad social, por lo que tratan de continuarla al mismo tiempo que están trabajando. Por otro lado, la secundaria es un nuevo espacio de socialización donde los jóvenes encuentran pareja, pero a diferencia de otros espacios, como las fiestas religiosas, en que cada grupo social ocupa un lugar y desempeña un rol que refuerza el orden social tradicional, en la secundaria es posible establecer un nuevo tipo de relación entre hombres y mujeres. Los roles sociales se transforman y adquieren otros sentidos; un ejemplo paradigmático es el rol femenino. Las mujeres jóvenes tienen ahora acceso a los estudios y al trabajo remunerado, de ahí que el ser mujer ya no significa fungir únicamente como ama de casa o madre. En las relaciones de pareja cada vez es más común la negociación en el reparto del trabajo doméstico, en el uso del tiempo libre e incluso en la construcción de la vivienda, sobre todo entre las mujeres que estudiaron secundaria y que hoy día son madres de familia. La nuclearización del hogar rural ha otorgado más independencia a la mujer, quien ya no compite con la suegra o se enfrenta a ella o a otra figura de mayor autoridad, además de su marido. Otro indicio de la transformación que han sufrido la identidad y el rol femenino en el medio rural es el cambio en la apariencia personal. Para las mujeres el trabajo significa una mejora en su apariencia que contribuye a su autoestima, como comentan dos informantes durante una sesión de grupo focal:[10]

[...] las mujeres que no trabajan piensan que las que sí lo hacen se visten mejor y tienen más posibilidades de verse bien porque no están en su casa haciendo de comer y haciendo el quehacer [...] Bueno, yo siento que [la mujer] estando en su casa no puede estar con tacones, arreglada, con las uñas pintadas, con crema en las manos si vas a cocinar, ahora, hay una diferencia entre tener marido y no tener marido. Ahora tienes a tu marido [...] él sale muy perfumadito a trabajar, tú eres ama de casa, tienes que cocinar, tus manos huelen a cebolla ¿no? Entonces tú no puedes salir arreglada, tu marido sí. Llega a su casa y su esposa huele si no a pañales... a cebolla, entonces si tú trabajas y sales igual, te arreglas; es diferente (Grupo focal, Informante de 28 años).

Recientemente ha ganado popularidad la profesión de estilista en EPG y en otros poblados de la región, y por lo general son las mujeres jóvenes quienes optan por ella al terminar la preparatoria. Son promotoras de cierta modernización cultural en la medida en que introducen los nuevos modelos estéticos que sirven como indicador del grado de incorporación personal a la cultura nacional y moderna. Por otro lado, la identidad de los jóvenes o adolescentes también ha hecho su aparición en el poblado. Con la introducción de la escuela, un grupo social antes inexistente en tanto identidad ha cobrado sentido en el desempeño escolar y en su aportación económica al hogar: los jóvenes y los niños estudian, mientras que los adultos trabajan, aunque algunos de ellos gozan de becas que les permiten seguir estudiando y reivindicando su estatus de estudiantes. Tanto la pérdida de valor y prestigio de la agricultura de subsistencia como el alto valor que suele atribuirse a la educación han contribuido al cambio de expectativas de los jóvenes rurales. Si antes las familias campesinas no consideraban prioritaria la asistencia a la escuela, hoy día movilizan todos los recursos a su alcance para lograr que los jóvenes accedan a la educación básica y media.

La cuatro historias de vida presentadas dan cuenta del constante desplazamiento de los habitantes de EPG entre la ciudad de México y otras localidades en la región. Los habitantes rurales aceptan la movilidad espacial y no dudan en desplazarse diariamente, por temporadas cortas y largas, con el fin de buscar trabajo. Los ejemplos mostrados dan cuenta de nuevas formas de vivir y de imaginarse en el mundo rural. La nueva ruralidad significa, entonces, no sólo una transformación estructural en la relación del campo y la ciudad, sino también nuevas pautas

[10] El grupo focal estaba constituido por siete mujeres habitantes de EPG de 19 a 30 años; se discutió sobre el lugar de la mujer en la comunidad (las actividades económicas, los roles sociales y al interior del hogar) así como sobre sus ideas respecto a la agricultura y el campo.

de diferenciación en el interior de la comunidad y una redefinición de los roles sociales, que implican una mentalidad abierta a otros imaginarios y posibilidades de ser.

Las cuatro historias de vida dan cuenta de la conformación y consolidación de nuevos valores que tienen al individuo como eje. La seguridad es un nuevo valor que se atribuye a la vida en los poblados rurales y ejemplifica las transformaciones en los modos de vida de los habitantes rurales y la penetración de cierta lógica individualista.

La urbanización del ejido y la nuclearización de la familia promovida en los años setenta han generado nuevas formas de identificación y por ende de organización comunitaria. La diversificación de las actividades económicas y el desplazamiento espacial han abierto un espacio a la individualidad de los miembros de la unidad doméstica. El cambio ha sido tan veloz que en el transcurso de tres generaciones podemos encontrar apreciaciones muy diferentes de lo que significa la vida en el campo; al interior de una misma familia, los abuelos, los padres y los hijos visualizan la vida rural desde perspectivas que resultan en ciertos sentidos incompatibles. Mientras que para los abuelos la lengua mazahua, el cultivo del maíz y el uso de cierta vestimenta tradicional, sobre todo para las mujeres, son prácticas que afirman su identidad, para muchos de los jóvenes de la comunidad la agricultura ha dejado de tener sentido, así como la lengua mazahua y la reivindicación de lo campesino. Esto no anula, sin embargo, un aprecio por el mundo rural, planteado en otro sentido. La familia continúa siendo el vínculo que mantiene la cohesión, incluso comunitaria, y da un sentido a la vida de los individuos, aunque los roles al interior de ésta están mucho más expuestos a la negociación. Hoy día los roles sociales se mantienen (ser madre, o padre, esposa, o marido, hijo o abuelo), aunque con identidades personales que los vuelven más complejos; tal es el caso de las madres profesionistas o de los ejidatarios funcionarios del gobierno.

Hoy los actores rurales viven estrechamente articulados a una sociedad y a una cultura plural que posibilitan la coexistencia de varios proyectos de modernización. El más antiguo es el de los viejos, que aspiraron a la tecnificación del campo (aplicación de fertilizantes y la introducción de tractores) para seguir sembrando maíz o trigo y emigraron a la ciudad, donde trabajaron como albañiles. En su imaginario existe una diferenciación tajante y casi irreconciliable entre el campo y la ciudad. La generación siguiente pudo construir una imagen propia de lo que significaba la vida en el pueblo y su propio proyecto de modernización. En la actualidad encontramos una variedad de maneras de imaginar el medio rural. La actividad agrícola es ahora una opción de vida sobre la cual se elige entre varias opciones posibles; es una decisión que se toma por gusto o necesidad, pero ya no es la única manera de ser en el campo mexicano.

BIBLIOGRAFÍA

Aboites, Luis (2003), *Excepciones y privilegios. Modernización tributaria y centralización en México, 1922-1972*, El Colegio de México, México.

Appendini, Kirsten (2003), "¿Todavía está el Estado? Los nuevos arreglos institucionales para el campo", en A. Aziz Nassif y J. A. Sánchez (coords.), *El Estado en tiempo de neoliberalización*, t. II, CIESAS/M. A. Porrúa/H. Cámara de Diputados, México.

Bartra, Roger (1987), *La jaula de la melancolía: identidad y metamorfosis del mexicano*, Grijalbo, México.

Bey, Marguerite (2006), "Tres décadas de programas de desarrollo: la reorientación del Estado de bienestar", en D. Dhouve, V. Franco Pellotier y A. Hémond (eds.), *Multipartidismo y poder en municipios indígenas de Guerrero*, CIESAS, México.

Dumont, Louis (1991), *Essais sur l'individualisme: une perspective anthropologique sur l'idéologie moderne*, Seuil, París.

Elías, Norbert (1991), *La société des individus*, J. Étoré Fayard, París.

Foucault, Michel (2004), *Sécurité, territoire, population. Cours au Collège de France, 1977-1978*, Gallimard-Seuil, París.

Gauchet, Marcel (1985), *Le désenchantement du monde: une histoire politique de la religión*, Gallimard, París.

Kaufmann, Jean-Claude (2004), *L'invention de soi. Une théorie de l'identité*, Armand Colín, París.

Nugent, David (1997), *Modernity at the Edge of Empire. State, Individual, and Nation in the Northern Peruvian Andes, 1885-1935*, Stanford University Press, Stanford.

Pepin-Lehalleur, Marielle (2003), "(Dés)affiliation et identité. Des femmes indiennes face aux politiques publiques au Mexique", *Ateliers*, núm. 26, CNRS-Université Paris X-Nanterre, París.

Trouillot, Michel-Rolph (2001), "The Anthropology of State in the Age of Globalization", *Current Anthropology*, vol. 42, núm. 1, Universidad de Chicago, Chicago.

Vizcarra Bordi, Ivonne (2001), *Entre el taco mazahua y el mundo: la comida de las relaciones de poder, resistencia e identidad,es*, tesis de doctorado, Université de Laval, Québec.

¿Ruralidad sin agricultura? Perspectivas
multidisplinarias de una realidad fragmentada,
se terminó de imprimir en agosto de 2008
en los talleres de Formación Gráfica, S.A. de C.V.,
Matamoros 112, col. Raúl Romero, 57630, Ciudad
Nezahualcóyotl, Estado de México.
Tipografía y formación: Logos Editores.
Portada: Irma Eugenia Alva Valencia.
La edición estuvo al ciudado de la
Dirección de Publicaciones
de El Colegio de México.